Caro aluno, seja bem-vindo!

A partir de agora, você tem a oportunidade de estudar com uma coleção didática da SM que integra um conjunto de recursos educacionais impressos e digitais desenhados especialmente para auxiliar os seus estudos.

Para acessar os recursos digitais integrantes deste projeto, cadastre-se no *site* da SM e ative sua conta.

Par-Por-7-LA

Veja como ativar sua conta SM:

1. Acesse o *site* <**www.edicoessm.com.br**>.
2. Se você não possui um cadastro, basta clicar em "Login/Cadastre-se" e, depois, clicar em "Quero me cadastrar" e seguir as instruções.
3. Se você já possui um cadastro, digite seu *e-mail* e sua senha para acessar.
4. Após acessar o *site* da SM, entre na área "Ativar recursos digitais" e insira o código indicado abaixo:

4JE8G - TJJ6W - WJMEU - E8UR2

Você terá acesso aos recursos digitais por 12 meses, a partir da data de ativação desse código.

Ressaltamos que o código de ativação somente poderá ser utilizado uma vez, conforme descrito no "Termo de Responsabilidade do Usuário dos Recursos Digitais SM", localizado na área de ativação do código no *site* da SM.

Em caso de dúvida, entre em contato com nosso **Atendimento**, pelo telefone **0800 72 54876** ou pelo *e-mail* **atendimento@grupo-sm.com** ou pela internet <**www.edicoessm.com.br**>.

Desejamos muito sucesso nos seus estudos!

Requisitos mínimos recomendados para uso dos conteúdos digitais SM

Computador	Tablet	Navegador
PC Windows • Windows XP ou superior • Processador dual-core • 1 GB de memória RAM **PC Linux** • Ubuntu 9.x, Fedora Core 12 ou OpenSUSE 11.x • 1 GB de memória RAM **Macintosh** • MAC OS 10.x • Processador dual-core • 1 GB de memória RAM	**Tablet IPAD IOS** • IOS versão 7.x ou mais recente • Armazenamento mínimo: 8GB • Tela com tamanho de 10" **Outros fabricantes** • Sistema operacional Android versão 3.0 (Honeycomb) ou mais recente • Armazenamento mínimo: 8GB • 512 MB de memória RAM • Processador dual-core	**Internet Explorer 10** **Google Chrome 20** ou mais recente **Mozilla Firefox 20** ou mais recente Recomendado o uso do Google Chrome Você precisará ter o programa Adobe Acrobat instalado, *kit* multimídia e conexão à internet com, no mínimo, 1Mb

Para Viver Juntos

PORTUGUÊS

ENSINO FUNDAMENTAL **7º ANO**

7

Cibele Lopresti Costa
Bacharela em Letras e Mestra em Literatura e Crítica Literária pela Pontifícia Universidade Católica de São Paulo (PUC-SP).
Professora de Língua Portuguesa e Literatura na rede particular.

Eliane Gouvêa Lousada
Mestra e Doutora em Linguística Aplicada e Estudos da Linguagem pela PUC-SP. Professora da Faculdade de Filosofia, Letras
e Ciências Humanas da Universidade de São Paulo (USP). Autora e Colaboradora no curso de Elaboração de material didático
baseado em gêneros na Coordenadoria Geral de Especialização, Aperfeiçoamento e Extensão (Cogeae) da PUC-SP.

Greta Marchetti
Bacharela em Letras e Mestra em Educação pela USP. Professora e Coordenadora de Língua Portuguesa na rede particular.

Jairo J. Batista Soares
Bacharel e Licenciado em Letras pela Universidade Estadual de Campinas (Unicamp).
Professor e Coordenador Pedagógico da área de Língua Portuguesa e Literatura na rede particular.

Manuela Prado
Bacharela em Letras pela USP. Professora de Língua Portuguesa na rede particular.

São Paulo,
3ª edição
2014

Para Viver Juntos – **Português 7**
© Edições SM Ltda.
Todos os direitos reservados

Direção editorial	Juliane Matsubara Barroso
Gerência editorial	Angelo Stefanovits
Gerência de processos editoriais	Rosimeire Tada da Cunha
Coordenação de área	Rogério de Araújo Ramos
Edição	Alexandre Koji Shiguehara, Agnaldo Holanda, Andressa Paiva, Cristina do Vale, Emílio Hamaya, Isadora Pileggi Perassollo, Márcia Lucia Almeida Camargo
Apoio editorial	André Fernandes, Andréia Tenorio dos Santos, Lilia Nemes Bastos
Assistência de produção editorial	Alzira Aparecida Bertholim Meana, Flávia R. R. Chaluppe, Silvana Siqueira
Preparação e revisão	Cláudia Rodrigues do Espírito Santo (Coord.), Eliana Vila Nova de Souza, Fátima Cezare Pasculli, Fernanda Oliveira Souza, Izilda de Oliveira Pereira, Maíra de Freitas Cammarano, Rosinei Aparecida Rodrigues Araujo, Valéria Cristina Borsanelli, Marco Aurélio Feltran (apoio de equipe)
Coordenação de *design*	Erika Tiemi Yamauchi Asato
Coordenação de arte	Ulisses Pires
Edição de arte	Felipe Repiso, Heidy Clemente Olim, Rosangela Cesar de Lima Braga
Projeto gráfico	Erika Tiemi Yamauchi Asato, Aurélio Camilo
Capa	Erika Tiemi Yamauchi Asato, Aurélio Camilo sobre ilustração de Estúdio Colletivo
Iconografia	Andréa Bolanho, Etoile Shaw, Jaime Yamane, Odete Pereira, Priscila Ferraz, Sara Alencar, Tempo Composto Ltda.
Tratamento de imagem	Claudia Fidelis, Ideraldo Araújo, Robson Mereu
Editoração eletrônica	Adriana Domingues de Farias, APIS design integrado, Conexão Editorial, Corte design, Hey bro design (Manual do Professor), Keila Grandis, Ruddi Carneiro
Fabricação	Alexander Maeda
Impressão	Editora Gráfica Bernardi Ltda.

Dados Internacionais de Catalogação na Publicação (CIP)
(Câmara Brasileira do Livro, SP, Brasil)

Para viver juntos : português : ensino fundamental, 7º ano /
Cibele Lopresti Costa... [et al.]. — 3. ed. — São Paulo :
Edições SM, 2014. — (Para viver juntos ; v. 7)

Outros autores: Eliane Gouvêa Lousada, Greta
Marchetti, Jairo J. Batista Soares, Manuela Prado
Bibliografia
ISBN 978-85-418-0630-5 (aluno)
ISBN 978-85-418-0631-2 (professor)

1. Português (Ensino fundamental) I. Costa, Cibele
Lopresti. II. Lousada, Eliane Gouvêa. III. Marchetti, Greta.
IV. Soares, Jairo J. Batista. V. Prado, Manuela. VI. Série.

14-06746   CDD-372.6

Índices para catálogo sistemático:
1. Português : Ensino fundamental 372.6
3ª edição, 2014

Edições SM Ltda.
Rua Tenente Lycurgo Lopes da Cruz, 55
Água Branca 05036-120 São Paulo SP Brasil
Tel. 11 2111-7400
edicoessm@grupo-sm.com
www.edicoessm.com.br

APRESENTAÇÃO

Quando você escreve ou lê uma mensagem de texto em seu celular, ou quando acessa a internet em busca de informações de seu interesse, por exemplo, para saber o dia do lançamento de um filme ou da apresentação de uma banda, todas essas ações estão relacionadas com a linguagem.

Diariamente, todos nós entramos em contato com diferentes linguagens e discursos ao lermos jornais, revistas, livros, gibis, propagandas, rótulos de produtos; ao ouvirmos programas de rádio e de televisão; ao conversarmos com amigos. Enfim, são muitas as possibilidades!

Por meio da linguagem, todos nós também expressamos sentimentos, descobertas, queixas, dúvidas e certezas. Ela é usada inclusive para formularmos os mais silenciosos e secretos pensamentos.

Nesta coleção de Língua Portuguesa, você vai ler e produzir textos de diferentes gêneros que circulam em diversas esferas sociais. Dessa forma, entrará em contato com um rico universo e poderá expor suas ideias, criar, emocionar-se e argumentar nas mais distintas situações de forma crítica e autônoma.

Você vai se surpreender com os conteúdos de cada capítulo e, além das consultas ao livro, poderá encontrar mais informações na página da coleção, acessando os objetos digitais, muitos deles interativos.

Cada página é um convite à sua participação e ao seu envolvimento na busca por um conhecimento inclusivo, voltado para a construção de uma sociedade sustentável, justa e democrática.

Os autores

CONHEÇA SEU LIVRO

O QUE VOCÊ VAI APRENDER

- Características principais do conto
- Foco narrativo
- Revisão: substantivo
- Determinantes do substantivo
- Emprego do **x** e do **ch**

O que você vai aprender

Sintetiza os conteúdos que você vai explorar ao longo do capítulo.

Página de abertura

Cada capítulo é introduzido por uma imagem e aborda um ou dois gêneros textuais.

Conto

CONVERSE COM OS COLEGAS

Converse com os colegas

Propõe atividades relacionadas à imagem de abertura, destinadas ao levantamento de seus conhecimentos prévios.

Este boxe apresenta uma síntese do que foi explorado na seção **Converse com os colegas**.

Leitura 1

Possibilita uma exploração profunda dos elementos textuais, além das marcas do gênero que está sendo estudado.

O que você vai ler

Apresenta o texto e traz informações sobre seu autor e sobre o contexto da publicação, instigando sua curiosidade.

LEITURA 1
Conto

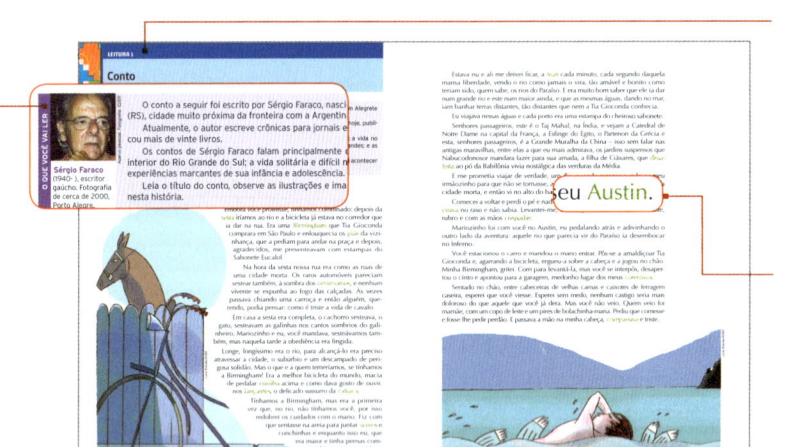

Glossário

Destaca palavras e o seu significado com a finalidade de ampliar seu vocabulário.

A seção **Estudo do texto** está dividida em:

Estudo do texto

Para entender o texto

Trabalha as informações explícitas e implícitas do texto; as características próprias da construção do gênero que está sendo estudado e seus elementos estruturais; a intencionalidade, etc.

O contexto de produção

Aborda especificidades das condições de produção do texto e de sua circulação, relacionando-as ao seu suporte e à sua função social.

A linguagem do texto

Destaca os recursos linguísticos e gramaticais usados para criar efeitos de sentido e para caracterizar um estilo ou um tipo de linguagem.

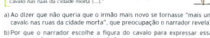

Leitura 2

Amplia o estudo do gênero e dos conceitos introduzidos no primeiro **Estudo do texto** ou apresenta um novo gênero para estudo.

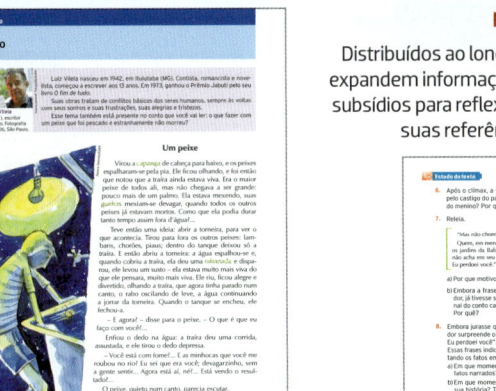

Boxes laterais

Distribuídos ao longo do capítulo, expandem informações, oferecem subsídios para reflexão e ampliam suas referências culturais.

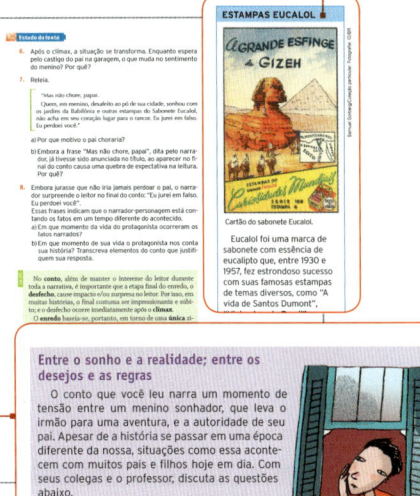

Boxe de valores

Relaciona os temas estudados às questões próprias da convivência, aproximando um assunto abordado no texto ao dia a dia da comunidade escolar.

Além de **Para entender o texto**, **Estudo do texto** (leitura 2) contempla também:

O texto e o leitor
Trabalha as relações que o texto estabelece com o leitor.

Comparação entre os textos
Compara os dois textos principais do capítulo, estimulando o reconhecimento de características gerais do gênero ou as semelhanças e diferenças entre os dois gêneros trabalhados.

Sua opinião
Estimula você a expressar sua opinião a respeito do que leu e descobriu.

A seção **Produção de texto** é dividida em etapas:

Aquecimento
Destaca um aspecto importante para a produção do gênero proposto.

Proposta
Especifica o que você vai escrever: em qual gênero deverá organizar o texto; com qual finalidade; para qual público leitor; onde circulará o texto; em que suporte será publicado.

Planejamento e elaboração do texto
Ajuda você a planejar o texto e o encaminha para a escrita.

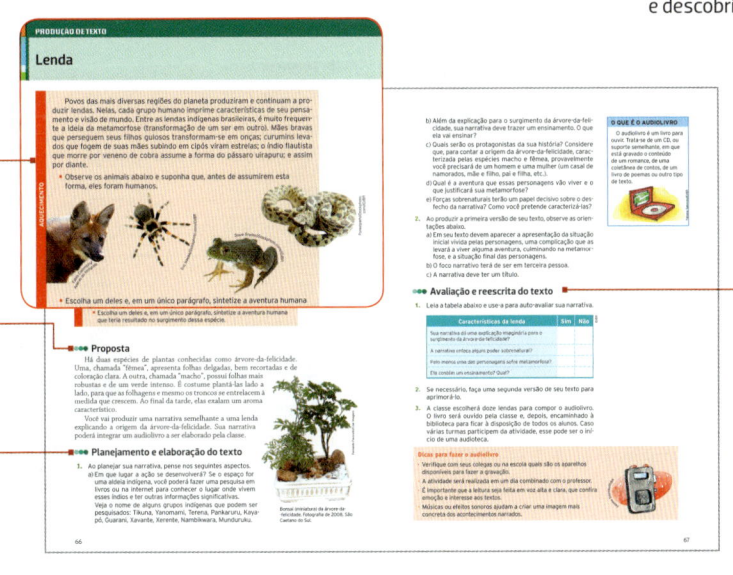

Avaliação e reescrita do texto
Mostra como verificar se sua produção alcançou os objetivos propostos e, considerando a escrita como um processo, orienta você a avaliar a necessidade de aperfeiçoamento do texto.

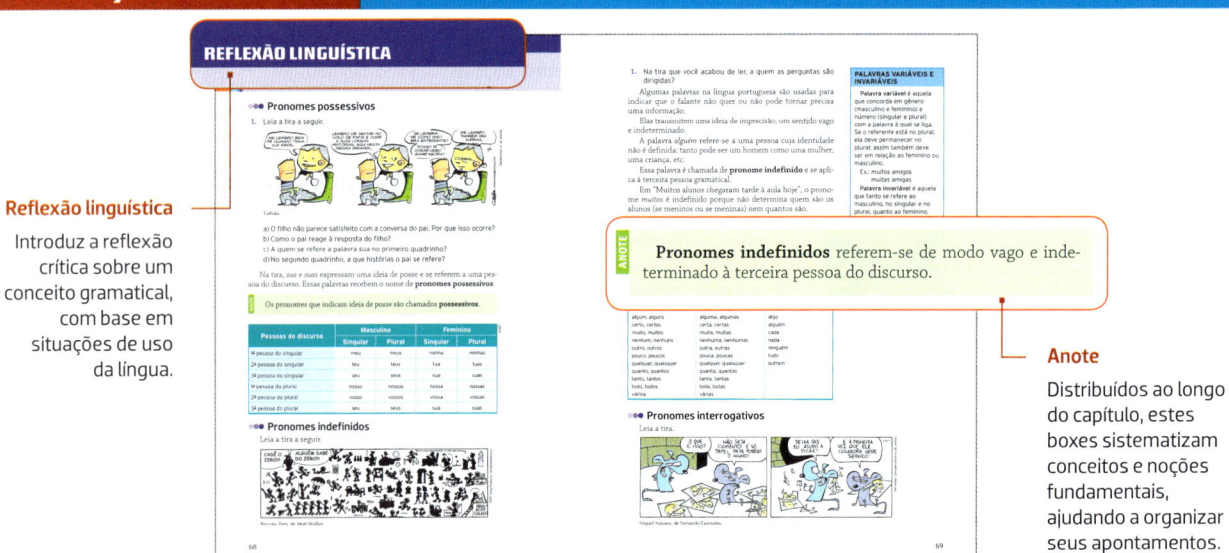

Reflexão linguística

Introduz a reflexão crítica sobre um conceito gramatical, com base em situações de uso da língua.

Anote

Distribuídos ao longo do capítulo, estes boxes sistematizam conceitos e noções fundamentais, ajudando a organizar seus apontamentos.

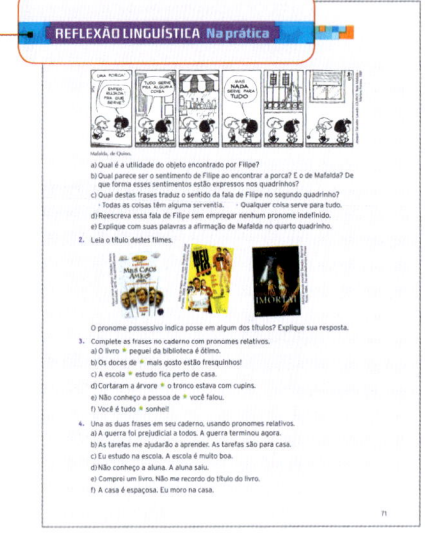

Na prática

Propõe atividades de sistematização de conceitos linguísticos apoiadas em gêneros textuais variados.

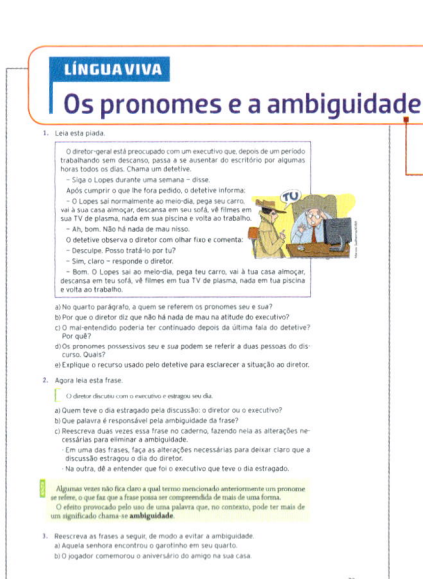

Língua viva

Amplia, em um contexto discursivo, a reflexão sobre os conceitos estudados no capítulo.

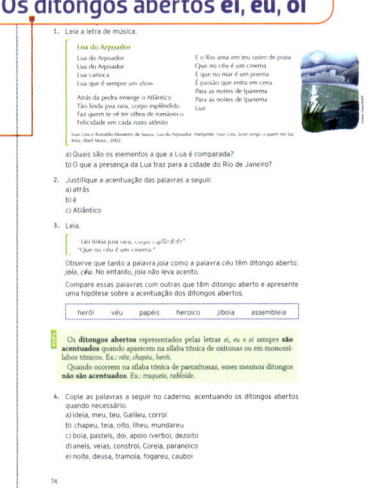

Questões de escrita

Aborda questões de ortografia, acentuação e pontuação, propondo atividades de sistematização.

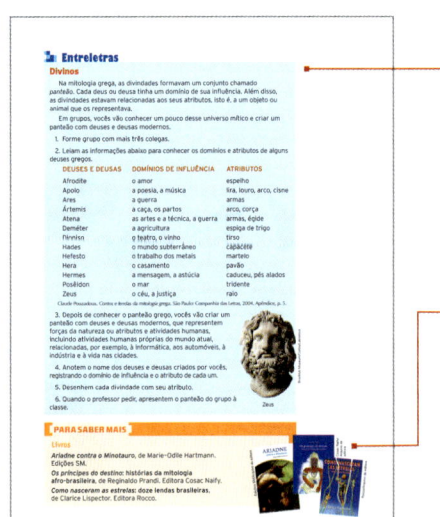

Entreletras

Traz atividades lúdicas relacionadas ao contexto trabalhado no capítulo.

Para saber mais

Propõe títulos de produções culturais e sites que, pelo tema ou pelo gênero, relacionam-se aos textos lidos no capítulo.

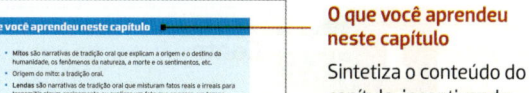

Questões globais

Apresenta exercícios de gramática que retomam os conceitos trabalhados no capítulo.

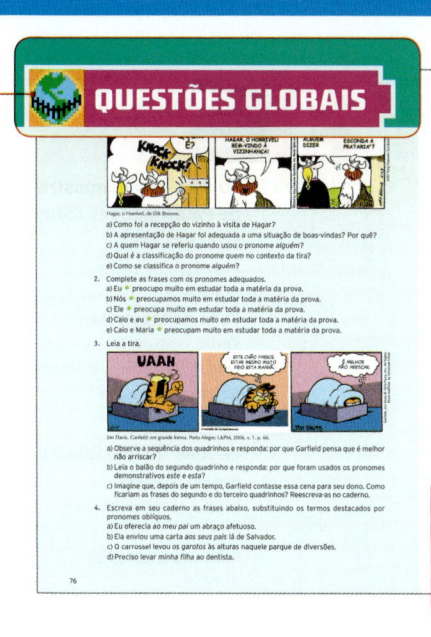

O que você aprendeu neste capítulo

Sintetiza o conteúdo do capítulo, incentivando uma revisão e apresentando o resumo como uma estratégia eficiente de estudo.

Autoavaliação

Orienta como monitorar seu próprio desempenho, observando aspectos cognitivos e atitudinais.

Caixa de ferramentas

Seção que ajuda a desenvolver técnicas de estudo que sirvam ao mesmo tempo como ferramentas de projetos.

Projeto

Seção que apresenta uma proposta de trabalho em grupo como forma de aplicar, em situação prática, os conteúdos apreendidos. Estimula a pesquisa, a elaboração de relatórios, debates, apresentações de painéis, exposição oral, etc.

Oralidade

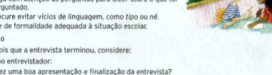

Seção que propõe reflexões e atividades relacionadas à produção textual dos gêneros orais, sejam eles formais ou informais, da esfera pública ou familiar.

SUMÁRIO

Crane Kalman Gallery, Londres. Fotografia:
The Bridgeman Art Library/Keystone

Antonio Canova. Museu do Louvre, Paris. Fotografia:
Jean-Gilles Berizzi/Photo RMN/Other Images

Dorival Moreira/SambaPhoto

Delfim Martins/Pulsar Imagens

Andréa Vilela/ID/BR

João Lin/ID/BR

Conto

O QUE VOCÊ VAI APRENDER

- Características principais do conto
- Foco narrativo
- Revisão: substantivo
- Determinantes do substantivo
- Emprego do **x** e do **ch**

CAPÍTULO 1

Artista inglês. *Cena de rua*. Século XIX. Óleo sobre madeira.

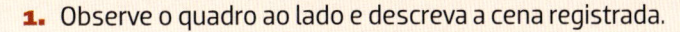

CONVERSE COM OS COLEGAS

1. Observe o quadro ao lado e descreva a cena registrada.

2. Pelo fato de as personagens do quadro estarem num mesmo lugar, você acha que todas elas têm a mesma visão da cena? Justifique sua resposta.

3. E se essas personagens estivessem nas janelas das casas, todas elas estariam vendo a mesma coisa? Explique.

4. Imagine que você esteja vendo essa cena da janela da sua casa e que ela se situe nessa rua. Nesse caso, pela visão que você está tendo, onde se localizaria sua casa?

5. Suponha que você seja uma das crianças da cena e escreva um ou dois parágrafos dando sequência à narrativa a seguir.

> "Era um dia como qualquer outro, eu e minha amiga caminhávamos pela rua da nossa casa quando, de repente,..."

6. Agora considere que você é você mesmo(a) e reescreva a mesma narrativa, mas em terceira pessoa.

7. O que você pôde perceber de diferente entre as duas formas de contar a mesma história?

O quadro ao lado apresenta uma cena que pode ser vista por vários olhares. Cada personagem pode ter sua história e seu destino contados pelo narrador.

Neste capítulo, você vai estudar os vários focos que podem orientar a narração de uma história e as principais características do gênero **conto**.

Conto

O QUE VOCÊ VAI LER

Acervo pessoal. Fotografia: ID/BR

Sérgio Faraco (1940-), escritor gaúcho. Fotografia de cerca de 2000, Porto Alegre.

O conto a seguir foi escrito por Sérgio Faraco, nascido em 1940, em Alegrete (RS), cidade muito próxima da fronteira com a Argentina e o Uruguai.

Atualmente, o autor escreve crônicas para jornais e revistas. Até hoje, publicou mais de vinte livros.

Os contos de Sérgio Faraco falam principalmente de três temas: a vida no interior do Rio Grande do Sul; a vida solitária e difícil nas cidades grandes; e as experiências marcantes de sua infância e adolescência.

Leia o título do conto, observe as ilustrações e imagine o que vai acontecer nesta história.

Não chore, papai

Lucia Brandão/ID/BR

Embora você proibisse, tínhamos combinado: depois da sesta iríamos ao rio e a bicicleta já estava no corredor que ia dar na rua. Era uma Birmingham que Tia Gioconda comprara em São Paulo e enlouquecia os piás da vizinhança, que a pediam para andar na praça e depois, agradecidos, me presenteavam com estampas do Sabonete Eucalol.

Na hora da sesta nossa rua era como as ruas de uma cidade morta. Os raros automóveis pareciam sestear também, à sombra dos cinamomos, e nenhum vivente se expunha ao fogo das calçadas. Às vezes passava chiando uma carroça e então alguém, querendo, podia pensar: como é triste a vida de cavalo.

Em casa a sesta era completa, o cachorro sesteava, o gato, sesteavam as galinhas nos cantos sombrios do galinheiro. Mariozinho e eu, você mandava, sesteávamos também, mas naquela tarde a obediência era fingida.

Longe, longíssimo era o rio, para alcançá-lo era preciso atravessar a cidade, o subúrbio e um descampado de perigosa solidão. Mas o que e a quem temeríamos, se tínhamos a Birmingham? Era a melhor bicicleta do mundo, macia de pedalar coxilha acima e como dava gosto de ouvir, nos lançantes, o delicado sussurro da catraca.

Tínhamos a Birmingham, mas era a primeira vez que, no rio, não tínhamos você, por isso redobrei os cuidados com o mano. Fiz com que sentasse na areia para juntar seixos e conchinhas e enquanto isso eu, que era maior e tinha pernas compridas, entrava n'água até o peito e me segurava no pilar da ponte ferroviária.

Estava nu e ali me deixei ficar, a fruir cada minuto, cada segundo daquela mansa liberdade, vendo o rio como jamais o vira, tão amável e bonito como teriam sido, quem sabe, os rios do Paraíso. E era muito bom saber que ele ia dar num grande rio e este num maior ainda, e que as mesmas águas, dando no mar, iam banhar terras distantes, tão distantes que nem a Tia Gioconda conhecia.

Eu viajava nessas águas e cada porto era uma estampa do cheiroso sabonete.

Senhores passageiros, este é o Taj Mahal, na Índia, e vejam a Catedral de Notre Dame na capital da França, a Esfinge do Egito, o Partenon da Grécia e esta, senhores passageiros, é a Grande Muralha da China – isso sem falar nas antigas maravilhas, entre elas a que eu mais admirava, os jardins suspensos que Nabucodonosor mandara fazer para sua amada, a filha de Ciáxares, que desafeita ao pó da Babilônia vivia nostálgica das verduras da Média.

E me prometia viajar de verdade, um dia, quando crescesse, e levar meu irmãozinho para que não se tornasse, ai que pena, mais um cavalo nas ruas da cidade morta, e então vi no alto do barranco você e seu Austin.

Comecei a voltar e perdi o pé e nadei tão furiosamente que, adiante, já braceava no raso e não sabia. Levantei-me, exausto, você estava à minha frente, rubro e com as mãos crispadas.

Mariozinho foi com você no Austin, eu pedalando atrás e adivinhando o outro lado da aventura: aquele rio que parecia vir do Paraíso ia desembocar no Inferno.

Você estacionou o carro e mandou o mano entrar. Pôs-se a amaldiçoar Tia Gioconda e, agarrando a bicicleta, ergueu-a sobre a cabeça e a jogou no chão. Minha Birmingham, gritei. Corri para levantá-la, mas você se interpôs, desapertou o cinto e apontou para a garagem, medonho lugar dos meus corretivos.

Sentado no chão, entre cabeceiras de velhas camas e caixotes de ferragem caseira, esperei que você viesse. Esperei sem medo, nenhum castigo seria mais doloroso do que aquele que você já dera. Mas você não veio. Quem veio foi mamãe, com um copo de leite e um pires de bolachinha-maria. Pediu que comesse e fosse lhe pedir perdão. E passava a mão na minha cabeça, compassiva e triste.

Entrei no quarto. Você estava sentado na cama, com o rosto entre as mãos. "Papai", e você me olhou como se não me conhecesse ou eu não estivesse ali. "Perdão", pedi. Você fez que sim com a cabeça e no mesmo instante dei meia-volta, fui recolher minha pobre bicicleta, dizendo a mim mesmo, jurando até, que você podia perdoar quantas vezes quisesse, mas que eu jamais o perdoaria.

Mas não chore, papai.

Quem, em menino, desafeito ao pó de sua cidade, sonhou com os jardins da Babilônia e outras estampas do Sabonete Eucalol, não acha em seu coração lugar para o rancor. Eu jurei em falso. Eu perdoei você.

Sérgio Faraco. *Dançar tango em Porto Alegre*. 2. ed. Porto Alegre: L&PM, 2004.

GLOSSÁRIO

Austin: marca inglesa de automóvel.

Birmingham: bicicleta produzida na cidade de Birmingham, Inglaterra.

Bracear: mover os braços ao nadar.

Catraca: peça circular de uma bicicleta na qual fica presa a corrente.

Cinamomo: nome de um arbusto ou árvore.

Compassivo: que sente pena.

Corretivo: castigo; repreensão.

Coxilha: região extensa com muitas colinas, típica do Rio Grande do Sul.

Crispado: contraído.

Desafeito: desacostumado, desabituado.

Fruir: desfrutar, aproveitar com prazer.

Lançante: ladeira, descida.

Piá: menino.

Seixo: pedra pequena e arredondada, muito comum em leitos e margens de rios.

Sesta: repouso depois do almoço.

●●● Para entender o texto

1. O primeiro parágrafo do conto já revela ao leitor que a história está construída sobre um ato de desobediência.

   a) Que expressão revela isso?

   b) De que desobediência se trata?

   c) Encontre nesse parágrafo uma frase que expresse a ansiedade do protagonista em relação ao passeio até o rio.

2. No conto que você leu, há um conflito presente desde o início da narrativa. Qual é esse conflito?

ANOTE

No gênero **conto**, o enredo se organiza em torno de um único **conflito**, ou seja, de uma única **oposição entre forças**. Esse conflito pode se dar, por exemplo, entre duas ou mais personagens, entre o protagonista e o antagonista, entre o protagonista e forças externas, etc.

As causas do conflito podem ser uma diferença de opiniões entre a decisão de cumprir ou não uma regra, um desejo e os obstáculos para realizá-lo.

O conflito cria uma situação de **tensão** que domina toda a narrativa e prende a atenção do leitor até o desfecho.

---

3. Banhar-se no rio traz uma dupla satisfação para o menino: o contato físico com a água e o que essas mesmas águas representam para ele.

   a) Que sensações o menino experimenta ao entrar no rio?

   b) Que outras impressões as águas do rio trazem à imaginação do menino?

4. Releia.

   > "Eu viajava nessas águas e cada porto era uma estampa do cheiroso sabonete."

   a) Que sentido tem a palavra *viajava* nesse trecho?

   b) Que relação há entre a viagem do menino e as estampas do sabonete?

   c) Que característica da personalidade do narrador-personagem fica evidente nessa passagem?

5. Em determinado momento, a tensão da narrativa cresce, numa sucessão de eventos, até explodir em um ato violento.

   a) Que fato determina esse momento de maior tensão?

   b) Qual a expectativa do menino com relação à atitude do pai?

   c) Quais eventos acrescentam tensão ao conto?

   d) Que ato violento fecha a cena do rio?

ANOTE

No **conto**, o conflito torna-se cada vez mais tenso, até atingir seu auge. É o que chamamos de **clímax**, ou seja, o momento que eleva ao máximo o interesse e a expectativa do leitor pelo que acontecerá a seguir, anunciando o desfecho do conflito.

---

6. Após o clímax, a situação se transforma. Enquanto espera pelo castigo do pai na garagem, o que muda no sentimento do menino? Por quê?

7. Releia.

> "Mas não chore, papai.
>
> Quem, em menino, desafeito ao pó de sua cidade, sonhou com os jardins da Babilônia e outras estampas do Sabonete Eucalol, não acha em seu coração lugar para o rancor. Eu jurei em falso. Eu perdoei você."

a) Por que motivo o pai choraria?

b) Embora a frase "Mas não chore, papai", dita pelo narrador, já tivesse sido anunciada no título, ao aparecer no final do conto causa uma quebra de expectativa na leitura. Por quê?

8. Embora jurasse que não iria jamais perdoar o pai, o narrador surpreende o leitor no final do conto: "Eu jurei em falso. Eu perdoei você".
Essas frases indicam que o narrador-personagem está contando os fatos em um tempo diferente do acontecido.

a) Em que momento da vida do protagonista ocorreram os fatos narrados?

b) Em que momento de sua vida o protagonista nos conta sua história? Transcreva elementos do conto que justifiquem sua resposta.

ANOTE

No **conto**, além de manter o interesse do leitor durante toda a narrativa, é importante que a etapa final do enredo, o **desfecho**, cause impacto e/ou surpresa no leitor. Por isso, em muitas histórias, o final costuma ser impressionante e súbito; e o desfecho ocorre imediatamente após o **clímax**.

O **enredo** baseia-se, portanto, em torno de uma **única** situação de tensão, desenvolvida rapidamente, com o objetivo de manter o leitor interessado na narrativa.

ESTAMPAS EUCALOL

Samuel Gorberg/Coleção particular. Fotografia: ID/BR

Cartão do sabonete Eucalol.

Eucalol foi uma marca de sabonete com essência de eucalipto que, entre 1930 e 1957, fez estrondoso sucesso com suas famosas estampas de temas diversos, como "A vida de Santos Dumont", "Viajando pelo Brasil", "Curiosidades mundiais", entre tantos outros. As estampas Eucalol eram colecionadas e ainda hoje são procuradas em todo o Brasil.

Entre o sonho e a realidade; entre os desejos e as regras

O conto que você leu narra um momento de tensão entre um menino sonhador, que leva o irmão para uma aventura, e a autoridade de seu pai. Apesar de a história se passar em uma época diferente da nossa, situações como essa acontecem com muitos pais e filhos hoje em dia. Com seus colegas e o professor, discuta as questões abaixo.

Lúcia Brandão/ID/BR

I. Qual é a importância de haver regras nas relações entre as pessoas?

II. Como as regras devem ser estabelecidas?

O foco narrativo

1. Quem escreveu o conto "Não chore, papai"?

2. Quem é o narrador da história?

3. Que papel tem o narrador nessa história?

Autor é quem cria e escreve as narrativas. O **narrador** é a voz adotada pelo autor para contar os acontecimentos na ficção.

4. Releia o primeiro parágrafo do texto.

   a) Reescreva-o no caderno como se o pai do menino fosse o narrador.

   b) Compare o primeiro parágrafo original com o reescrito por você. Qual é a diferença quanto ao emprego dos verbos e dos pronomes?

Ao escrever o conto, o autor narra os acontecimentos sob determinada perspectiva, de um **ponto de vista**. Esse ponto de vista escolhido pelo autor é o que chamamos de **foco narrativo**.

A escolha do foco narrativo determina o tipo de **narrador** que teremos na narrativa, isto é, a voz que contará a história.

Existem dois tipos de foco narrativo.

- **Foco narrativo em primeira pessoa**: quando a narrativa é contada pela voz de um narrador que participa da história, isto é, um **narrador-personagem**.

- **Foco narrativo em terceira pessoa**: quando a história é contada pela voz de um narrador que não participa dos acontecimentos, ou seja, um **narrador-observador**.

5. O conto "Não chore, papai" possibilita ao leitor conhecer os diversos sentimentos que o narrador-personagem experimentou ao longo da história.

   a) Que sentimentos são esses? Retire palavras do texto que os exemplifiquem.

   b) No texto o narrador-personagem descreve explicitamente seus próprios sentimentos, mas não os das outras personagens. Por quê?

   c) Sob o ponto de vista do narrador-personagem, há uma referência aos sentimentos da mãe em relação ao filho. Copie essa passagem do conto.

Lucia Brandão/ID/BR

O **narrador-personagem** (**foco narrativo em primeira pessoa**) conta a história de um ponto de vista único: o seu. Nesse caso, o narrador limita-se a contar apenas o que viveu, viu, sentiu e pensou.

Tudo o que ele nos conta sobre os sentimentos e os pensamentos das demais personagens e sobre os fatos narrados são percepções ou suposições criadas por ele. Por isso, devemos estar atentos ao que esse narrador nos revela, uma vez que sua visão dos fatos é parcial e **subjetiva**.

6. Leia um trecho do romance *A garota das laranjas*, de Jostein Gaarder.

Há pouco menos de uma semana, voltei da aula de música e dei com os meus avós aqui em casa: uma visita surpresa. [...]

Fui para a sala e me sentei no tapete, e todo mundo estava tão sério que cheguei a pensar que tivesse acontecido alguma coisa grave. Não me lembrava de ter aprontado nada no colégio ultimamente. [...] Por isso me limitei a perguntar:

– O que aconteceu?

E então vovó se pôs a contar que tinha achado a carta que meu pai escreveu para mim pouco antes de morrer. Senti um frio no estômago. Fazia onze anos que ele tinha morrido. Eu nem sabia ao certo se me lembrava dele. Uma carta do meu pai, aquilo me pareceu terrivelmente solene, quase um testamento.

Foi quando reparei que vovó estava com um envelope grosso na mão. Ela o colocou nas minhas. Estava fechado e com apenas duas palavras escritas: "para Georg". [...]

Jostein Gaarder. *A garota das laranjas*. São Paulo: Companhia das Letras, 2005. p. 10-11.

a) Qual é o foco narrativo apresentado no texto? Justifique sua resposta com exemplos.

b) Qual parece ser o sentimento vivenciado pela personagem? De que forma o leitor fica sabendo qual é esse sentimento?

c) Reescreva esse trecho mudando o foco narrativo e fazendo as alterações necessárias.

d) No texto reescrito por você, o narrador participa da história? Explique o fato de ele conhecer os sentimentos e pensamentos da personagem.

e) Compare o texto original com o reescrito por você. Quais mudanças gramaticais você identifica nesse trecho? Dê exemplos.

●●● O contexto de produção

1. No conto "Não chore, papai", há referências a vários produtos que ajudam o leitor a reconhecer a época em que se passa a história.

a) Quais são esses produtos?

b) Baseando-se nessas referências, em que época você imagina que essa história se passa?

2. No Brasil, o hábito de fazer a sesta, ou *sestear*, não é muito comum, sendo mais característico da cultura espanhola. Conhecendo a biografia do autor, que está no quadro *O que você vai ler*, explique por que esse hábito faz parte da infância do narrador.

3. Além do termo *sestear*, que outras palavras podem ser reconhecidas como típicas da Região Sul do país? Copie-as em seu caderno.

●●● A linguagem do texto

1. Observe as palavras em destaque na frase inicial do texto.

> "Embora **você** proibisse, **tínhamos** combinado: depois da sesta **iríamos** ao rio e a bicicleta já estava no corredor que ia dar na rua."

a) A quem se refere o pronome *você* na frase? Transcreva em seu caderno outras passagens que confirmem sua resposta.

b) A que pessoas se referem os verbos destacados na frase? Encontre no texto e copie em seu caderno outras passagens que confirmem sua resposta.

2. Pode-se dizer que esse conto é escrito como uma "carta ao pai".
a) Que marcas do gênero carta o conto apresenta?
b) Afinal, o texto é um conto ou uma carta? Justifique sua resposta.

3. No parágrafo a seguir, que palavras e expressões criam a sensação de um calor tórrido nas ruas na hora da sesta?

> "Os raros automóveis pareciam sestear também, à sombra dos cinamomos, e nenhum vivente se expunha ao fogo das calçadas."

4. Releia.

> "E me prometia viajar de verdade, um dia, quando crescesse, e levar meu irmãozinho para que não se tornasse, ai que pena, mais um cavalo nas ruas da cidade morta [...]."

Lúcia Brandão/ID/BR

a) Ao dizer que não queria que o irmão mais novo se tornasse "mais um cavalo nas ruas da cidade morta", que preocupação o narrador revela?

b) Por que o narrador escolhe a figura do cavalo para expressar essa preocupação com o futuro do irmão?

5. Observe outra passagem da narrativa.

> "Longe, longíssimo era o rio [...]."

a) Por que o narrador repete o adjetivo *longe* em sua forma *longíssimo*?
b) Que informações do texto comprovam que o rio ficava longe?

6. Que palavras do texto descrevem os sentimentos do pai quando ele encontra o filho no rio?

7. Releia.

> "Mariozinho foi com você no Austin, eu pedalando atrás e adivinhando o outro lado da aventura: aquele rio que parecia vir do Paraíso ia desembocar no Inferno."

Baseando-se nas informações do conto, explique o que seriam o *Paraíso* e o *Inferno* a que se refere o protagonista.

Conto

Na leitura do conto "Não chore, papai", você percebeu que a caracterização do espaço pode estar relacionada aos sentimentos e pensamentos do narrador, como no trecho em que a paisagem do rio e a sensação de liberdade estão intimamente relacionadas. Esse tipo de associação pode enriquecer muito a narrativa.

- A seguir, você lerá o início de uma cena. Copie-o em seu caderno e desenvolva a descrição desse espaço em um parágrafo, associando-a aos sentimentos e pensamentos do narrador em primeira pessoa.

> Nunca tinha ido ao sótão do velho casarão de meus avós. Nas férias, eu passava dias na casa deles, mas aquele espaço continuava misterioso.
>
> A monotonia daquela tarde de domingo me convidou a subir as escadas. Quando entrei no cômodo, fiquei...

●●● Proposta

Você vai escrever um conto em que o narrador deve ser personagem da história e também protagonista dos acontecimentos. O leitor conhecerá os fatos narrados pelo olhar dessa personagem.

Quando todos os textos estiverem prontos, você e seus colegas lerão seus contos em uma roda de leitura.

O bilhete a seguir pode ajudá-lo na criação de seu conto.

> Helena,
>
> Não conseguirei chegar na hora ao nosso encontro. Não posso lhe explicar tudo agora, mas assim que puder conversaremos pessoalmente.
>
> Recebi um vaso de flores com um bilhete muito misterioso. Não sei quem me mandou tal encomenda, nem reconheci a letra de quem escreveu a mensagem.
>
> O bilhete me pedia que fosse até a porta da escola no fim das aulas e então receberia outras informações muito reveladoras.
>
> Logo que tiver mais notícias, eu falo com você e marcamos um novo encontro.
>
> Bj.

Fabiana Salomão/ID/BR

Quem escreveu o bilhete? Para quem? Por que motivo? Essas questões devem ser esclarecidas no conto que você escreverá.

●●● Planejamento e elaboração do texto

Para planejar o seu conto, leve em consideração os seguintes aspectos.

Narrador-personagem: quem é ele, quais são suas características, seus sonhos.
Fatos importantes da história: situação inicial, clímax e desfecho do texto.
Espaço: descrição relacionada aos sentimentos e pensamentos do narrador.
Outras personagens que participam da história.

Agora é hora de escrever sua história. Lembre-se de que nos contos as caracterizações das personagens e do espaço, bem como as indicações de tempo e as descrições das cenas e suas passagens, são econômicas, isto é, feitas de maneira resumida e rápida, mas de modo a manter o interesse do leitor.

●●● Avaliação e reescrita do texto

1. Releia o conto colocando-se no lugar de um leitor: o texto prende a atenção? Os fatos foram apresentados de modo coerente?
Avalie também os aspectos a seguir.

Elementos do conto	O texto apresenta?		Sugestões
	Sim	Não	
Foco narrativo em primeira pessoa.			
Descrição do espaço relacionada aos sentimentos e pensamentos do narrador.			
Conflito único.			
Desfecho logo após o clímax, que surpreende o leitor e mantém seu interesse até o final.			

2. Forme dupla com um colega e troquem os textos produzidos. Você avaliará o conto dele e ele o seu, com base nos critérios acima.

3. Dê o máximo de sugestões possíveis para melhorar o texto de seu colega. Apresente sua avaliação a ele e discutam os pontos principais. Ele fará o mesmo com o seu texto.

4. Reescreva o que for necessário.

5. Depois disso, cada aluno lerá o seu conto em uma roda de leitura, em data combinada antecipadamente com o professor.

Dicas de como fazer uma roda de leitura

- Leia pelo menos uma vez seu conto em voz alta para se preparar para a roda de leitura.
- A sala deverá ser arrumada para esse dia, com as carteiras dispostas em círculo.
- É preciso estabelecer uma ordem para que os textos sejam lidos.
Pode-se fazer um sorteio ou alunos voluntários começam a leitura.
- Cada aluno lê o próprio conto, caprichando na entonação e na expressão.
- Em seguida, os outros alunos comentam o texto lido, apontando os aspectos mais interessantes.

O substantivo e seus determinantes
Palavras substantivadas

●●● Revisão: substantivo

1. Leia a tira.

Dik Browne. *O melhor de Hagar, o Horrível*. Porto Alegre: L&PM, 2006. v. 1. p. 54.

a) A resposta de Hamlet quebra a expectativa de Frida. Por que isso ocorre?

b) Explique por que a última fala de Frida é engraçada.

c) Por que *amor* é considerado um substantivo?

Observe que a palavra *amor* nomeia um sentimento.

> **Substantivos** são palavras usadas para nomear os seres em geral e também as sensações, as ações e os sentimentos.

Lembre-se: os substantivos podem ser classificados em *comum* ou *próprio*, *concreto* ou *abstrato*, *simples* ou *composto*, *primitivo* ou *derivado*. Podem também ser coletivos.

Leia a frase abaixo.

> 22 de setembro é o Dia da Defesa da Fauna.

Fauna é o conjunto das espécies animais de determinada área. Palavras como essa, que designam conjuntos de seres ou coisas, são chamadas substantivos **coletivos.** A palavra *fauna* é um substantivo comum, concreto, simples, primitivo e coletivo.

Os **substantivos** podem variar em **gênero** (masculino e feminino), **número** (singular e plural) e **grau** (aumentativo e diminutivo).

Observe a tira.

Quino. *Toda Mafalda*. 6. ed. São Paulo: Martins Editora, 2003.

Na tira de Mafalda, os substantivos *Ricardinho, filhinho* e *anjinho* sofreram flexão de grau, ou seja, estão no **grau diminutivo**. Em geral, o diminutivo indica diminuição de tamanho. Pelo contexto da tira, entretanto, é possível perceber que os diminutivos não foram usados para designar tamanho pequeno, mas **afetividade**.

●●● Os determinantes do substantivo

1. Leia a seguir o começo de uma reportagem sobre bicicletas e responda às questões propostas sobre o texto.

> ### A bicicleta certa para o seu corpo
>
> A dica do treinador José Rubens D'Elia vale para quem usa a magrela como meio de transporte ou lazer. Suba na bicicleta e verifique até que ponto seus pés tocam o solo. A altura ideal é aquela que só permite pôr a ponta dos dedos no chão. Para isso basta ajustar o selim, conta. [...]
>
> Anderson Moço. Revista *Saúde!*, out. 2008.

Eastwest Imaging/Dreamstime.com/ID/BR

a) Identifique os substantivos presentes no título da reportagem.

b) Que palavras ajudam a especificar o sentido dos substantivos do título? A que classe gramatical pertencem essas palavras?

Palavras que dão informações sobre um substantivo são chamadas de **determinantes do substantivo**.

ANOTE

Determinantes do substantivo são palavras ou expressões que caracterizam os substantivos, produzindo determinados efeitos no texto. Podem ser de diversas classes gramaticais.

- **Adjetivos** e **locuções adjetivas** caracterizam um substantivo.
  Ex.: altura *ideal* (adjetivo), anel *de prata* (locução adjetiva).
- **Artigos**, **numerais** e **pronomes** podem dar maior precisão ao substantivo.
  Ex.: *a* bicicleta (artigo definido), *uma* bicicleta (artigo indefinido), *primeira* bicicleta (numeral), *sua* bicicleta (pronome possessivo).

●●● Palavras substantivadas

Observe o título do livro de Chicô Gouvêa, *O olhar*.

Normalmente, reconhecemos a palavra *olhar* como um verbo no infinitivo. Entretanto, no título *O olhar* funciona como **substantivo**, pois indica o modo como o artista vê o mundo e como expressa tal visão em sua arte. Note que essa palavra está precedida de um artigo definido.

Chicô Gouvêa, *O Olhar*. Rio de Janeiro: Senac Rio, 2007

ANOTE

Palavras de outras classes, como **verbos**, **adjetivos** e até **advérbios**, podem funcionar como **substantivos**, dependendo do contexto em que são empregadas. A esse fenômeno dá-se o nome de **substantivação**.

Faz-se a substantivação de uma palavra quando a ela se antepõe um **artigo definido** ou **indefinido**.

Ex.: O *jantar* de gala acontece esta noite. (verbo substantivado)
O *cínico* nem conseguiu me encarar... (adjetivo substantivado)
Espero como resposta um *sim*! (advérbio substantivado)

1. Leia o poema de Mario Quintana.

> ### Esperança
>
> Lá bem no alto do décimo segundo andar do Ano
> Vive uma louca chamada Esperança
> E ela pensa que quando todas as sirenas
> Todas as buzinas
> Todos os reco-recos tocarem
> Atira-se
> E
> – ó delicioso voo!
> Ela será encontrada miraculosamente incólume na calçada,
> Outra vez criança...
> E em torno dela indagará o povo:
> – Como é teu nome, meninazinha de olhos verdes?
> E ela lhes dirá
> (É preciso dizer-lhes tudo de novo!)
> Ela lhes dirá bem devagarinho, para que não esqueçam:
> – O meu nome é ES-PE-RAN-ÇA...
>
> Mario Quintana. *Nova antologia poética.* 12. ed. São Paulo: Globo, 2007.

a) O poema se refere a determinada época do ano. Que época é essa? Como isso aparece no texto?

b) Que relação se pode fazer entre a Esperança e essa época do ano?

c) O que representa a descida da Esperança?

d) A palavra *esperança* é classificada como um substantivo abstrato. No poema, esse substantivo é apresentado de modo original. Como ele aparece no poema?

e) A que gênero e grau pertence o substantivo *meninazinha*? O que esse diminutivo indica?

f) A palavra *devagarinho* está no grau diminutivo. Que efeito o uso desse grau produz no poema?

g) Transcreva do poema um substantivo composto e um coletivo.

2. Leia a tira.

Jim Davis. *Garfield de bom humor.* Porto Alegre: L&PM, 2006. p. 112.

a) O que revela o uso da palavra *gatinha* no primeiro quadrinho?

b) Qual foi a reação da moça ao convite de Jon?

c) No último quadrinho, a personagem Jon quis enfatizar o fato de a veterinária ser uma "doutora" ou ser uma "gatinha"? O que lhe permitiu chegar a essa conclusão?

d) Qual a classe gramatical de *gatinha* na tira? E em uma frase como "Você é muito gatinha"?

Determinantes do substantivo e precisão do texto

1. Leia a tira.

Dik Browne. *O melhor de Hagar, o Horrível*. Porto Alegre: L&PM, 2006. v. 2. p. 68.

a) Como a personagem que procura trabalho se apresenta?

b) O que se espera de alguém que se apresenta com essa característica?

c) O que acontece no segundo quadrinho corresponde a essa expectativa? Justifique sua resposta.

d) Que determinante Henry poderia acrescentar a seu nome se quisesse caracterizar sua coragem?

e) Se Henry se apresentasse como "Sou Henry, *um* navegador", usando outro determinante para o substantivo *navegador*, que efeito isso teria no texto da tira?

2. Leia mais um trecho do romance *A garota das laranjas*.

> Fui para o quarto com uma garrafa de refrigerante e o maço de papéis. Quando tranquei a porta, coisa que nunca faço, mamãe reclamou um pouco, mas acabou entendendo.
>
> Era tão solene a sensação de estar lendo a carta de alguém que já não estava vivo, que eu não podia tolerar a ideia de ter o resto da família me cercando. Afinal, a carta era do meu pai, que já estava morto fazia anos. Eu precisava ficar sozinho.
>
> Foi estranhíssimo estar com aquela papelada nas mãos [...].

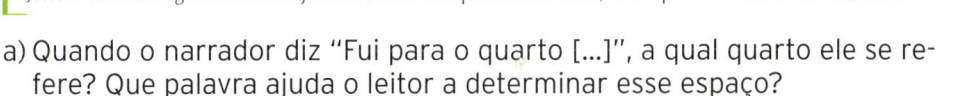

Jostein Gaarder. *A garota das laranjas*. São Paulo: Companhia das Letras, 2005. p. 13.

a) Quando o narrador diz "Fui para o quarto [...]", a qual quarto ele se refere? Que palavra ajuda o leitor a determinar esse espaço?

b) Na mesma frase, o que o artigo o permite ao leitor saber sobre o maço de papéis que o narrador levava?

c) Os substantivos *garrafa* e *maço* são caracterizados por outros determinantes, além dos artigos. Quais são eles?

d) No terceiro parágrafo, a que papelada o narrador se refere? Qual o papel do determinante *aquela* na construção desse sentido?

e) Acrescente outros determinantes à palavra *quarto* de modo a caracterizá-lo como um espaço de um adolescente.

ANOTE

Os **determinantes** de um substantivo especificam seu sentido e, em consequência, tornam mais preciso o sentido do enunciado em que ele se encontra.

Conto

Acervo pessoal. Fotografia:ID/BR

Luiz Vilela
(1942-), escritor mineiro. Fotografia de 2006, São Paulo.

Luiz Vilela nasceu em 1942, em Ituiutaba (MG). Contista, romancista e novelista, começou a escrever aos 13 anos. Em 1973, ganhou o Prêmio Jabuti pelo seu livro *O fim de tudo*.

Suas obras tratam de conflitos básicos dos seres humanos, sempre às voltas com seus sonhos e suas frustrações, suas alegrias e tristezas.

Esse tema também está presente no conto que você vai ler: o que fazer com um peixe que foi pescado e estranhamente não morreu?

Fabiana Salomão/ID/BR

Um peixe

Virou a capanga de cabeça para baixo, e os peixes espalharam-se pela pia. Ele ficou olhando, e foi então que notou que a traíra ainda estava viva. Era o maior peixe de todos ali, mas não chegava a ser grande: pouco mais de um palmo. Ela estava mexendo, suas guelras mexiam-se devagar, quando todos os outros peixes já estavam mortos. Como que ela podia durar tanto tempo assim fora d'água?...

Teve então uma ideia: abrir a torneira, para ver o que acontecia. Tirou para fora os outros peixes: lambaris, chorões, piaus; dentro do tanque deixou só a traíra. E então abriu a torneira: a água espalhou-se e, quando cobriu a traíra, ela deu uma rabanada e disparou, ele levou um susto – ela estava muito mais viva do que ele pensara, muito mais viva. Ele riu, ficou alegre e divertido, olhando a traíra, que agora tinha parado num canto, o rabo oscilando de leve, a água continuando a jorrar da torneira. Quando o tanque se encheu, ele fechou-a.

– E agora? – disse para o peixe. – O que é que eu faço com você?...

Enfiou o dedo na água: a traíra deu uma corrida, assustada, e ele tirou o dedo depressa.

– Você está com fome?... E as minhocas que você me roubou no rio? Eu sei que era você; devagarzinho, sem a gente sentir... Agora está aí, né?... Está vendo o resultado?...

O peixe, quieto num canto, parecia escutar.

Podia dar alguma coisa para ele comer. Talvez pão. Foi olhar na lata: havia acabado. Que mais? Se a mãe estivesse em casa, ela teria dado uma ideia – a mãe era boa para dar ideias. Mas ele estava sozinho. Não conseguia lembrar de outra coisa. O jeito era ir comprar um pão na padaria. Mas sujo assim de barro, a roupa molhada, imunda?...

– Dane-se – disse, e foi.

Era domingo à noite, o quarteirão movimentado, rapazes no *footing*, bares cheios. Enquanto ele andava, foi pensando no que acontecera. No começo fora só curiosidade; mas depois foi bacana, ficou alegre quando viu a traíra bem viva de novo, correndo pela água, esperta. Mas o que faria com ela agora? Matá-la, não ia; não, não faria isso. Se ela já estivesse morta, seria diferente; mas ela estava viva, e ele não queria matá-la. Mas o que faria com ela? Poderia criá-la; por que não? Havia o tanquinho do quintal, tanquinho que a mãe uma vez mandara fazer para criar patos. Estava entupido de terra, mas ele poderia desentupi-lo, arranjar tudo; ficaria cem por cento. É, é isso o que faria. Deixaria a traíra numa lata d'água até o dia seguinte e, de manhã, logo que se levantasse, iria mexer com isso.

Enquanto era atendido na padaria, ficou olhando para o movimento, os ruídos, o *vozerio* do bar em frente. E então pensou na traíra, sua trairinha, deslizando silenciosamente no tanque da pia, na casa escura. Era até meio besta como ele estava alegre com aquilo. E logo um peixe feio como a traíra, isso é que era o mais engraçado...

Toda manhã – ia pensando, de volta para casa – ele desceria ao quintal, levando pedacinhos de pão para ela. Além disso, arrancaria minhocas, e de vez em quando pegaria alguns insetos. Uma coisa que podia fazer também era pescar depois outra traíra e trazer para fazer companhia a ela; um peixe sozinho num tanque era algo muito solitário.

A empregada já havia chegado e estava no portão, olhando o movimento.

– Que peixada bonita você pegou...

– Você viu?

– Uma beleza... Tem até uma trairinha...

– Ela foi difícil de pegar, quase que ela escapole; ela não estava bem fisgada.

– Traíra é duro de morrer, hem?

– Duro de morrer?...

Ele parou.

– Uai, essa que você pegou estava vivinha na hora que eu cheguei, e você ainda esqueceu o tanque cheio d'água... Quando eu cheguei, ela estava toda folgada, nadando. Você não está acreditando? Juro. Ela estava toda folgada, nadando.

Fabiana Salomão/ID/BR

– E aí?

– Aí? Uai, aí eu escorri a água para ela morrer; mas você pensa que ela morreu? Morreu nada! Traíra é duro de morrer, nunca vi um peixe assim. Eu soquei a ponta da faca naquelas coisas que faz o peixe nadar, sabe? Pois acredita que ela ainda ficou mexendo? Aí eu peguei o cabo da faca e esmaguei a cabeça dele, e foi aí que ele morreu. Mas custou, ô peixinho duro de morrer! Por que é que você está me olhando?

– Por nada.

– Você não está acreditando? Juro; pode ir lá, à cozinha, ver: ela está lá, do jeitinho que eu deixei.

Ele foi caminhando para dentro.

– Eu vou ficar aqui mais um pouco – disse a empregada. – Depois vou arrumar os peixes, viu?

– Sei.

Acendeu a luz da sala. Deixou o pão em cima da mesa e sentou-se. Só então notou como estava cansado.

Luiz Vilela. *O violino e outros contos*. 7. ed. São Paulo: Ática, 2007. p. 36-38.

GLOSSÁRIO

Capanga: bolsa pequena, de tecido, couro ou plástico, usada a tiracolo.
Footing: passeio a pé, com o objetivo de arrumar namorado(a).
Guelra: estrutura do órgão respiratório da maioria dos animais aquáticos.
Rabanada: movimento brusco com o rabo.
Vozerio: som de muitas vozes juntas.

●●● Para entender o texto

1. Quem narra essa história? Justifique sua resposta com elementos do texto.

2. Releia.

> "Como que ela podia durar tanto tempo assim fora d'água?"

De quem é essa voz narrativa?

Fabiana Salomão/ID/BR

ANOTE

O **foco narrativo** em **terceira pessoa** apresenta um narrador que não participa como personagem da história. O narrador em terceira pessoa pode se mostrar das seguintes formas.
- **Narrador onisciente**: revela aos leitores as ações, os sentimentos e pensamentos da(s) personagem(ns).
- **Narrador observador**: não participa dos acontecimentos; conta a história de uma perspectiva mais neutra e imparcial.

3. O conto é um gênero de narrativa no qual se desenvolve um único conflito envolvendo o(s) protagonista(s). Nesse conto, assistimos a um conflito interior, que se passa no íntimo do protagonista.
   a) Qual é esse conflito?
   b) Que fato provoca tal conflito?

4. O conflito interior do protagonista se inicia e vai se desenvolvendo até a decisão final.
   a) Qual é a decisão do protagonista a respeito do peixe?
   b) Quais são as etapas desde o conflito até a tomada de decisão?

ANOTE

Em muitos contos, o conflito ocorre no **interior da(s) personagem(ns)** e pode ser provocado por uma descoberta ou uma surpresa que cause uma reflexão no seu íntimo.

O **conflito** pode ser causado por um dilema enfrentado pela personagem, como a necessidade de tomar uma decisão, mas não conseguir, deixando a situação em suspenso até o desfecho.

5. Reproduza o trecho que corresponde ao clímax desse conto e explique por que você considera esse o momento de maior tensão da história.

6. A escolha do foco narrativo em terceira pessoa permite que exista um diálogo como o que se dá entre a personagem principal e a empregada, carregado de tensão. Se esse conto fosse narrado em primeira pessoa, isso seria possível? Por quê?

7. Considerando o que foi estudado neste capítulo sobre os determinantes do substantivo, podemos dizer que, no início da narrativa, a traíra era realmente "*um* peixe" para a personagem principal, mas, no final, ele já poderia se referir a ela como "*o* peixe". Por quê?

●●● O texto e o leitor

1. Nos primeiros parágrafos, o narrador descreve a cena em que a personagem principal volta de uma pescaria. Logo em seguida, esse mesmo narrador oferece ao leitor uma informação que vai alterar a situação inicial da história.

   a) Que informação é essa?

   b) Por que essa informação vai alterar o rumo da trama?

2. A personagem começa a gostar do peixe. Como isso aparece no texto?

3. Releia.

   > "E então pensou na traíra, sua trairinha, deslizando silenciosamente no tanque da pia, na casa escura."

   a) O que o diminutivo *trairinha* revela sobre os sentimentos da personagem?

   b) Como a personagem encara essa relação com a traíra?

4. Releia.

   > "– Traíra é duro de morrer, hem?
   >
   > – Duro de morrer?...
   >
   > Ele parou.
   >
   > – Uai, essa que você pegou estava vivinha na hora que eu cheguei, e você ainda esqueceu o tanque cheio d'água... Quando eu cheguei, ela estava toda folgada, nadando. Você não está acreditando? Juro. Ela estava toda folgada, nadando."

   a) Em vez de dizer tudo o que a personagem sentiu ao ouvir a empregada, o narrador limitou-se a uma frase curta e seca: "Ele parou". Que efeito esse recurso provoca no leitor?

   b) O que a personagem pode ter pensado naquele momento?

   c) Explique o uso do diminutivo *vivinha* nesse trecho.

ANOTE

O discurso pode se apresentar na narrativa de forma **direta** ou **indireta**.

No **discurso direto**, o narrador reproduz as falas das personagens. Para isso, utiliza-se o travessão, e as falas são, geralmente, introduzidas ou seguidas por verbos como *falar*, *dizer*, *perguntar*, etc. Ex.: – Que peixada bonita você pegou – disse a empregada.

Já no **discurso indireto** é o narrador quem reproduz as falas da personagem. Ex.: A empregada disse que a peixada que o menino pegou era bonita.

5. Há no texto perguntas não indicadas por travessão. Observe.

   > "No começo fora só curiosidade; mas depois foi bacana, ficou alegre quando viu a traíra bem viva de novo, correndo pela água, esperta. Mas o que faria com ela agora? Matá-la, não ia; não, não faria isso. Se ela já estivesse morta, seria diferente; mas ela estava viva, e ele não queria matá-la. Mas o que faria com ela? Poderia criá-la; por que não?"

   a) Essas perguntas estão relacionadas à fala de qual personagem?

   b) Que informações essas perguntas revelam ao leitor?

Em algumas situações, o **narrador onisciente** pode incorporar em sua narração as falas ou os pensamentos das personagens e transmiti-los indiretamente ao leitor. Quando isso ocorre, não se pode precisar com exatidão de quem é a fala – se do narrador ou da personagem. A esse recurso narrativo chamamos **discurso indireto livre**.

A transmissão indireta das falas, dos pensamentos e dos sentimentos das personagens pela voz do narrador faz que o leitor se sinta mais próximo delas e viva de maneira mais intensa os acontecimentos da história.

●●● Comparação entre os textos

1. O esquema a seguir apresenta a sequência de enredo nos contos estudados. Copie-o e preencha-o.

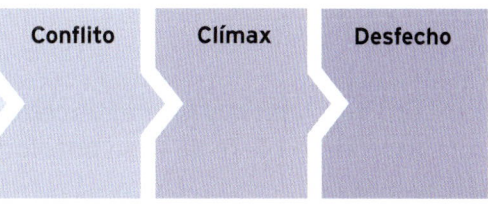

Conto 1: Um menino (narrador e protagonista da história), para sair da monotonia em que vive, resolve fazer um passeio de bicicleta com seu irmão mais novo, até o rio, na hora da sesta.

Conflito | Clímax | Desfecho

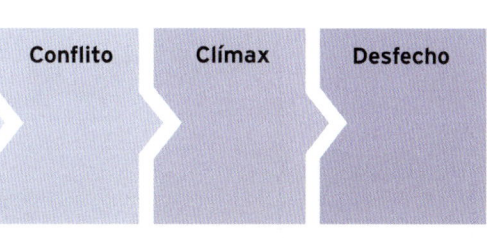

Conto 2: Na volta da pescaria, o garoto descobre que uma traíra ainda está viva. Feliz com a descoberta, sai para comprar pão para alimentar o peixe; ao retornar, enfrenta uma situação inesperada.

Conflito | Clímax | Desfecho

2. Em "Um peixe", o conflito desenvolve-se da mesma maneira que em "Não chore, papai"? Explique.

3. Os tipos de tensão que aparecem no clímax dos dois contos são semelhantes ou diferentes? Justifique.

4. Em qual das narrativas você considera que o desfecho foi mais surpreendente? Por quê?

●●● Sua opinião

1. Na sua opinião, em qual dos dois contos o leitor pôde conhecer mais características do protagonista? Justifique sua resposta.

Os peixes e a pescaria: a educação sentimental

O conto inicia com a volta do protagonista de uma pescaria: o produto de sua atividade seria usado para o preparo do jantar. Entretanto, um peixe, ainda vivo, faz com que ele vislumbre uma possibilidade de afeto.

■ Há muito se estuda o papel do animal de estimação na vida das crianças e como essa ligação pode desenvolver sentimentos de afeição e de responsabilidade. Discuta com seus colegas de classe as seguintes questões: que benefícios as pessoas podem ter ao conviver com animais de estimação? Você tem ou já teve um animal de estimação? Como se sente (ou se sentia) em relação a ele?

Conto

Nos contos, a escolha de um conflito que prenda a atenção do leitor é essencial para o bom desenvolvimento da narrativa.

- Leia os dois parágrafos a seguir. Em seu caderno, desenvolva o segundo parágrafo, introduzindo um conflito que envolva as personagens.

> Tinham alguma experiência em fazer caminhadas, sempre em trilhas já demarcadas ou com a ajuda de um guia. Desta vez, entretanto, resolveram caminhar por uma trilha mais afastada e foram sozinhos. Pela manhã, tudo cheirava à aventura: a mata mais densa acompanhava a trilha, o solo irregular dificultava o percurso, mas prosseguiram assim mesmo.
>
> A tarde foi caindo e perceberam que já era hora de voltar, porém...

Lucia Brandão/ID/BR

●●● Proposta

Escreva um conto com foco narrativo em terceira pessoa. Depois de prontos, os contos da classe farão parte de uma antologia que será doada à biblioteca da escola.

Observe a imagem a seguir.

Hulton-Deutsch Collection/Corbis/Latinstock

Taxco, México, cerca de 1950.

A cena retratada nessa imagem deve inspirar o desfecho de sua história. Lembre-se de que o final do conto tem de surpreender o leitor.

●●● Planejamento e elaboração do texto

1. Para planejar seu texto, é importante pensar sobre os seguintes aspectos:
   a) Quem são as crianças da fotografia?
   b) Qual delas é o protagonista?
   c) Imagine qual seria a situação inicial do conto: onde as personagens estão, o que estão fazendo, etc.

2. Pense nas etapas de uma narrativa, construindo seu texto de acordo com o esquema abaixo, que contém os elementos principais do gênero conto.

Introdução	Conflito	Clímax	Desfecho
Situação inicial.	Criação e desenvolvimento de um conflito (problema) que leva a uma situação de tensão.	Auge do conflito; tensão máxima da narrativa.	Resolução do conflito.

ID/BR

3. Agora que você já planejou os pontos principais de sua história, é hora de escrever seu texto. Apresente o conflito de modo a atrair o interesse de seus leitores, que serão os frequentadores da biblioteca da escola.

●●● Avaliação e reescrita do texto

1. Forme dupla com um colega e troquem entre si o conto que cada um escreveu. Avalie o texto do seu colega com base nas seguintes questões.
   a) O conto tem foco narrativo em terceira pessoa?
   b) O conflito prende a atenção do leitor?
   c) A narrativa tem um clímax?
   d) O conto tem um desfecho surpreendente?

2. Entregue a avaliação ao seu colega com o máximo de sugestões para melhorar o texto dele.

3. Leia a avaliação do seu texto e, em caso de dúvida ou discordância, converse com o seu colega.

4. Finalmente, reescreva seu conto fazendo as alterações que considerar necessárias.

5. Depois que seu texto ficar pronto, ilustre-o com um desenho ou aplique uma imagem.

6. Em seguida, faça uma ilustração para a capa do livro. Depois que todos os alunos tiverem terminado, os desenhos serão expostos na classe e um deles será escolhido para ser a capa da antologia.

7. Em um dia combinado com o professor, será feito o lançamento da antologia. Os autores dos textos poderão autografar seu conto e ler a história que escreveram.

Dicas de como organizar a antologia

- Os alunos serão divididos em quatro grupos.
- O grupo 1 será responsável pela organização dos textos da classe e por recolher as sugestões para a ilustração da capa.
- O grupo 2 fará o sumário do livro, com o nome dos contos e os respectivos autores.
- O grupo 3 organizará a montagem da antologia. Sugestão: juntar os contos e colocar a capa com a ilustração escolhida. As folhas devem ser encadernadas.
- O grupo 4 ficará responsável pela organização do lançamento. Nesse dia, o grupo deve preparar uma mesa para expor o livro, que será autografado. Os alunos podem convidar outros professores ou representantes da escola para assistir ao lançamento da antologia.

Lúcia Brandão/ID/BR

Preposição

1. Leia o texto.

> ### Exposição traz figurino original de Harry Potter a São Paulo
>
> [...] Chega a São Paulo uma exposição com fotos, painéis e figurinos originais do novo longa-metragem da série. O material fica exposto ao público na praça de eventos do *shopping* Market Place até o dia 29 de julho. O local ganha ambientação especial para lembrar o cenário do filme. [...] O traje de Harry Potter é formado por blusão de algodão com capuz, camiseta de algodão, calça jeans, cinto de couro com fivela de metal prateado, tênis de lona e varinha. [...]
>
> Disponível em: <http://www1.folha.uol.com.br>. Acesso em: 16 jul. 2014.

Daniel Radcliffe, que vive no cinema o jovem bruxo Harry Potter. Fotografia de 2005.

Copie do quadro o tipo de relação estabelecida pelas palavras destacadas.

matéria	finalidade	posse

a) Traje **de** Harry Potter

b) Fivela **de** metal prateado

c) Praça **de** eventos

Observe no texto expressões como "exposição *com* fotos", "praça *de* eventos", "cenário *do* filme", "traje *de* Harry Potter", "blusão *de* algodão *com* capuz", "fivela *de* metal", "tênis *de* lona", entre outras. Em todas essas expressões há uma palavra unindo um termo ao outro, estabelecendo entre eles uma relação de sentido. Essa palavra recebe o nome de **preposição**.

> **Preposição** é a palavra invariável que liga dois termos de uma frase, estabelecendo uma relação de sentido entre eles. As preposições podem indicar posse, matéria, causa, finalidade, etc.
>
> **Locução prepositiva** é um grupo de palavras com valor de preposição. Ex.: *além de*, *por meio de*, *em cima de*, *junto a*, *em vez de*, *abaixo de*, etc.

Em outras expressões do texto, como "*ao* público *na* praça", "*do* shopping", "*do* filme", observe que as preposições aparecem acompanhadas de artigo (*a*, *o*).

> As preposições podem sofrer **combinação** ou **contração** com outras palavras.
> - **Combinação**: preposição *a* + artigo *o* ou preposição *a* + advérbio *onde*. Ex.: Fui *ao* mercado. *Aonde* você foi?
> - **Contração**: ocorre quando a preposição, ao unir-se a outras palavras, sofre modificação. Ex.: Ele vendeu a casa *no* ano passado (preposição *em* + artigo *o*). Gostei *daquele* museu que visitamos ontem (preposição *de* + pronome *aquele*).

As preposições, sozinhas, não têm um sentido lógico. Só é possível dizer qual é o sentido de uma preposição no contexto em que ela aparece, isto é, na relação que ela estabelece entre as palavras dentro da frase.

Observe a tira a seguir.

John Hart. A. C. *Jornal da Tarde,* 10 jun. 2003.

Ao perguntar para o dono do *pet shop* "O que você tem *para* pulgas?", a mulher queria algum produto que exterminasse as pulgas. O vendedor entendeu que ela queria algo para oferecer às pulgas, como um presente.

O equívoco ocorreu porque a preposição *para* pode ter mais de um sentido, dependendo do contexto. A confusão poderia ter sido evitada se a mulher usasse outra preposição no lugar de *para*, como: "O que você tem *contra* pulgas?".

Veja algumas relações de sentido que as preposições estabelecem entre as palavras.

Relações de sentido	Exemplos
Causa	Ele ganhou o prêmio **por** merecimento. Estou morrendo **de** fome.
Companhia	Viajei **com** a minha família.
Destino	Os políticos foram **para** Brasília. O policial foi **ao** local do crime.
Instrumento	Cortou o papel **com** a tesoura.
Lugar	Vou ficar **em** casa.
Matéria	Meu pai comprou um anel **de** ouro.
Meio	Fui **de** trem.
Modo	Chegou **aos** prantos. Tratou os avós **com** muito carinho.
Movimento	Ele caminhou **até** o carro.
Oposição	Votaram **contra** o projeto.
Origem	Somos **do** Rio Grande do Norte.
Tempo	Os ingressos foram vendidos **até** ontem. Os comentários serão feitos **após** o jogo.

ATENÇÃO

Atente para o caso de expressões como "metal prateado". Não caia na tentação de substituir *prateado* por *de prata*, pois normalmente *prateado* refere-se à cor do objeto, e não ao material de que é feito.

1. Leia a tira.

Bill Watterson. *Calvin e Haroldo*: tem alguma coisa babando embaixo da cama. 2. ed. São Paulo: Conrad, 2010.

a) Explique as relações de sentido que as preposições estabelecem entre as palavras nestes casos.

- "história *de* ficção científica"
- "controle *dos* humanos"
- "É *sobre* como máquinas tomam o controle"

b) Releia.

> "Acabo de ler uma história de ficção científica maravilhosa."

- Que termos ou expressões ajudam a determinar o sentido do substantivo *história* nessa frase e a que classe gramatical eles pertencem?
- Os sentidos que esses termos acrescentam ao substantivo são objetivos ou refletem uma opinião de Calvin?

c) Releia.

> "Se é. Ei! Que horas são? Meu *show* de TV já começou!"

- Que sentido o pronome *meu* acrescenta ao substantivo *show* nesse contexto?
- Por que a fala de Calvin nesse último quadrinho contradiz sua concordância com a opinião de Haroldo?

2. Leia a tira.

Adão Iturrusgarai. La vie en rose. *Folha de S.Paulo*, 31 maio 2003.

a) A palavra *inglês* está sendo empregada nos quadrinhos 2 e 3 com o mesmo sentido? Explique.

b) As duas moças afirmam que não se dão bem com "inglês sem legendas". Levando em consideração o que foi respondido no item **a**, explique: a que tipo de problema cada uma delas se refere?

A posição dos determinantes do substantivo

1. Leia a tira.

Dik Browne. *O melhor de Hagar, o Horrível*. Porto Alegre: L&PM, 2006. v. 1. p. 16.

a) Qual foi o engano cometido por Hagar?

b) Qual a consequência desse engano?

c) No segundo quadrinho, haveria diferença de sentido se Eddie dissesse *gordos homens* em vez de *homens gordos*? Explique sua resposta.

d) E na fala de Hagar? Haveria diferença de sentido se ele usasse a expressão *homens grandes* em vez de *grandes homens*? Justifique.

2. Leia o texto a seguir, resolva os exercícios e veja outros casos em que a posição do determinante interfere em seu sentido.

Arqueologia do cotidiano

Arqueólogo é quem traz à tona o que está enterrado, assim como o psicanalista pretende fazer com a mente. Como tal, quero mostrar como a modernidade vem roubando o espaço que mantém em bom nível nossa autoestima.

No cotidiano, a repetição infindável de certos atos e fatos afasta a nossa atenção e nos torna insensíveis a eles.

Nem vou enumerar todas as coisas que fazemos sem que registremos nem um pensamento sequer a respeito delas. Criamos rituais e tiques para desviar a atenção, para não acompanhar nossos atos. Como se diz: passamos boa parte da vida no automático.

[...]

Como psicóloga, gosto de questionar justamente aquilo que passa despercebido. Às vezes, a desatenção é por não querermos perceber (porque não seria agradável ou porque ficaria sem resposta).

Anna Veronica Mautner. Arqueologia do cotidiano. *Equilíbrio*, suplemento do jornal *Folha de S.Paulo*, 13 set. 2003. p. 2.

a) No segundo parágrafo, se escrevêssemos "a repetição infindável de atos e fatos certos", haveria alteração de sentido? Justifique.

b) Há diferença na classificação gramatical da palavra *certos* se a colocarmos antes ou depois dos substantivos *atos e fatos*? Explique.

c) No terceiro parágrafo, faria diferença se estivesse escrito "Como se diz: passamos parte boa da vida no automático"? Explique.

d) Reescreva a primeira frase do terceiro parágrafo colocando o pronome *todas* após o substantivo que ele determina (*coisas*). Nesse caso, haveria alteração no sentido da frase?

ANOTE

A **posição** em que aparece o determinante (antes ou depois do substantivo) pode modificar o sentido da característica ou qualidade que ele atribui ao substantivo.

Emprego do x e do ch

1. Leia a letra de música abaixo. Ela foi inspirada na Chapada dos Guimarães, que se localiza no estado de Mato Grosso. Nessa região nascem muitos rios e há impressionantes cachoeiras.

Na Chapada

Há um chuvisco na chapada
Em toda a mata um cochicho em cê-agá
Chuá chuá na queda d'água
Eu me espicho e fico quieta
Nada me falta
[...]
Na cachoeira-enxurrada
O véu da chuva desceu
No vento nuvem
Do céu desaba
Chapinhante,
Espumante,
Champanhe
Chapada dos Guimarães

Tetê Espíndola e Carlos Rennó. Na Chapada.
Intérprete: Tetê Espíndola. *Gaiola*. Polygram, 1986.

Cachoeira Véu de Noiva, no Parque Nacional da Chapada dos Guimarães (MT), 1994.

O segundo verso da canção afirma que há "Em toda a mata um cochicho em cê-agá".

a) O que seria esse "cochicho"?

b) Por que os autores falam que o cochicho é em "cê-agá"?

c) De que maneira os autores tentam imitar esse "cochicho" na canção?

d) Retire do texto palavras em que aparece o som que tenta reproduzir esse "cochicho".

ANOTE

Utiliza-se x

- Em palavras de **origem tupi**, **árabe** e **africana**. Ex.: *abacaxi* (tupi), *enxaqueca* (árabe), *Caxambu* (africana).
- Depois de **ditongo**. Ex.: *frouxo*, *peixe*, *feixe*.
- Depois de **me-** inicial. Ex.: *mexerica*, *México* (exceção: *mecha* e derivados).
- Depois de **en-** inicial. Ex.: *enxada*, *enxurrada*, *enxoval*, *enxaqueca*, *enxofre*, *enxugar*.

Exceções

- Palavras derivadas de **cheio**. Ex.: *encher*, *enchente*, *enchimento*, *preencher*.
- Palavras derivadas de **charco**. Ex.: *encharcar*, *encharcado*.
- A palavra *enchouriçar*, derivada de **chouriço**.
- A palavra *enchova* (um tipo de peixe).

Utiliza-se ch

- Em algumas palavras de **origem estrangeira**. Ex.: *chapéu* (francês), *salsicha* (italiano), *sanduíche* (inglês).
- No verbo **encher** e seus derivados. Ex.: *preencher*.

2. Copie as palavras em seu caderno preenchendo os espaços com **x** ou **ch**.
Depois justifique sua escolha.

a) afrou★ar

b) en★ergar

c) en★er

d) capi★aba

e) en★arcar

f) a★é

g) almo★arife

h) me★erico

i) ★alé

j) amei★a

k) en★ame

l) me★er

m) ★apéu

n) trou★a

o) me★icano

p) cai★a

3. Leia alguns versos da música "Chuva, suor e cerveja", de Caetano Veloso.

> Não se perca de mim
> Não se esqueça de mim
> Não desapareça
> A chuva tá caindo
> E quando a chuva começa
> Eu acabo de perder a cabeça
>
> Não saia do meu lado
> Segure o meu *pierrot* molhado
> E vamos embolar ladeira abaixo
> Acho que a chuva ajuda a gente a se ver
> [...]

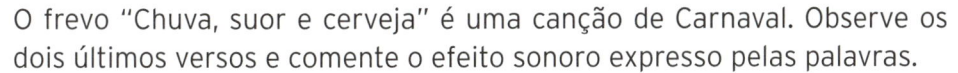
Mirella Spinelli/ID/BR

Caetano Veloso. Chuva, suor e cerveja. Intérprete: Caetano Veloso. *Caetano... muitos carnavais*. Polygram, 1977.

O frevo "Chuva, suor e cerveja" é uma canção de Carnaval. Observe os dois últimos versos e comente o efeito sonoro expresso pelas palavras.

a) Que som o autor tenta reproduzir?

b) Retire do texto palavras em que aparece esse som.

▙ Entreletras

"Quem conta um conto aumenta um ponto."

Inspirados nesse dito popular, você e os colegas vão criar uma história coletiva. Para isso, o aluno da primeira fileira vai continuar a frase abaixo, que será complementada pelo aluno da segunda carteira, e assim por diante. O professor anotará cada frase na lousa e depois lerá a história criada pela classe.

"Júlio voltava da escola quando resolveu fazer um caminho diferente. Foi aí que..."

Andréa Vilela/ID/BR

[PARA SABER MAIS]

Livros

Faz de conto, de Mario Quintana e outros.
Global Editora.

De conto em conto. Editora Ática (Coleção Quero Ler).

Boa de garfo e outros contos, de Luiz Vilela.
Editora Saraiva.

Global/Arquivo da editora
Saraiva/Arquivo da editora
Ática/ Arquivo da editora

1. Leia a tira.

Recruta Zero, de Mort Walker.

a) Explique como o uso criativo dos determinantes foi responsável pelo humor dessa tira.

b) Na frase "Eu soube que uma canção sua entrou na parada!", que relação a palavra *na* (preposição *em* + artigo *a*) estabelece entre as partes?

c) Quais palavras ajudam a determinar o sentido de *canção* no primeiro quadrinho? A que classes gramaticais elas pertencem?

2. O pintor de uma placa, em dúvida sobre o emprego do **x** ou do **ch** e com medo de errar a grafia de algumas palavras, resolveu deixá-la com algumas lacunas.

ESTE É O RIO DO ABACA★I. EM CASO DE EN★ENTE, CUIDADO COM A EN★URRADA. NÃO ENTRE NA ÁGUA. ME★A-SE RAPIDAMENTE, RECOLHA SEUS OBJETOS, PROCURE UM LUGAR E ESPERE A ★UVA PASSAR.

Complete os dizeres da placa com **x** ou **ch**, de modo que as palavras fiquem corretamente grafadas.

3. Leia o trecho abaixo.

Falando em silêncio

Nem todos os idiomas são falados. Os *surdos*, e outros que não conseguem usar a língua oral, geralmente utilizam sinais de mão.

Fatos mundiais. São Paulo: Brinque-Book, 2007. p. 27.

a) A que classe gramatical pertence a palavra em destaque na frase? Justifique.

b) Transforme a frase de modo a que essa palavra se torne um determinante do substantivo. No caso, a qual classe gramatical ela pertencerá? Justifique.

4. Leia os provérbios abaixo.

I – **Da** discussão nasce a luz.

II – **De** algodão velho não se faz bom pano.

a) Coloque-os na ordem direta.

b) Como você entende esses provérbios?

c) As preposições estabelecem relações de sentido e dependência entre as palavras que ligam. Qual sentido essas preposições acrescentaram ao contexto da frase em que foram utilizadas?

Conto

- **Enredo:** no conto, organiza-se em torno de um único conflito, com uma situação de tensão que domina toda a narrativa.
- **Clímax:** momento que eleva ao máximo a tensão da narrativa.
- **Desfecho:** ocorre imediatamente após o clímax.
- **Foco narrativo:** ponto de vista escolhido pelo autor para contar a história.
- **Foco narrativo em primeira pessoa:** narrador-personagem.
- **Foco narrativo em terceira pessoa:** narrador não participa como personagem da história.
- **Narrador:** voz adotada pelo autor para contar os acontecimentos na ficção.
- **Narrador onisciente:** revela aos leitores as ações, os sentimentos e os pensamentos das personagens.
- **Narrador-observador:** conta a história de maneira objetiva, imparcial.
- **Narrador-personagem:** limita-se a contar apenas o que viveu, viu, sentiu e pensou. Sua visão dos fatos é parcial e subjetiva.
- **Discurso direto:** o narrador reproduz literalmente a fala das personagens.
- **Discurso indireto:** o narrador conta o que a personagem disse.
- **Discurso indireto livre:** o narrador incorpora em sua narração as falas e os pensamentos da personagem sem utilizar o travessão.

Determinantes do substantivo e palavras substantivadas

- **Substantivo:** palavra que nomeia os seres em geral, as sensações, as ações e os sentimentos. Pode ser flexionado em gênero, número e grau.
- **Determinantes do substantivo:** caracterizam o substantivo e dão informações sobre ele. Podem ser: artigos, pronomes, numerais, adjetivos e locuções adjetivas.
- **Locução adjetiva:** reunião de duas ou mais palavras com valor de um único adjetivo.
- **Palavra substantivada:** exerce valor gramatical de substantivo. Geralmente vem antecedida de artigo definido ou indefinido.

Preposição

- **Preposição:** termo que liga duas palavras, estabelecendo entre elas uma relação de sentido e dependência.
- **Locução prepositiva:** um grupo de palavras com valor de preposição.

Autoavaliação ●●●

Para fazer a autoavaliação, releia o quadro *O que você aprendeu neste capítulo*.

- Você tem alguma dúvida sobre foco narrativo? Se tem, qual é?
- Como você avalia sua participação na roda de leitura? Justifique sua resposta.
- Qual conto você mais gostou de escrever? Por quê?
- Como foi sua participação nas discussões propostas nos *Boxes de valores*?

Relato de experiência vivida

1. O texto que você lerá a seguir é a transcrição de um relato da autora Ana Maria Machado.

Miguelzinho é a minha história

Quando eu fiz a primeira história pra [revista] *Recreio*, foi rejeitada, e a Sônia Robato devolveu e disse: "Ana, você não tem nada que escrever uma história como você acha que deve ser uma história para criança. Você deve escrever uma história como você é capaz de fazer". E aí eu fiquei encafifada com aquilo: "O que é que eu sou capaz?". Aí fiquei pensando "eu quero escrever uma história que seja como as melhores histórias que eu li ou ouvi quando era criança". [...] Aí eu lembrei de umas histórias que a minha avó me contava: histórias do Miguelzinho. E eu não lembrava de nenhuma história do Miguelzinho, mas eu lembrava do meu absoluto encantamento com as histórias do Miguelzinho. Então, eu liguei pra minha mãe, que ainda era viva nesse tempo, e disse: "Mamãe você se lembra de alguma história do Miguelzinho?" [...] Aí ela riu muito e me contou o que que eram as histórias de Miguelzinho.

Ana Maria Machado. Fotografia de 2011, Rio de Janeiro.

Como nós éramos muitos irmãos, teve um ano em que mamãe tava com três com coqueluche e dois com sarampo dentro de casa, então teve que isolar, e eu fui isolada. Fui pra casa da minha avó no Espírito Santo, junto com a minha outra irmã [...]. Então, quando eu tava lá, a minha avó me contava várias histórias e, nessa ocasião, ela me contou as histórias todas do Miguelzinho. Depois eu voltei pra casa pro Rio [...] e falava pra mamãe: "Ah, mamãe! A vovó contou umas histórias ótimas do Miguelzinho!", e mamãe não tinha ideia do que fosse isso [...]. Passou o tempo e quando chegaram as férias e ela foi lá, aí ela perguntou: "Mamãe, o que que eram as histórias do Miguelzinho?". E minha avó disse a ela que era o seguinte: que as histórias do Miguelzinho ela me contava toda noite o que tinha acontecido comigo de dia, ela contava de novo como se fosse o Miguelzinho. Então ela dizia assim: "Miguelzinho hoje [...] ganhou um patinho, porque ele tomou o remédio todo direitinho. Então a avó do Miguelzinho deu a ele um patinho. Aí ele saiu com o patinho, aí tinha umas formiguinhas andando, ele viu as formiguinhas...". Enfim, eu ficava absolutamente encantada, porque Miguelzinho era eu, eu fazia tudo aquilo! Aí eu achei que eu tinha que conseguir contar histórias em que cada criança achasse que era ela [...].

Disponível em: <www.itaucultural.org.br>. Acesso em: 2 dez. 2011.

a) Como se trata de uma transcrição de um relato, o texto apresenta elementos característicos da linguagem oral. Aponte alguns desses elementos.

b) Após a leitura, você considera que o texto apresenta uma linguagem formal ou informal? Por quê?

c) Se você tivesse de contar a história de Ana Maria Machado, você acrescentaria algo?

Produção de texto: relato de experiência vivida

O que você vai fazer

Você e os colegas de classe farão uma sessão de relatos de experiências vividas. O dia da apresentação deve ser previamente combinado com o professor.

Preparação da apresentação

2. Escolha uma experiência de sua vida que você considere marcante. Procure relembrá-la nos mínimos detalhes e anote em seu caderno as passagens mais importantes para relatar aos seus colegas.

3. Reflita sobre a sua experiência: por que ela foi marcante? Que emoções ou sentimentos ela despertou em você? Há algo que tenha aprendido com ela?

4. Em um primeiro momento, grave sua experiência de alguma forma. Pode ser com uma câmera, uma máquina fotográfica ou um celular que filme, um programa de computador que realize gravações, etc. Se preferir, você pode apresentar seu depoimento, inicialmente, a seus familiares ou a algum amigo que não seja de sua classe e pedir a eles que o analisem para ajudá-lo a aprimorá-lo.

5. Assista à sua gravação e observe: o seu texto consegue captar a atenção das pessoas? Você consegue interessá-las no que está contando? A sua dicção (articulação e pronúncia das palavras) está clara? A entonação e o volume de sua voz estão adequados? As pessoas terão facilidade de entender o que você disse? Após a análise, refaça a gravação; escute a nova gravação e reavalie seu relato. Repita essa operação quantas vezes achar necessário.

6. Imagine, agora, que você fará o relato não para uma gravação, mas para o público (seus colegas). Pense, principalmente, na linguagem corporal: a expressão facial, os gestos que você fará, a maneira como se movimentará perante os colegas, etc.

7. Reúna-se com seus colegas em grupos de quatro alunos. Cada um deve apresentar o seu relato para o grupo e os outros devem dar dicas de como melhorá-lo: alguma informação deve ser descartada do relato ou acrescentada a ele? A maneira como você fala ou gesticula é adequada e atraente para os ouvintes?

8. Depois incorpore em seu relato as sugestões de seus colegas que julgar apropriadas.

9. No dia combinado, cada aluno apresentará para a classe e o professor o seu relato de experiência vivida.

> Ao relatar uma experiência vivida, para interessar o público no relato e fazê-lo sentir o quanto ela é importante para nós, precisamos ser expressivos ao falarmos, variando a entonação, a velocidade e o volume da voz (com exclamações, pequenas pausas que criam suspense, etc.) e utilizando a linguagem corporal (expressão facial, gestos) de modo a atrair a atenção dos ouvintes.
>
> Fazer perguntas ao público e demonstrar bom-humor ou emoção enquanto falamos são outros recursos que podem enriquecer nossa história.

Avaliação

- Avalie o seu relato e o relato de seus colegas sob orientação do professor.
  a) O relato estava bem estruturado, numa sequência compreensível para os ouvintes?
  b) Há alguma informação irrelevante no relato? Ou faltou alguma informação?
  c) Ficou claro na apresentação de seu colega por que a experiência relatada foi marcante na vida dele? Ele apresentou reflexões sobre ela?
  d) As pessoas se interessaram pelo seu relato? A maneira como você se expressou foi atraente? Empregou bem os recursos de voz e de expressão corporal?

Mito e lenda

O QUE VOCÊ VAI APRENDER

- Características principais dos mitos e das lendas
- Tempo e espaço
- Pronomes possessivos, indefinidos e relativos
- Acentuação dos ditongos abertos
- Construção da ambiguidade

Antonio Canova. *Eros e Psiquê*. 1793. Escultura em mármore. Museu do Louvre, Paris.

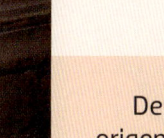

CONVERSE COM OS COLEGAS

1. Observe, ao lado, a escultura *Eros e Psiquê*, de Antonio Canova (1757–1822).

a) Descreva as personagens representadas.

b) Que detalhes da obra chamam a sua atenção? Por quê?

c) Eros e Psiquê são personagens da mitologia grega. Eros é o deus do Amor, e Psiquê, uma nobre mortal cujo nome significa "a alma". Leia algumas informações sobre eles.

> Frustrado por não conseguir casar sua linda filha, o pai de Psiquê consultou o oráculo, que o instruiu a prepará-la com vestes nupciais e abandoná-la no alto de uma montanha. De lá, ela sentiu que era içada ao ar e, com medo, desmaiou.
>
> Quando voltou a si, estava em um magnífico palácio, onde foi visitada noite após noite por aquele que se fez seu esposo e a quem ela passou a amar profundamente. O rapaz, contudo, a proibiu de mirá-lo na claridade, sob pena de abandoná-la. Mas Psiquê, curiosa, certa vez iluminou seu rosto com uma lamparina, enfurecendo-o. Eros cumpriu sua promessa.
>
> A Alma passou a correr o mundo atrás do Amor, enfrentando as armadilhas que Afrodite, a deusa da Beleza, por ciúme, lhe preparou. Por fim, sem conseguir esquecer sua mortal, Eros a salvou e convenceu Zeus a casá-los.

Qual momento da história de Eros e Psiquê a escultura representa?

2. Você conhece outra personagem mitológica? Registre quem é e o que fez ou aconteceu com ela.

Desde sempre, os seres humanos procuram explicações para a sua origem, para os mistérios da natureza e da vida.

Várias das histórias que inventaram respondem de maneira simbólica a essa necessidade. Essas histórias são chamadas de **mitos** e **lendas** e têm características definidas. Neste capítulo, você vai aprender a reconhecê-las.

Mito

O QUE VOCÊ VAI LER

O texto a seguir foi retirado de um livro que reúne vários mitos gregos. Conta a história de Prometeu, um dos seis Titãs, raça de gigantes que habitou a Terra antes de o homem existir.

Na narrativa mítica, ele enfrenta Zeus, o mais poderoso dos deuses, senhor da chuva, dos raios, dos relâmpagos e, sobretudo, mantenedor da ordem e da justiça no mundo.

Esta história não tem autoria definida, pois foi criada quando ainda não existia a escrita. Assim como os outros mitos gregos, romanos, egípcios, hindus, celtas, etc., este também circulou muito tempo oralmente, sendo transmitido de geração em geração, antes de ganhar um registro escrito.

Prometeu

Prometeu era um jovem Titã [...]. Embora soubesse que o soberano dos céus se irritava quando lhe faziam perguntas muito diretas, não hesitava em confrontá-lo sempre que queria saber alguma coisa.

Certa manhã, dirigiu-se a Zeus e disse:

– Oh, grande Senhor dos Raios, não compreendo seu propósito. O senhor colocou a raça humana sobre a Terra, mas insiste em mantê-la na ignorância e na escuridão.

– Da raça humana cuido eu – respondeu Zeus. – O que você chama de ignorância é inocência. O que você chama de escuridão é a sombra de minha vontade. Os mortais estão felizes como estão. E foram concebidos de tal forma que vão continuar felizes até que alguém os convença do contrário. Para mim esse assunto está encerrado.

Mas Prometeu continuou:

– Olhe para a Terra. Olhe para os homens. [...] Por que o senhor se recusa a dar aos homens o dom do fogo?

Zeus respondeu:

– Por acaso você não sabe, jovem Prometeu, que para cada dom existe

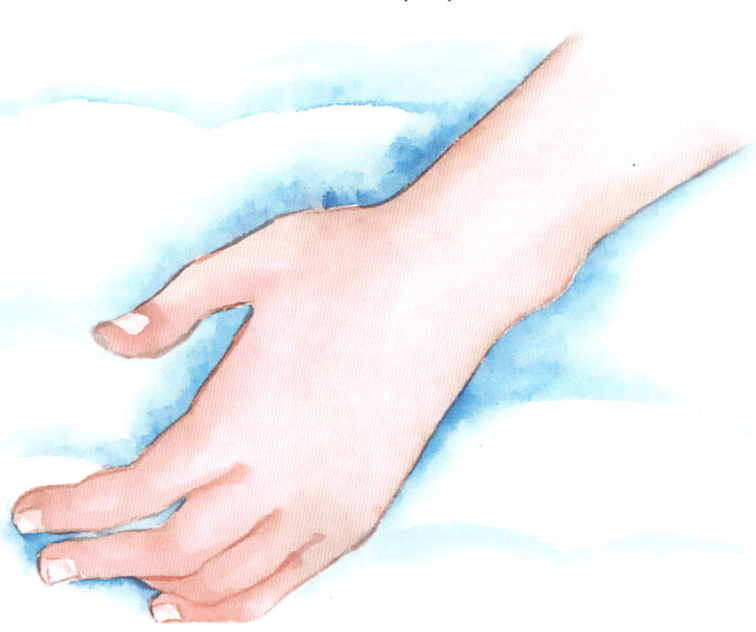

Andrea Vilela/ID/BR

uma punição? É assim que as Moiras fiam o destino, ao qual até mesmo os deuses devem se submeter. Os mortais não conhecem o fogo, é verdade, nem os ofícios que dele advêm. Por outro lado, também não conhecem a doença, a velhice, a guerra, nem aquela peste interior chamada preocupação. Acredite em mim, eles estão felizes sem o fogo. E assim devem permanecer.

[...]

Prometeu não se deu por satisfeito. [...] Na madrugada, levantou-se de seu sofá e, pé ante pé, atravessou o Olimpo. Segurava um caniço dentro do qual havia um pavio de fibras secas. Assim que chegou à beira do monte, esticou o braço em direção ao horizonte leste – onde brilhavam os primeiros raios de sol – e deixou que o pavio se acendesse no fogo. Em seguida, escondeu o caniço em sua túnica e desceu à Terra.

De início, os homens ficaram assustados com o presente. [...] Eles agradeceram a Prometeu e pediram que ele levasse o presente de volta. Mas Prometeu buscou a carne de um cervo caçado recentemente e a segurou sobre o fogo. Quando a carne começou a assar e a crepitar, impregnando a caverna com seu cheiro delicioso, as pessoas se deixaram levar pela fome e se lançaram sobre o assado, devorando-o voluptuosamente e queimando suas línguas.

– Isto que trouxe de presente chama-se "fogo" – explicou Prometeu. – Trata-se de um espírito indomável, um pequeno irmão do Sol. Mas se for tratado com cuidado, poderá mudar a vida de toda a humanidade. [...]

Algum tempo depois, Zeus olhou do alto do Olimpo e ficou perplexo. Tudo havia mudado. Os homens haviam deixado suas cavernas. Zeus viu cabanas de lenhadores, fazendas, vilarejos, cidades muradas, e até mesmo um castelo ou dois. Os homens cozinhavam os alimentos e carregavam tochas para iluminar seu caminho à noite. No interior de oficinas flamejantes, fabricavam cochos, quilhas, espadas e lanças. Construíam navios e costuravam velas, ousando se aproveitar da fúria dos ventos para se locomover. Usavam capacetes e travavam batalhas [...].

Zeus ficou furioso e imediatamente apanhou o maior raio de que dispunha.

Andréa Vilela/ID/BR

Andréa Vilela/ID/BR

– Se eles querem fogo – disse a si mesmo –, então fogo eles terão! E muito mais do que pediram! Vou transformar aquele mísero planeta que eles chamam de Terra em um monte de cinzas! – Mas, de repente, uma ideia surgiu em sua mente e Zeus baixou o braço. – Além de vingança – prosseguiu –, quero diversão! Que eles se destruam com suas próprias mãos e suas próprias descobertas! Vai ser um espetáculo longo, muito interessante de ver! Deles posso cuidar depois. Meu assunto agora é com Prometeu!

Zeus chamou sua guarda de gigantes e ordenou que eles prendessem Prometeu, levassem-no até o Cáucaso e o amarrassem ao pico de uma montanha com correntes tão fortes – especialmente forjadas por Hefesto – que nem um Titã em fúria seria capaz de arrebentá-las. Feito isso, chamou dois abutres e mandou que eles comessem lentamente o fígado daquele obstinado amigo dos mortais.

Os homens sabiam que algo de terrível acontecia na tal montanha, mas não sabiam exatamente o quê. O vento uivava como um gigante atormentado e, às vezes, gritava como as aves de rapina.

Prometeu permaneceu ali durante muitos séculos, até nascer outro herói suficientemente corajoso para desafiar os deuses. Esse herói foi Héracles, que subiu até a montanha, cortou as correntes que prendiam Prometeu e matou os abutres.

Bernard Evslin. *Heróis, deuses e monstros da mitologia grega*. São Paulo: Arxjovem, 2006. p. 83-86.

GLOSSÁRIO

Advir: resultar, ocorrer.

Ave de rapina: ave carnívora, de garras fortes e bico curto e curvo, como águias, falcões, gaviões, etc.

Caniço: cana comprida e flexível.

Cocho: vasilha feita para pôr a água ou a comida do gado.

Crepitar: estalar, arder ao fogo fazendo barulho.

Flamejante: que brilha intensamente, que expele chamas.

Forjado: modelado, fundido com uma determinada forma.

Obstinado: que persiste, não desiste facilmente.

Quilha: peça estrutural básica do casco das embarcações.

Túnica: antigo vestuário, longo e ajustado ao corpo.

Voluptuosamente: com volúpia, ou seja, com prazer ou deleite.

Estudo do texto

●●● Para entender o texto

1. Nesse mito, Prometeu e Zeus se põem em confronto.

   a) Qual é o conflito entre eles?

   b) Zeus é o deus supremo do Olimpo, a morada grega dos deuses. Ao confrontá-lo, que característica Prometeu revela?

2. Prometeu desejava que os humanos saíssem da escuridão e da ignorância e por isso deu a eles o fogo. O que o fogo parece simbolizar nesse mito?

3. Releia.

   > "Os mortais não conhecem o fogo, é verdade, nem os ofícios que dele advêm. Por outro lado, também não conhecem a doença, a velhice, a guerra, nem aquela peste interior chamada preocupação. Acredite em mim, eles estão felizes sem o fogo."

   a) Você concorda com o argumento usado por Zeus? Se sim, justifique. Se não, apresente um contra-argumento, ou seja, um argumento que se oponha ao usado por Zeus.

   b) Ao negar o fogo aos mortais, o que Zeus está negando também?

   c) Afinal, as previsões de Zeus se cumprem ou não depois que os seres humanos conquistam o fogo?

4. Prometeu tem um castigo terrível por ter se rebelado contra Zeus em favor dos humanos.

   a) O que pretendia Prometeu ao roubar o fogo?

   b) Na sua opinião, a rebeldia de Prometeu teria valido a pena, apesar do castigo sofrido?

   c) Zeus não se vinga dos mortais, pois prefere que eles "se destruam com suas próprias mãos e suas próprias descobertas". O que provavelmente Zeus quis dizer com essa frase?

ANOTE

Mitos são narrativas criadas por sociedades humanas (como a dos antigos gregos e romanos) para explicar a origem e o destino da humanidade, a vida, a morte, os sentimentos e os comportamentos humanos, os fenômenos da natureza. Além dessa função de explicar o mundo, os mitos também servem como exemplos de vida para as pessoas dessas sociedades.

Nos episódios mitológicos há sempre a presença de um deus, ainda que ele possa não ser a personagem principal. Conheça alguns deuses da mitologia grega e os elementos a que estão associados.

- **Afrodite**: ao amor e à beleza.
- **Apolo**: à beleza, à poesia, à música.
- **Atena**: à sabedoria e à guerra.
- **Cronos**: ao tempo.
- **Dioniso**: à cultura da uva, ao vinho e ao teatro.
- **Eros**: ao amor e à paixão.
- **Hera**: ao casamento.

Atena. Museu Nacional de Arqueologia, Atenas.

Museu Nacional de Arqueologia, Atenas. Fotografia: Ablestock/ID/BR

Espaço e tempo

1. Releia.

> "Algum tempo depois, Zeus olhou do alto do Olimpo e ficou perplexo."

a) Se Zeus "olhou do alto do Olimpo", onde estão as pessoas para quem ele olha?

b) O Olimpo era a morada dos deuses gregos e ficava no alto. Considerando sua função e sua posição, o que o Olimpo podia significar para os seres humanos?

ANOTE

Em geral, o **espaço mítico** é um lugar sagrado, que se caracteriza por se opor ao habitado pelos seres humanos.

O espaço do Olimpo é uma referência constante nos mitos gregos.

2. Em outros gêneros narrativos, o espaço cumpre outras funções. Leia este trecho de um romance.

> Era uma manhã de outubro. Um céu perturbado por grandes nuvens cinzentas limitava o horizonte dos morros próximos e tornava o campo tristonho. As ameixeiras estavam nuas, as macieiras estavam amarelas, as folhas de nogueira caíam numa espécie de voo planado, amplo e lento no começo, acelerando-se de repente, como um mergulho de gavião, assim que o ângulo de queda ficava menos obtuso. O ar estava úmido e morno. Rajadas de vento sopravam a intervalos. [...]
>
> Louis Pergaud. *A guerra dos botões*. Trad. Geraldo G. Ferraz. São Paulo: Ática, 1997. p. 12.

a) A descrição aqui é bastante detalhada. Cite os elementos que fazem parte do cenário descrito.

b) A função do espaço no texto acima é a mesma que cumpre o cenário no mito de Prometeu? Explique.

ANOTE

O **espaço narrativo** marca o lugar onde os fatos se desenvolvem. A caracterização do espaço narrativo cumpre funções diferentes em um texto, conforme o gênero. Pode fazer parte da construção do suspense, no caso das histórias de terror ou mistério; pode participar da caracterização de uma personagem, se o lugar onde ela vive mostrar também como ela é, etc.

3. O mito de Prometeu nos conta sobre a origem do fogo. É possível determinar em que tempo acontece a história? Explique.

4. Quais expressões de tempo marcam a narrativa?

5. Quanto tempo dura a história narrada nesse mito?

EPIMETEU E A CRIAÇÃO DOS SERES HUMANOS

Epimeteu era irmão de Prometeu. Ambos foram incumbidos de fazer o ser humano e assegurar-lhe, assim como aos outros animais, os atributos necessários à sua preservação.

Epimeteu tratou de atribuir a cada animal seus dons variados, de coragem, força, rapidez, asas a um, garras a outro, etc. Quando, porém, chegou a vez do ser humano, Epimeteu tinha gastado todos os seus recursos. Prometeu, então, trouxe o fogo para o ser humano.

Com o dom de manejá-lo, o ser humano assegurou sua superioridade sobre todos os outros animais.

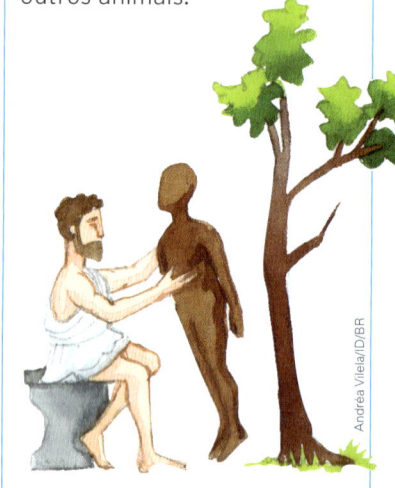

Andréa Vilela/ID/BR

O **tempo mítico** está relacionado ao tempo das origens. Expressa o passado distante e os fatos narrados são separados por um grande intervalo de tempo.

6. Em outros textos, o tempo, elemento fundamental da narrativa, é trabalhado de maneira diferente. Leia este trecho de um romance.

> [...] Sofia ainda ficou muito tempo ali olhando a rua. Por volta de uma hora da madrugada, estava tão cansada que tinha dificuldade em manter os olhos abertos. E já ia se deitar quando de repente viu uma sombra que saía da floresta.
>
> Lá fora estava muito escuro, mas na luz que havia dava para reconhecer a silhueta de uma pessoa. Era um homem [...]. O homem foi até a caixa de correio e colocou um grande envelope. [...]
>
> Sofia sentiu o coração bater acelerado. Por ela, teria saído de camisola atrás dele. Mas não, não se atreveria a sair no meio da noite atrás de um estranho. [...]
>
> Jostein Gaarder. *O mundo de Sofia*. São Paulo: Companhia das Letras, 1995. p. 64-65.

a) Nesse fragmento encontramos um marcador temporal preciso. Qual é ele?

b) Formule hipóteses: o fato de uma menina ficar acordada até a uma hora da manhã, olhando para a rua, revela o que sobre ela?

c) Se essa cena tivesse acontecido à uma hora da tarde, teria sido diferente?

O **tempo narrativo** marca o momento em que os fatos se desenvolveram.

Ele cumpre funções diferentes de acordo com o gênero e com a intencionalidade do texto. Há, por exemplo, romances que contam histórias de várias gerações de uma mesma família; que narram um único dia da vida de uma personagem; que expõem os fatos na ordem em que eles aconteceram ou na ordem determinada pelas lembranças de uma personagem.

7. Você vai ler mais uma história da mitologia grega.

Pandora

Pandora, cujo nome significa todos os dons, foi, com efeito, adornada por Hefesto e Atena, segundo ordens de Zeus, com todos os dons, à imagem dos imortais.

A intenção de Zeus era enviar um castigo à raça humana, após o ultraje cometido por Prometeu, que roubara o fogo divino. Assim, o rei dos deuses enviou Pandora a Epimeteu, irmão de Prometeu, que, esquecendo as recomendações de seu irmão contra qualquer presente vindo de Zeus e seduzido pela jovem, decidiu aceitá-la e tomá-la como sua esposa [...].

Pandora transportara consigo um pote que deveria manter, eternamente, fechado. Mas Hermes colocara a curiosidade no coração de Pandora, levando-a a destapar o pote, de onde saíram todos os males, que se espalharam, imediatamente, sobre a Terra. No fundo do pote restou, unicamente, a esperança, a fim de reconfortar o gênero humano.

Disponível em: <http://.scribd.com>. Acesso em: 16 jul. 2014.

a) Que característica de Zeus é apontada nesse texto?

b) Como o espaço e o tempo são marcados? Por que isso ocorre?

●●● O contexto de produção

1. Observe a capa do livro de onde foi retirado o mito de Prometeu. Descreva-a.

2. Leia os dois textos abaixo. O primeiro é um fragmento da orelha do livro *Heróis, deuses e monstros da mitologia grega*. O segundo é uma notícia.

1)
Para fazer parte do mundo à nossa volta, a primeira coisa que fazemos é tentar entendê-lo, dominá-lo. Com os gregos antigos não foi diferente. Eles ainda não tinham uma ciência preparada para explicar o calor do Sol, a escuridão da noite, as tempestades. Mas [...] [criaram] um panteão de deuses, monstros e heróis que, de alguma forma, justificassem as ações humanas (as nobres e as más), as mudanças climáticas, a vida, a morte – ou seja, todo o movimento do mundo que precisavam compreender. [...]

Bernard Evalin. *Heróis, deuses e monstros da mitologia grega*. São Paulo: Arxjovem, 2004.

2)
Menino vestido de homem-aranha salva bebê de incêndio em SC

Um menino de cinco anos resgatou um bebê de ano e dez meses de dentro de uma casa em chamas no município de Palmeira, no Planalto Serrano de Santa Catarina, nesta quinta-feira. Para tornar o fato mais inusitado ainda, Riquelme dos Santos vestia uma fantasia de homem-aranha no momento do incidente e, segundo a mãe da vítima, manteve a calma durante o salvamento.

O menino brincava de super-herói em um pátio em frente à casa dos vizinhos, quando viu o fogo começar no quarto de Andriele. A criança dormia enquanto a mãe, Lucilene dos Santos, lavava roupa do lado de fora da residência. Ela disse que tentou entrar na casa em chamas, mas não conseguiu.

[...]

De acordo com a equipe do Corpo de Bombeiros que realizou a perícia no imóvel na manhã desta sexta-feira, o incêndio destruiu 80% da residência de 50 metros quadrados.

Eles elogiaram a atitude do menino, que, apesar de não ser recomendada, salvou a vida da menina. [...]

Disponível em: <http://oglobo.globo.com>. Acesso em: 12 jul. 2011.

a) O texto 1 sugere que deuses, monstros e heróis eram importantes quando ainda não havia explicações científicas para as coisas do mundo. Sendo assim, hoje já não precisaríamos desses seres. É isso que o texto 2 dá a entender? Explique.

b) Cite exemplos de heróis ou monstros contemporâneos que continuam alimentando a imaginação das pessoas, dando-lhes coragem e inspiração para enfrentar as dificuldades ou ajudando-as a distinguir o bem e o mal.

c) Copie o quadro e complete-o.

	Heróis e monstros antigos (mitológicos)		Heróis e monstros contemporâneos	
	Sim	Não	Sim	Não
São presentes na cultura popular?				
São reconhecidos como seres ficcionais?				
Estão ligados ao universo religioso?				
São criações da indústria cultural (TV, cinema, literatura)?				

As **personagens míticas** são consideradas exemplos de superação e perfeição moral. Segundo os estudiosos, os mitos serviam, nas culturas antigas, de fundamento para as crenças e os rituais religiosos e até para a conduta social.

3. O livro *Heróis, deuses e monstros da mitologia grega* não foi escrito por um grego, tampouco foi escrito na Antiguidade. Levante hipóteses para explicar como e por que uma história que surgiu antes mesmo da invenção da escrita foi capaz de atravessar os séculos e chegar às nossas livrarias.

Os mitos se originaram na **tradição oral**: eram contados de geração em geração, o que garantiu que, muito tempo depois de criados, eles fossem registrados por escrito.

4. O mito de Prometeu explica uma série de questões.
   A origem do fogo.
   As consequências da desobediência.
   A origem dos males da humanidade.
   Por que, em sua opinião, os antigos sentiam necessidade de ter respostas para questões como essas?

●●● A linguagem do texto

1. Releia este trecho.

> "O que você chama de ignorância é inocência. O que você chama de escuridão é a sombra de minha vontade."

Qual é a diferença entre ignorância e inocência?

2. Que palavra poderia substituir *dom* no contexto do mito?

3. Os deuses mitológicos frequentemente se comportam como seres humanos, manifestando ciúme, raiva, inveja e outros sentimentos considerados inferiores. Cite uma passagem do texto que comprove essa afirmação.

4. As narrativas míticas mais tradicionais não apresentam diálogos. Que efeito têm os diálogos no texto?

5. De que forma Prometeu se dirige a Zeus: em linguagem formal ou informal? Justifique com um trecho do texto.

Andréa Vilela/ID/BR

Os gregos acreditavam que, para assuntos sérios e personagens sublimes (deuses, heróis, nobres), deveriam usar uma **linguagem elevada**, ou seja, **culta**. A **linguagem informal** era própria da comédia, que, em geral, se ocupava de assuntos banais e tinha como personagens representantes do povo.

Os mitos e o homem moderno

Você estudou a estrutura dos mitos e o valor sagrado que eles tinham para o homem na Antiguidade. Naquela época, as histórias eram contadas para a transmissão de ensinamentos a todo cidadão.

- Embora saibamos que o homem moderno não acredita na existência daqueles mesmos deuses, discuta com seus colegas e o professor: como a leitura do mito de Prometeu pode colaborar também para nossa reflexão sobre as atitudes humanas? Por que, em sua opinião, os antigos sentiam necessidade de ter respostas sobre a sua origem e a de seus males?

Mito

Relembre as informações que você leu a respeito de Eros e de Zeus. De acordo com as narrativas míticas, ambos possuem uma grande diferença e uma grande semelhança em relação aos seres humanos: por um lado, são dotados de enorme poder; por outro lado, são também caprichosos, vingativos, apaixonados.

Procure, agora, visualizar o espaço que eles e os outros deuses mitológicos habitam. O que há de divino e o que há de humano nesse lugar? Há casas, ruas, meios de transporte, elementos naturais?

Mirella Spinelli/ID/BR

- Em um único parágrafo, descreva o lugar que você imaginou. Se achar útil para organizar suas ideias, desenhe-o antes de escrever.

●●● Proposta

O mito de Prometeu explica a origem do fogo. Você vai produzir uma narrativa que tenha características dos mitos e apresente uma versão para a origem de um dos elementos da natureza representados nas imagens a seguir.

No final, você poderá ser chamado para fazer uma leitura dramatizada de sua narrativa para a classe.

Ricardo Azoury/Pulsar Imagens

Ablestock/ID/BR

Allen Johnson/iStockphoto.com/ID/BR

●●● Planejamento e elaboração do texto

1. Planeje seu texto refletindo sobre os tópicos abaixo.

   a) Quais são as características do elemento da natureza cuja origem você vai explicar (chuva, oceanos, raio)? Trata-se de uma manifestação da natureza benéfica para o ser humano? Quais são os benefícios? A relação entre esse elemento e a humanidade é pacífica ou envolve perigos? Quais?

   b) Na sua versão para a origem desse elemento da natureza, por que ele foi criado? Para premiar os seres humanos ou uma pessoa em especial? Para castigá-los? Foi criado por um deus? Ou o surgimento desse elemento da natureza foi casual, mera consequência de algum ato dos deuses?

   c) A que sentimentos ou comportamentos humanos esse elemento da natureza poderia ser associado: persistência, instabilidade, raiva, ódio, tristeza?

   d) Que deuses você criará? Haverá apenas deuses ou também seres humanos?

   e) Que conflito eles viverão?

   f) Em que espaço e tempo acontecerão os fatos narrados?

2. Seu mito deve ter estas partes.

   • Situação inicial, em que se apresentam as personagens, o tempo, o espaço.

   • Desenvolvimento, em que uma complicação surge, se desenrola, chega ao auge e, por fim, se resolve, bem ou mal.

   • Situação final.

3. Lembre-se de dar um título à narrativa.

●●● Avaliação e reescrita do texto

1. Feita a primeira versão do texto, reúna-se com outros dois colegas. Cada um vai avaliar o texto dos demais com o auxílio da tabela abaixo, assinalando "sim" ou "não" para cada um dos tópicos propostos.

O texto lido apresenta	Sim	Não
Uma narrativa baseada na imaginação e que conta a origem de um dos elementos da natureza mostrados nas fotos?		
Ações que ocorrem em um espaço caracterizado como um lugar sagrado?		
Um tempo remoto, relacionado às origens da Terra ou da humanidade?		

ID/BR

2. Reescreva o que for necessário e, no dia combinado com o professor, faça a leitura dramatizada.

O que é e como fazer uma leitura dramatizada

A leitura dramatizada é uma atividade que mistura uma simples leitura em voz alta com características da representação teatral.

• Cada aluno lerá sua narrativa mítica de modo expressivo, explorando o volume de voz, as entonações, as pausas planejadas.

• Os alunos podem usar o texto escrito como apoio, sem ter a necessidade de memorizar a história.

• O uso de vestimentas e acessórios específicos pode ajudar a envolver a audiência.

Mirella Spinelli/ID/BR

Pronomes: revisão

●●● Pronomes

1. Leia a tira.

Hagar, o Horrível, de Dik Browne.

a) No primeiro quadrinho, qual é a intenção de Honi ao fazer a pergunta?

b) A quem se refere a palavra *outros* da fala de Honi?

c) Em sua resposta, Helga diz que está cansada "de todos aqueles rapazes esperando em nosso gramado". É possível supor que os *outros* da fala de Honi sejam *aqueles* da fala de Helga? Por quê?

As palavras *outros* e *aqueles*, que aparecem na tira, são pronomes.

> **ANOTE**
>
> **Pronomes** são palavras que substituem ou acompanham nomes.
>
> Além dessa função, o pronome também indica, em uma situação de interlocução, os participantes do ato comunicativo. Ex.: "*Eu* devo me casar com o Lute".
>
> Em um texto, o pronome remete a algo que já foi ou ainda será mencionado. Ex.: Você sabe o que *isso* causa?

●●● Pronomes pessoais

Os pronomes que substituem diretamente os nomes e informam as pessoas do discurso são chamados de pronomes **pessoais do caso reto** e **pronomes pessoais do caso oblíquo**. Veja os exemplos.

> **Eu** e **ele** fomos à praia.

Os pronomes *eu* e *ele* são pronomes pessoais do caso reto e se referem à primeira e à terceira pessoa do singular, respectivamente.

> **Nós nos** encontramos na festa de aniversário.

A palavra *nós* é pronome pessoal do caso reto e se refere à primeira pessoa do plural. Já a palavra *nos* é chamada de pronome pessoal do caso oblíquo e se refere à primeira pessoa do plural.

Os pronomes pessoais do caso oblíquo *me, te, nos, vos, se, si, consigo* são chamados **pronomes reflexivos** quando a ação verbal reflete sobre quem pratica tal ação. Veja alguns exemplos.

A menina **se** penteou na frente do espelho.

Meu pai sempre fala de **si** com muito orgulho.

Os pedreiros não trouxeram os andaimes **consigo**.

As formas do pronome reflexivo nas pessoas do plural são usadas também para expressar a reciprocidade da ação, isto é, para indicar que a ação verbal é mútua entre dois ou mais indivíduos. Nesse caso, o pronome é chamado de **pronome reflexivo recíproco**.

Jaime e eu **nos** abraçamos.

Os **pronomes reflexivos** indicam que o objeto direto ou indireto representa a mesma pessoa ou coisa que o sujeito do verbo.

Os **pronomes reflexivos recíprocos** indicam que duas ou mais pessoas ou seres trocam ação ou sentimento.

Pronomes de tratamento

Leia a pergunta que Prometeu faz a Zeus: "Por que o senhor se recusa a dar aos homens o dom do fogo?".

Nessa frase, o pronome *senhor* é uma forma respeitosa de se dirigir a alguém. O pronome, nesse caso, é chamado de **pronome de tratamento**. Observe estes outros exemplos.

Vossa Senhoria deverá chegar na hora marcada.

O pronome *Vossa Senhoria* é usado quando o tratamento exige formalidade.

Vossa Excelência pediu silêncio no recinto.

O pronome *Vossa Excelência* é usado quando nos dirigimos a alguma alta autoridade; portanto, seu uso é formal.

Pronomes demonstrativos

Quando o falante deseja indicar a posição de um objeto ou pessoa, usa o **pronome demonstrativo**. Observe os exemplos.

"Estou cansada de todos **aqueles** rapazes esperando em nosso gramado!"

O pronome *aqueles* se refere aos que estão no gramado e indica pessoas que são conhecidas pelos falantes.

Este livro é de poesia.

O pronome *este* indica que o objeto está perto de quem fala.

1. Leia a letra de música a seguir.

> **Astronauta**
>
> Astronauta, tá sentindo falta da Terra?
> Que falta que essa Terra te faz?
> *A gente* aqui embaixo continua em guerra
> Olhando aí pra Lua implorando por paz
> Então me diz: por que que você quer voltar?
> Você não tá feliz onde você está?
> Observando tudo a distância
> Vendo como a *Terra* é pequenininha
> Como é grande a nossa ignorância
> E como a nossa vida é mesquinha
> A gente aqui no bagaço, morrendo de cansaço
> De tanto lutar por algum espaço
> E você, com todo esse espaço na mão
> Querendo voltar aqui pro chão?!
> Ah não, meu irmão... qual é a tua?
> Que bicho te mordeu aí na Lua?
> [...]

Gabriel o Pensador e Lulu Santos. Astronauta. Intérprete: Gabriel o Pensador. *Nádegas a declarar*. Sony BMG/Columbia, 2002.

a) Há um contraste entre o que sentem as pessoas na Terra e o que se imagina que sejam os sentimentos do astronauta. Que contraste é esse?

b) Copie no caderno as palavras e expressões que indicam quem está falando e as que indicam com quem se fala.

c) Substitua as palavras destacadas no texto por pronomes, fazendo as adaptações necessárias. Classifique esses pronomes.

2. No último verso, a quem se refere o pronome *te* e como ele se classifica?

3. No segundo e no quinto versos, há mistura de pessoas do discurso. Reescreva-os, mantendo a concordância na segunda ou na terceira pessoa do singular.

4. Leia a tira.

Calvin, de Bill Watterson.

a) A mãe de Calvin diz que ele não tem bom senso. O que o menino deveria ter feito para que o prato não caísse? Como ele explica o ocorrido?

b) Por que a mãe de Calvin diz *esse prato* e o garoto diz *este*?

Os pronomes e a coesão

1. Leia o início da crônica "Ela", de Luis Fernando Verissimo.

> Ainda me lembro do dia em que ela chegou lá em casa. Tão pequenininha! Foi uma festa. Botamos ela num quartinho dos fundos. Nosso filho – naquele tempo só tínhamos o mais velho – ficou maravilhado com ela. Era um custo tirá-lo da frente dela para ir dormir.
>
> Combinamos que ele só poderia ir para o quarto dos fundos depois de fazer todas as lições.
>
> – Certo, certo.
>
> – Eu não ligava muito para ela. [...]
>
> Luis Fernando Verissimo. *O nariz & outras crônicas*. 11. ed. São Paulo: Ática, 2003.

Andréa Vilela/ID/BR

a) O narrador não informa precisamente quem chegou, mas dá algumas pistas. O que sabemos sobre *ela*?

b) Qual é a palavra que se repete para se referir a quem chegou?

c) Que efeito a repetição dessa palavra traz para o texto?

d) Levante uma hipótese sobre qual seria o motivo das mudanças no cotidiano da família. Justifique sua resposta com elementos do texto.

e) Reescreva o texto em seu caderno, substituindo a palavra repetida pela hipótese que você levantou.

f) Copie do texto as palavras que substituem o substantivo *filho*.

g) Classifique as palavras que você copiou no item anterior.

2. Leia outro trecho da mesma crônica.

> – [...] Decidi que para as transmissões da Copa do Mundo ela deveria ser maior, bem maior. E colorida. Foi a minha ruína. Perdemos a Copa, mas ela continua lá, no meio da sala. Gigantesca. É o móvel mais importante da casa. Minha mulher mudou a decoração da sala para combinar com ela. Antigamente ela ficava na copa para acompanhar o jantar. Agora todos jantam na sala para acompanhá-la. [...]
>
> Luis Fernando Verissimo. *O nariz & outras crônicas*. 11. ed. São Paulo: Ática, 2003.

a) Nesse trecho aparecem outras informações que permitem identificar a que se refere o narrador. Que informações são essas?

b) Reescreva o parágrafo, substituindo a palavra que se repete por outras que identifiquem a que se refere o narrador.

ANOTE

Um dos recursos para evitar a repetição de palavras em um mesmo texto é substituí-las por **sinônimos** e **pronomes**.

Em **textos literários**, a repetição dos pronomes pode ser usada **intencionalmente**, como uma forma de criar **suspense** e **humor**.

Lenda

O QUE VOCÊ VAI LER

Leonardo Boff
(1938-), teólogo e
escritor. Fotografia de
cerca de 2008.

Acervo pessoal/<http://www.leonardoboff.com>

A história a seguir é uma lenda de um povo indígena do sul do país. Ela foi recolhida e registrada por Leonardo Boff, teólogo brasileiro que, além de publicar nas áreas de Teologia, Filosofia e Antropologia, também se dedicou a resgatar narrativas de nosso povo.

Assim como os mitos, as lendas revelam a maneira como determinadas sociedades entendem e explicam o mundo, em especial os fenômenos da natureza.

Antes de iniciar a leitura, levante hipóteses sobre o que a lenda a seguir vai explicar.

Um impossível amor: as cataratas do Iguaçu

Todos os que visitam as imponentes cataratas do rio Iguaçu, entre o Brasil e a Argentina, se recordam da soberba palmeira que se ergue de uma ilhota exatamente no ponto de onde as águas se precipitam. E lá embaixo, na mesma direção da palmeira, se pode ver uma pedra no fundo das águas claras. Parece até um milagre da natureza que tanto a palmeira quanto a pedra resistam ao turbilhão das águas fragorosas.

Os índios da região, os Kaingang, sabem o porquê e nos desvendaram o mistério. Contam a seguinte estória, carregada de dramaticidade.

Guilherme Vianna/ID/BR

Há uma luta sem trégua entre o Bem e o Mal na natureza, na história da tribo e na vida de cada kaingang. Cada lado contabiliza vitórias e derrotas, sem nunca conseguir assegurar a vitória definitiva de um sobre o outro. Mas os pajés kaingang inventaram um estratagema para garantir a última palavra ao Bem, sem suprimir totalmente o Mal. Ei-lo:

A cada primavera, oferecem em casamento ao Mal a mais bela jovem da tribo. Ela não pode olhar para ninguém, nem deixar seu coração ser conquistado por algum pretendente. Assim o Mal, satisfeito, modera sua maldade, enviando menos doenças às pessoas, menos tempestades às aldeias, menos pragas às plantações de milho e de mandioca e menos ataques de tribos inimigas. As jovens escolhidas aceitam até como um privilégio esse casamento sinistro, porque sabem que desta forma ajudam toda a tribo.

Num certo ano, a sorte caiu sobre Naipi, filha do grande cacique. Ela era especialmente bonita e cobiçada pelos mais elegantes guerreiros. Mas sabendo-se comprometida com o Mal, em benefício de todos se comportava com a maior discrição e indiferença. Mais ainda, aguardava com ansiedade o dia do casamento. Os preparativos iam avançados e os convites para a festa tinham sido enviados a todas as aldeias da região.

Muitos convidados foram chegando e ajudavam na preparação dos alimentos: caça, peixe, frutas, legumes e cauim em abundância. Entre eles se encontrava Tarobá, valente guerreiro, de corpo esbelto, de rosto afável e de maneiras elegantes. Sobressaía tanto dos outros que chamou a atenção de Naipi. Os olhares se cruzaram e nasceu entre eles uma paixão avassaladora, que nem o Mal podia controlar.

Enquanto todos se atarefavam com os preparativos do casamento, eles secretamente se encontravam na margem do rio Iguaçu. Trocavam beijos e abraços. Faziam juras de amor eterno. E assim fizeram por três a quatro dias. Por fim, elaboraram juntos um plano de fuga para poderem viver o seu grande amor. Tarobá arranjaria uma canoa veloz. Na véspera da grande festa, quando todos, certamente, já dormiriam de cansaço, fugiriam discretamente.

Mas o Mal, com seu grande poder, acompanhava e escutava tudo sem ser notado. Descobriu a traição e preparou a vingança. Esperou que os dois começassem a fuga pelo rio. E quando já estavam longe, felizes em sua canoa, porque tudo correra como haviam planejado, ouviram, subitamente, um grande sibilar no céu. Viram o Mal, em forma de uma imensa serpente, retorcendo-se no espaço e se lançando com toda força no meio do rio. O impacto foi tão grande que abriu uma enorme cratera no fundo do rio. As águas todas se precipitaram no buraco, carregando a frágil canoa. Formavam-se assim as cataratas do rio Iguaçu, fruto da fúria do Mal.

O Mal, para completar sua vingança, transformou Tarobá numa palmeira no alto das quedas e Naipi numa pedra no fundo das águas, na mesma direção de Tarobá. Assim, lá no seu lugar, no alto, Tarobá contempla sua amada sem nada poder fazer, nem sequer tocá-la.

Guilherme Vianna/ID/BR

Entretanto, mais forte que o Mal é o amor. Esse tem mil estratagemas para se perenizar. Por isso, quando sopra o minuano, o vento assobiante que vem do Sul sacudindo a copa da palmeira, Tarobá aproveita para enviar a Naipi sussurros de amor. E quando irrompe a primavera, lança flores de seu cacho para saudar amorosamente Naipi, escondida lá embaixo nas águas.

Naipi tem um véu de águas claras e frescas a lhe adornarem a fronte e a lhe amenizarem o calor de sua paixão por Tarobá.

Um detalhe porém escapou à fúria vingativa do Mal: o arco-íris, símbolo principal do Bem. De tempos em tempos, depois das grandes chuvas, forma-se, surpreendentemente, um arco-íris que une a palmeira com a pedra. É o momento do êxtase. Todas as energias se ativam e se interligam. Tarobá e Naipi se enlaçam e se entrelaçam em amor e paixão.

Pessoas especiais, amigas da natureza – os filhos e as filhas do arco-íris –, contam que se pode notar, então, uma aura de luz devolvendo, por um momento, a forma humana a Tarobá, que virara palmeira, e a Naipi, que fora transformada em pedra. Eles, por um curto instante que vale uma eternidade, se transformam em gente. Ouvem-se, então, sussurros e juras de amor sem fim.

E dizem que, ao desfazer-se lentamente o arco-íris, escutam-se lamúrias tristes como quem se despede com o coração partido, mas cheio de esperança, ansiando pelo próximo arco-íris. É Tarobá que volta a ser palmeira e é Naipi que vira, de novo, pedra dentro da água. Mas há fogo dentro deles, o fogo eterno do amor.

Leonardo Boff. *O casamento entre o céu e a terra*: contos dos povos indígenas do Brasil. Rio de Janeiro: Salamandra, 2001. p. 56-58.

Guilherme Vianna/ID/BR

GLOSSÁRIO

Adornar: colocar adornos ou enfeites.

Afável: agradável; bondoso.

Atarefar-se: desenvolver grande atividade em algum trabalho.

Aura: irradiação luminosa ao redor dos corpos vivos.

Cauim: bebida que se prepara com mandioca cozida e fermentada.

Contabilizar: calcular, avaliar.

Enlaçar-se: unir-se em abraço.

Entrelaçar-se: enlaçar-se, juntar-se, emaranhar-se.

Estratagema: plano, esquema para enganar ou confundir o inimigo.

Êxtase: estado provocado por sentimento muito intenso de alegria, prazer, etc.

Fragoroso: ruidoso.

Irromper: aparecer ou mostrar-se de repente.

Lamúria: lamentação, queixume.

Perenizar: tornar-se perene, duradouro.

Precipitar-se: jogar-se de cima para baixo.

Sibilar: som agudo e contínuo como um assobio.

Sinistro: temível, assustador.

Suprimir: extinguir, eliminar.

●●● Para entender o texto

1. Em que tempo e espaço ocorre o fato narrado?

2. O texto apresenta um costume da tribo kaingang.
   a) Qual é ele?
   b) De que forma esse costume contribui para a manutenção da tranquilidade da tribo?
   c) Por que ser escolhida para o sacrifício é, para uma moça kaingang, motivo de honra e orgulho?

3. O texto lido faz referências a forças sobrenaturais para explicar uma paisagem natural.
   a) Quais são as forças sobrenaturais veneradas pelos índios kaingang e o que sabemos sobre elas?
   b) Qual fenômeno natural a lenda explica?

4. Releia o último parágrafo da narrativa.

> "E dizem que, ao desfazer-se lentamente o arco-íris, escutam-se lamúrias tristes como quem se despede com o coração partido, mas cheio de esperança, ansiando pelo próximo arco-íris. É Tarobá que volta a ser palmeira e é Naipi que vira, de novo, pedra dentro da água. Mas há fogo dentro deles, o fogo eterno do amor."

   a) Que elementos da natureza estão presentes?
   b) Qual a importância da natureza para as personagens no desfecho da lenda?

ANOTE

As **lendas** narram acontecimentos que se passaram em um tempo remoto e em um espaço marcado pela natureza. Nelas, fatos reais e históricos se misturam com fatos irreais, produtos da imaginação.

As lendas indígenas atribuem grande valor à natureza, pois ela é a fonte da vida para esses povos. A ela são atribuídos poderes e a ela se deve dedicar respeito e obediência.

5. A lenda que você leu tem foco narrativo em terceira pessoa. Explique por que não seria possível uma lenda ser narrada por um narrador-personagem.

ANOTE

As **lendas são narradas em terceira pessoa** para representar a voz de toda a comunidade, daqueles que herdaram as tradições de seus antepassados.

6. Qual a importância do sentimento do amor para o desfecho dessa lenda?

AS CATARATAS DO IGUAÇU

Cataratas em Foz do Iguaçu, 2007.

Xu Jian/iStockphoto.com/ID/BR

A palavra *iguaçu* significa "água grande", em tupi-guarani. As cataratas do Iguaçu estão localizadas na fronteira entre o Brasil e a Argentina.

●●● O texto e o leitor

1. Leia o texto abaixo.

O papel das lendas e mitos na cultura indígena

Entenda como os índios passam seus conhecimentos de geração a geração

[...] As lendas [indígenas] são divertidas e temperadas de muita imaginação – índios que falam com animais, estrelas que caem na Terra, guerreiros que vão para o céu. Numa delas a Lua e o Sol, que eram irmãos, se apaixonaram e, como castigo, nunca mais puderam se encontrar. Por isso, até hoje quando a Lua sai o Sol se esconde. Se você reparar, nessa lenda há mais do que uma simples explicação para o dia e para a noite. Ela ensina aos pequenos índios como devem se comportar na tribo, em outras palavras, ensina que é errado o namoro entre irmãos. Legal, não é mesmo? [...]

Vale lembrar que os índios não possuem registros escritos e, em geral, são os mitos e as lendas de cada tribo que repassam a cultura desse povo ao longo dos anos. Como são contadas de geração a geração, certamente essas histórias se transformaram com o tempo. [...] Ainda assim, a partir dessas lendas podemos imaginar como viviam os índios há cerca de 4 mil anos.

Mas quem nos contou as lendas? Ora, os próprios índios! Saiba que hoje cerca de 180 tribos habitam o nosso país. E que essas tribos estão cada vez mais preocupadas em preservar a sua cultura. Por isso, para elas é muito importante que as pessoas conheçam seus hábitos e costumes. Afinal, os índios são tão importantes para a história do Brasil quanto os nossos ancestrais portugueses e africanos!

Maria Ganem. Disponível em: <http://chc.cienciahoje.uol.com.br>. Acesso em: 12 jul. 2011.

Guilherme Vianna/ID/BR

a) O artigo da revista *Ciência Hoje das Crianças*, disponível no *site*, comenta a existência de lendas nas quais índios falam com animais, estrelas caem na Terra e guerreiros vão para o céu. Qual é a característica presente na lenda sobre as cataratas do Iguaçu que também podemos identificar nesse artigo?

b) O artigo esclarece que os índios não tinham registros escritos. Quais parágrafos da lenda que você leu deixam claro que o autor, Leonardo Boff, não inventou a história de amor entre Tarobá e Naipi?

c) O último parágrafo do artigo cita dois motivos para a divulgação de lendas indígenas. Identifique-os.

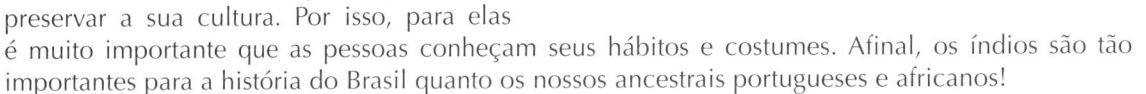

ANOTE

As lendas são narrativas contadas pela **tradição oral** através dos tempos para transmitir algum ensinamento ou explicar algum fato.

Como elas revelam muito sobre os povos que as criaram, é importante valorizar seu registro escrito, como um meio de resgate e de transmissão para as gerações futuras.

2. Releia.

> "[...] dizem que, ao desfazer-se lentamente o arco-íris, escutam-se lamúrias tristes como quem se despede com o coração partido [...]"

Como são contadas de geração a geração, certamente essas histórias se transformaram com o tempo. Que palavra do texto indica essa ideia?

Em seu *Dicionário de termos literários*, o professor e estudioso Massaud Moisés define **lenda** como "toda narrativa em que um fato histórico se amplifica e se transforma sob o efeito da imaginação popular. Não raro, a veracidade se perde no correr do tempo".

As transformações pelas quais as lendas passam criam consequências interessantes. O ouvinte/leitor pode, por exemplo, encontrar várias lendas que explicam um mesmo fato.

●●● Comparação entre os textos

1. Copie e complete o quadro abaixo, a fim de identificar os elementos centrais de cada uma das narrativas que você leu neste capítulo.

	Prometeu	**Um impossível amor: as cataratas do Iguaçu**
Personagens principais		
Tempo narrativo		
Espaço narrativo		

ID/BR

2. Quanto ao modo de produção e transmissão, mitos e lendas apresentam uma semelhança muito importante. Qual é ela?

3. Observe atentamente as duas afirmações abaixo.

> I. São narrativas que cumpriam a função de transmitir algum ensinamento prático ou explicar algum fato.

> II. São narrativas que cumpriam a função de explicar o surgimento do mundo, os fenômenos naturais, os sentimentos e comportamentos humanos, sendo o fundamento para rituais religiosos e até para a conduta social.

Qual delas se relaciona adequadamente aos mitos e qual às lendas?

●●● Sua opinião

1. Neste capítulo, você estudou que os mitos e as lendas foram a princípio transmitidos oralmente e que, hoje em dia, são publicados em livros. Você acredita que os jovens têm interesse em ler esse tipo de narrativa? Por quê?

Aprendendo com os povos antigos

No prefácio do livro *O casamento entre o céu e a terra*, Leonardo Boff afirma que "os indígenas das várias partes do mundo [...] são portadores de uma sabedoria ancestral, que está faltando a quase toda a humanidade sabedoria necessária para iluminar os graves problemas que coletivamente enfrentamos. Problemas relativos à convivência pacífica entre os povos, à combinação adequada entre trabalho e lazer, à veneração e ao respeito para com a natureza [...]. Enfim, problemas relativos ao casamento entre o céu e a terra, que confere uma experiência do ser humano com a totalidade das coisas e com a fonte originária de todo o universo".

I. Discuta com os colegas e o professor como as questões que aparecem nesse prefácio fazem parte do nosso cotidiano.

II. Elabore uma lista de atitudes concretas que podem ser tomadas pela sua classe para uma convivência mais harmônica entre as pessoas e entre estas e o meio ambiente.

Lenda

Povos das mais diversas regiões do planeta produziram e continuam a produzir lendas. Nelas, cada grupo humano imprime características de seu pensamento e visão de mundo. Entre as lendas indígenas brasileiras, é muito frequente a ideia da metamorfose (transformação de um ser em outro). Mães bravas que perseguem seus filhos gulosos transformam-se em onças; curumins levados que fogem de suas mães subindo em cipós viram estrelas; o índio flautista que morre por veneno de cobra assume a forma do pássaro uirapuru; e assim por diante.

- Observe os animais abaixo e suponha que, antes de assumirem esta forma, eles foram humanos.

Fábio Colombini/Acervo do fotógrafo

Eric Isselée/iStockphoto.com/ID/BR

Steve Snyder/iStockphoto.com/ID/BR

Forestpath/iStockphoto.com/ID/BR

- Escolha um deles e, em um único parágrafo, sintetize a aventura humana que teria resultado no surgimento dessa espécie.

●●● Proposta

Há duas espécies de plantas conhecidas como árvore-da-felicidade. Uma, chamada "fêmea", apresenta folhas delgadas, bem recortadas e de coloração clara. A outra, chamada "macho", possui folhas mais robustas e de um verde intenso. É costume plantá-las lado a lado, para que as folhagens e mesmo os troncos se entrelacem à medida que crescem. Ao final da tarde, elas exalam um aroma característico.

Você vai produzir uma narrativa semelhante a uma lenda explicando a origem da árvore-da-felicidade. Sua narrativa poderá integrar um audiolivro a ser elaborado pela classe.

●●● Planejamento e elaboração do texto

1. Ao planejar sua narrativa, pense nos seguintes aspectos.

   a) Em que lugar a ação se desenvolverá? Se o espaço for uma aldeia indígena, você poderá fazer uma pesquisa em livros ou na internet para conhecer o lugar onde vivem esses índios e ter outras informações significativas.

   Veja o nome de alguns grupos indígenas que podem ser pesquisados: Tikuna, Yanomami, Terena, Pankaruru, Kayapó, Guarani, Xavante, Xerente, Nambikwara, Munduruku.

Fernando Favoretto/Criar Imagem

Bonsai (miniatura) da árvore-da-felicidade. Fotografia de 2008, São Caetano do Sul.

b) Além da explicação para o surgimento da árvore-da-felicidade, sua narrativa deve trazer um ensinamento. O que ela vai ensinar?

c) Quais serão os protagonistas da sua história? Considere que, para contar a origem da árvore-da-felicidade, caracterizada pelas espécies macho e fêmea, provavelmente você precisará de um homem e uma mulher (um casal de namorados, mãe e filho, pai e filha, etc.).

d) Qual é a aventura que essas personagens vão viver e o que justificará sua metamorfose?

e) Forças sobrenaturais terão um papel decisivo sobre o desfecho da narrativa? Como você pretende caracterizá-las?

2. Ao produzir a primeira versão de seu texto, observe as orientações abaixo.

a) Em seu texto devem aparecer a apresentação da situação inicial vivida pelas personagens, uma complicação que as levará a viver alguma aventura, culminando na metamorfose, e a situação final das personagens.

b) O foco narrativo terá de ser em terceira pessoa.

c) A narrativa deve ter um título.

●●● Avaliação e reescrita do texto

1. Leia a tabela abaixo e use-a para auto-avaliar sua narrativa.

Características da lenda	Sim	Não
Sua narrativa dá uma explicação imaginária para o surgimento da árvore-da-felicidade?		
A narrativa enfoca algum poder sobrenatural?		
Pelo menos uma das personagens sofre metamorfose?		
Ela contém um ensinamento? Qual?		

ID/BR

2. Se necessário, faça uma segunda versão de seu texto para aprimorá-lo.

3. A classe escolherá doze lendas para compor o audiolivro. O livro será ouvido pela classe e, depois, encaminhado à biblioteca para ficar à disposição de todos os alunos. Caso várias turmas participem da atividade, esse pode ser o início de uma audioteca.

> **O QUE É O AUDIOLIVRO**
>
> O audiolivro é um livro para ouvir. Trata-se de um CD, ou suporte semelhante, em que está gravado o conteúdo de um romance, de uma coletânea de contos, de um livro de poemas ou outro tipo de texto.
>
>
>
> Fabiana Salomão/ID/BR

Dicas para fazer o audiolivro

- Verifique com seus colegas ou na escola quais são os aparelhos disponíveis para fazer a gravação.
- A atividade será realizada em um dia combinado com o professor.
- É importante que a leitura seja feita em voz alta e clara, que confira emoção e interesse aos textos.
- Músicas ou efeitos sonoros ajudam a criar uma imagem mais concreta dos acontecimentos narrados.

Fabiana Salomão/ID/BR

Pronomes possessivos, indefinidos, interrogativos e relativos

●●● Pronomes possessivos

1. Leia a tira a seguir.

Galvão.

a) O filho não parece satisfeito com a conversa do pai. Por que isso ocorre?

b) Como o pai reage à resposta do filho?

c) A quem se refere a palavra *sua* no primeiro quadrinho?

d) No segundo quadrinho, a que histórias o pai se refere?

Na tira, *sua* e *suas* expressam uma ideia de posse e se referem a uma pessoa do discurso. Essas palavras recebem o nome de **pronomes possessivos**.

> **ANOTE**
>
> Os pronomes que indicam ideia de posse são chamados **possessivos**.

Pessoas do discurso	Masculino		Feminino	
	Singular	**Plural**	**Singular**	**Plural**
1ª pessoa do singular	meu	meus	minha	minhas
2ª pessoa do singular	teu	teus	tua	tuas
3ª pessoa do singular	seu	seus	sua	suas
1ª pessoa do plural	nosso	nossos	nossa	nossas
2ª pessoa do plural	vosso	vossos	vossa	vossas
3ª pessoa do plural	seu	seus	sua	suas

●●● Pronomes indefinidos

Leia a tira a seguir.

Recruta Zero, de Mort Walker.

1. Na tira que você acabou de ler, a quem as perguntas são dirigidas?

Algumas palavras na língua portuguesa são usadas para indicar que o falante não quer ou não pode tornar precisa uma informação.

Elas transmitem uma ideia de imprecisão, um sentido vago e indeterminado.

A palavra *alguém* refere-se a uma pessoa cuja identidade não é definida: tanto pode ser um homem como uma mulher, uma criança, etc.

Essa palavra é chamada de **pronome indefinido** e se aplica à terceira pessoa gramatical.

Em "Muitos alunos chegaram tarde à aula hoje", o pronome *muitos* é indefinido porque não determina quem são os alunos (se meninos ou se meninas) nem quantos são.

> **ANOTE**
>
> **Pronomes indefinidos** referem-se de modo vago e indeterminado à terceira pessoa do discurso.

Os pronomes indefinidos apresentam formas variáveis e invariáveis, conforme o quadro a seguir.

Pronomes indefinidos		
Variáveis		**Invariáveis**
Masculino	Feminino	
algum, alguns	alguma, algumas	algo
certo, certos	certa, certas	alguém
muito, muitos	muita, muitas	cada
nenhum, nenhuns	nenhuma, nenhumas	nada
outro, outros	outra, outras	ninguém
pouco, poucos	pouca, poucas	tudo
qualquer, quaisquer	qualquer, quaisquer	outrem
quanto, quantos	quanta, quantas	
tanto, tantos	tanta, tantas	
todo, todos	toda, todas	
vários	várias	

ID/BR

●●● Pronomes interrogativos

Leia a tira.

Níquel Náusea, de Fernando Gonsales.

No primeiro quadrinho, o rato fica indignado com a rata, pois imagina que ela está vendo fotos de outros ratos. Para satisfazer sua curiosidade, ele pergunta: "O *que* é isso?".

A frase dita pelo rato termina com um ponto de interrogação, o que indica que foi feita uma pergunta.

ANOTE

Chamam-se **pronomes interrogativos** as palavras *que*, *quem*, *qual* e *quanto*, usadas para formular uma pergunta.

Que livro você está lendo?   *Quem* chegou?

Qual é o seu nome?   *Quantos* anos você tem?

Os pronomes *que* e *quem* são invariáveis. Já o pronome *qual* flexiona-se em número (*qual/quais*) e o pronome *quanto*, em gênero e número (*quanto/quantos/quanta/quantas*).

●●● Pronomes relativos

Andréa Vilela/ID/BR

Correção

Como dizia
aquele bem-te-vi que ficou míope:
"bem te via... bem te via..."

José Paulo Paes. *É isso ali*: poemas adulto-infantojuvenis. São Paulo: Salamandra, 2005.

1. A palavra *que* presente no poema "Correção" se refere a qual termo?

Quando o *que* se refere a um termo anterior, ele recebe o nome de **pronome relativo**.

ANOTE

Pronomes relativos se referem a um termo anterior, que é chamado antecedente.

Os pronomes relativos podem ser variáveis ou invariáveis.

Pronomes relativos		
Variáveis		**Invariáveis**
Masculino	Feminino	
o qual, os quais	a qual, as quais	onde
cujo, cujos	cuja, cujas	que
quanto, quantos	quanta, quantas	quem

ID/BR

Leia este outro exemplo.

Ali vai o garoto **cuja** bicicleta eu comprei.

A palavra *garoto* é o **antecedente**, e a palavra *bicicleta* é o **consequente**. Assim, temos: a bicicleta do garoto.

1. Leia a tira.

Mafalda, de Quino.

a) Qual é a utilidade do objeto encontrado por Filipe?

b) Qual parece ser o sentimento de Filipe ao encontrar a porca? E o de Mafalda? De que forma esses sentimentos estão expressos nos quadrinhos?

c) Qual destas frases traduz o sentido da fala de Filipe no segundo quadrinho?

· Todas as coisas têm alguma serventia.   · Qualquer coisa serve para tudo.

d) Reescreva essa fala de Filipe sem empregar nenhum pronome indefinido.

e) Explique com suas palavras a afirmação de Mafalda no quarto quadrinho.

2. Leia o título destes filmes.

O pronome possessivo indica posse em algum dos títulos? Explique sua resposta.

3. Complete as frases no caderno com pronomes relativos.

a) O livro ★ peguei da biblioteca é ótimo.

b) Os doces de ★ mais gosto estão fresquinhos!

c) A escola ★ estudo fica perto de casa.

d) Cortaram a árvore ★ o tronco estava com cupins.

e) Não conheço a pessoa de ★ você falou.

f) Você é tudo ★ sonhei!

4. Una as duas frases em seu caderno, usando pronomes relativos.

a) A guerra foi prejudicial a todos. A guerra terminou agora.

b) As tarefas me ajudarão a aprender. As tarefas são para casa.

c) Eu estudo na escola. A escola é muito boa.

d) Não conheço a aluna. A aluna saiu.

e) Comprei um livro. Não me recordo do título do livro.

f) A casa é espaçosa. Eu moro na casa.

5. Leia a tira.

Hagar, o Horrível, de Dik Browne.

a) A frase dita por Helga é uma referência a um conto de fadas muito famoso. Qual é ele?

b) Em que situação essa frase é dita nesse conto de fadas?

c) Por que o espelho pergunta se Helga está falando sério?

d) Qual o sentido do pronome usado em "Espelho, espelho meu..."?

6. Leia um trecho da letra da canção "Malandragem", de Cazuza e Frejat.

> Quem sabe eu ainda sou uma garotinha...
> Esperando o ônibus da escola sozinha...
> Cansada com minhas meias três-quartos
> Rezando baixo pelos cantos
> Por ser uma menina má...
> Quem sabe o príncipe virou um chato
> [...]
> Eu só peço a Deus
> Um pouco de malandragem
> Pois sou criança e não conheço a verdade
> Eu sou poeta e não aprendi a amar...
> [...]
>
> Cazuza e Roberto Frejat. Malandragem. Intérprete:
> Cassia Eller. *Cássia Rock Eller*. Universal Music, 2000.

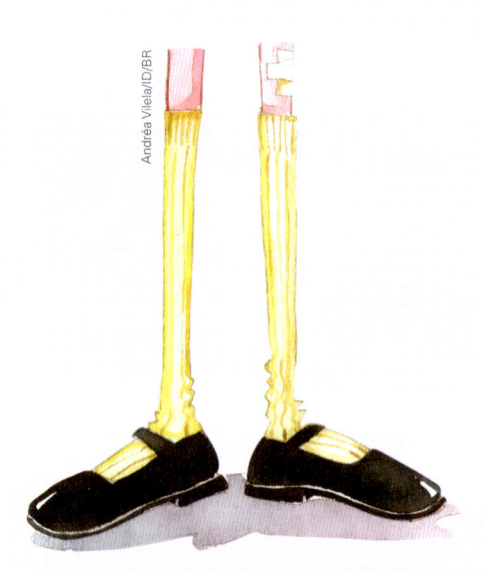

Andréa Vilela/ID/BR

a) No primeiro verso da canção, qual é a ideia veiculada pela expressão *quem sabe*?

b) O pronome *quem* pode ser usado como indefinido, interrogativo ou relativo. Como ele se classifica nesse verso?

c) Poetas e compositores têm a liberdade de empregar recursos expressivos da língua de acordo com seus objetivos e, assim, nem sempre seguem as regras da norma-padrão. No primeiro verso da letra da canção, os autores usam um desses recursos. Qual?

d) Se esse primeiro verso fizesse parte de um discurso de formatura, como a oradora poderia reformulá-lo para que se adequasse à norma-padrão?

e) Príncipes são personagens frequentes em certo gênero textual. Qual?

f) Nesse gênero, os príncipes costumam viver uma situação que aparece invertida na letra da canção. Qual é ela?

Os pronomes e a ambiguidade

1. Leia esta piada.

O diretor-geral está preocupado com um executivo que, depois de um período trabalhando sem descanso, passa a se ausentar do escritório por algumas horas todos os dias. Chama um detetive.

– Siga o Lopes durante uma semana – disse.

Após cumprir o que lhe fora pedido, o detetive informa:

– O Lopes sai normalmente ao meio-dia, pega seu carro, vai à sua casa almoçar, descansa em seu sofá, vê filmes em sua TV de plasma, nada em sua piscina e volta ao trabalho.

– Ah, bom. Não há nada de mau nisso.

O detetive observa o diretor com olhar fixo e comenta:

– Desculpe. Posso tratá-lo por tu?

– Sim, claro – responde o diretor.

– Bom. O Lopes sai ao meio-dia, pega teu carro, vai à tua casa almoçar, descansa em teu sofá, vê filmes em tua TV de plasma, nada em tua piscina e volta ao trabalho.

a) No quarto parágrafo, a quem se referem os pronomes *seu* e *sua*?

b) Por que o diretor diz que não há nada de mau na atitude do executivo?

c) O mal-entendido poderia ter continuado depois da última fala do detetive? Por quê?

d) Os pronomes possessivos *seu* e *sua* podem se referir a duas pessoas do discurso. Quais?

e) Explique o recurso usado pelo detetive para esclarecer a situação ao diretor.

2. Agora leia esta frase.

O diretor discutiu com o executivo e estragou seu dia.

a) Quem teve o dia estragado pela discussão: o diretor ou o executivo?

b) Que palavra é responsável pela ambiguidade da frase?

c) Reescreva duas vezes essa frase no caderno, fazendo nela as alterações necessárias para eliminar a ambiguidade.

• Em uma das frases, faça as alterações necessárias para deixar claro que a discussão estragou o dia do diretor.

• Na outra, dê a entender que foi o executivo que teve o dia estragado.

ANOTE

Algumas vezes não fica claro a qual termo mencionado anteriormente um pronome se refere, o que faz que a frase possa ser compreendida de mais de uma forma.

O efeito provocado pelo uso de uma palavra que, no contexto, pode ter mais de um significado chama-se **ambiguidade**.

3. Reescreva as frases a seguir, de modo a evitar a ambiguidade.

a) Aquela senhora encontrou o garotinho em seu quarto.

b) O jogador comemorou o aniversário do amigo na sua casa.

Os ditongos abertos **ei, eu, oi**

1. Leia a letra de música.

Lua do Arpoador

Lua do Arpoador
Lua do Arpoador
Lua carioca
Lua que é sempre um *show*

Atrás da pedra emerge o Atlântico
Tão linda joia rara, corpo esplêndido
Faz quem te vê ter olhos de romântico
Felicidade em cada rosto atônito

E o Rio ama em teu rastro de prata
Que no céu é um cinema
E que no mar é um poema
É paixão que entra em cena
Para as noites de Ipanema
Para as noites de Ipanema
Lua

Andréa Vilela/ID/BR

Ivan Lins e Ronaldo Monteiro de Souza. Lua do Arpoador. Intérprete: Ivan Lins. *Love songs*: a quem me faz feliz. Abril Music, 2002.

a) Quais são os elementos a que a Lua é comparada?

b) O que a presença da Lua traz para a cidade do Rio de Janeiro?

2. Justifique a acentuação das palavras a seguir.
a) atrás
b) é
c) Atlântico

3. Leia.

> "Tão linda joia rara, corpo esplêndido"
> "Que no céu é um cinema."

Observe que tanto a palavra *joia* como a palavra *céu* têm ditongo aberto: *joia*, **céu**. No entanto, *joia* não leva acento.

Compare essas palavras com outras que têm ditongo aberto e apresente uma hipótese sobre a acentuação dos ditongos abertos.

| herói | véu | papéis | heroico | jiboia | assembleia |

Os **ditongos abertos** representados pelas letras *ei*, *eu* e *oi* sempre **são acentuados** quando aparecem na sílaba tônica de oxítonas ou em monossílabos tônicos. Ex.: *réis*, *chapéu*, *herói*.
Quando ocorrem na sílaba tônica de paroxítonas, esses mesmos ditongos **não são acentuados**. Ex.: *traqueia*, *tabloide*.

4. Copie as palavras a seguir no caderno, acentuando os ditongos abertos quando necessário.
a) ideia, meu, teu, Galileu, corroi
b) chapeu, teia, oito, ilheu, mundareu
c) boia, pasteis, doi, apoio (verbo), dezoito
d) aneis, veias, constroi, Coreia, paranoico
e) noite, deusa, tramoia, fogareu, cauboi

⬛ Entreletras

Divinos

Na mitologia grega, as divindades formavam um conjunto chamado *panteão*. Cada deus ou deusa tinha um domínio de sua influência. Além disso, as divindades estavam relacionadas aos seus atributos, isto é, a um objeto ou animal que os representava.

Em grupos, vocês vão conhecer um pouco desse universo mítico e criar um panteão com deuses e deusas modernos.

1. Forme grupo com mais três colegas.

2. Leiam as informações abaixo para conhecer os domínios e atributos de alguns deuses gregos.

DEUSES E DEUSAS	DOMÍNIOS DE INFLUÊNCIA	ATRIBUTOS
Afrodite	o amor	espelho
Apolo	a poesia, a música	lira, louro, arco, cisne
Ares	a guerra	armas
Ártemis	a caça, os partos	arco, corça
Atena	as artes e a técnica, a guerra	armas, égide
Deméter	a agricultura	espiga de trigo
Dioniso	o teatro, o vinho	tirso
Hades	o mundo subterrâneo	capacete
Hefesto	o trabalho dos metais	martelo
Hera	o casamento	pavão
Hermes	a mensagem, a astúcia	caduceu, pés alados
Posêidon	o mar	tridente
Zeus	o céu, a justiça	raio

Claude Pouzadoux. *Contos e lendas da mitologia grega*. São Paulo: Companhia das Letras, 2004. Apêndice, p. 5.

3. Depois de conhecer o panteão grego, vocês vão criar um panteão com deuses e deusas modernos, que representem forças da natureza ou atributos e atividades humanas, incluindo atividades humanas próprias do mundo atual, relacionadas, por exemplo, à informática, aos automóveis, à indústria e à vida nas cidades.

4. Anotem o nome dos deuses e deusas criados por vocês, registrando o domínio de influência e o atributo de cada um.

5. Desenhem cada divindade com seu atributo.

6. Quando o professor pedir, apresentem o panteão do grupo à classe.

Brooklyb Museum/Corbis/Latinstock

Zeus

⬛ PARA SABER MAIS

Livros

Ariadne contra o Minotauro, de Marie-Odile Hartmann. Edições SM.

Os príncipes do destino: histórias da mitologia afro-brasileira, de Reginaldo Prandi. Editora Cosac Naify.

Como nasceram as estrelas: doze lendas brasileiras, de Clarice Lispector. Editora Rocco.

Edições SM/Arquivo da editora

Cosac Naify/Arquivo da editora

Rocco/Arquivo da editora

1. Leia a tira.

Hagar, o Horrível, de Dik Browne.

a) Como foi a recepção do vizinho à visita de Hagar?

b) A apresentação de Hagar foi adequada a uma situação de boas-vindas? Por quê?

c) A quem Hagar se referiu quando usou o pronome *alguém*?

d) Qual é a classificação do pronome *quem* no contexto da tira?

e) Como se classifica o pronome *alguém*?

2. Complete as frases com os pronomes adequados.

a) Eu ★ preocupo muito em estudar toda a matéria da prova.

b) Nós ★ preocupamos muito em estudar toda a matéria da prova.

c) Ele ★ preocupa muito em estudar toda a matéria da prova.

d) Caio e eu ★ preocupamos muito em estudar toda a matéria da prova.

e) Caio e Maria ★ preocupam muito em estudar toda a matéria da prova.

3. Leia a tira.

Jim Davis. *Garfield*: em grande forma. Porto Alegre: L&PM, 2006. v. 1. p. 66.

a) Observe a sequência dos quadrinhos e responda: por que Garfield pensa que é melhor não arriscar?

b) Leia o balão do segundo quadrinho e responda: por que foram usados os pronomes demonstrativos *este* e *esta*?

c) Imagine que, depois de um tempo, Garfield contasse essa cena para seu dono. Como ficariam as frases do segundo e do terceiro quadrinhos? Reescreva-as no caderno.

4. Escreva em seu caderno as frases abaixo, substituindo os termos destacados por pronomes oblíquos.

a) Eu oferecia *ao meu pai* um abraço afetuoso.

b) Ela enviou uma carta *aos seus pais* lá de Salvador.

c) O carrossel levou *os garotos* às alturas naquele parque de diversões.

d) Preciso levar *minha filha* ao dentista.

Mito e lenda

- **Mitos** são narrativas de tradição oral que explicam a origem e o destino da humanidade, os fenômenos da natureza, a morte e os sentimentos, etc.
- Origem do mito: a tradição oral.
- **Lendas** são narrativas de tradição oral que misturam fatos reais e irreais para transmitir algum ensinamento ou explicar um fato que se passa em tempo remoto.
- **Personagens míticas:** exemplos de caráter, superação e perfeição moral.
- **Espaço narrativo:** marca o lugar onde os fatos se desenvolvem.
- **Espaço mítico:** um lugar sagrado, que se opõe ao habitado pelos seres "reais" ou humanos.
- **Tempo narrativo:** marca o momento em que os fatos se desenvolvem.
- **Tempo mítico:** está relacionado ao tempo das origens, e os fatos relatados são separados por intervalos de tempo muito grandes.

Pronomes

- São palavras que substituem ou acompanham nomes.
- Outra função do pronome: remeter a algo que já foi ou ainda será mencionado.
- **Pessoais:** representam as três pessoas do discurso: aquela que fala, aquela com quem se fala e aquela de quem se fala.
- **Pessoais de tratamento:** referem-se às pessoas com as quais se fala.
- **Reflexivos:** indicam que aquele que sofre a ação verbal é o mesmo que a pratica.
- **Reflexivos recíprocos:** indicam que duas ou mais pessoas ou seres trocam ação ou sentimento.
- **Demonstrativos:** referem-se à posição no tempo ou no espaço, em relação ao emissor da mensagem, aos seres ou objetos de que se fala.
- **Possessivos:** indicam ideia de posse e são classificados de acordo com as pessoas do discurso.
- **Indefinidos:** referem-se de modo vago e indeterminado à terceira pessoa do discurso.
- **Interrogativos:** são usados para formular perguntas.
- **Relativos:** referem-se a um termo anterior, chamado antecedente.

Autoavaliação ●●●

Para fazer a autoavaliação, releia o quadro *O que você aprendeu neste capítulo*.

- Dos assuntos tratados neste capítulo, quais você considera que precisa rever? Por quê?
- Quais aspectos você considerou positivos em sua produção de texto?
- Avalie sua leitura dramática do mito. O que você considera que aprendeu com essa atividade?
- Como foi fazer o audiolivro? O que você gostou de fazer nessa atividade?

Contação de histórias: conto popular

1. Leia esta tira.

Banzo e Benito, de MZK. *Folhinha*, suplemento infantil do jornal *Folha de S.Paulo*, ago. 2006.

a) Nessa tira são contadas duas histórias. Quais são elas?

b) A personagem Benito leu uma história para o amigo. Você gosta de histórias? Prefere lê-las ou ouvi-las? Por quê?

c) Muitas pessoas de diferentes culturas gostam de contar histórias e fazem isso naturalmente. Mas há também aquelas que se preparam para apresentar narrativas publicamente e utilizam alguns recursos a fim de captar a atenção do público. São os contadores de histórias. Você já assistiu à apresentação de algum contador de história? Você mesmo já passou pela experiência de contar uma história para um público? Conte como foi.

d) Que recursos um contador de histórias pode usar para prender a atenção do público?

e) Na sua opinião, ouvir um contador de histórias é o mesmo que assistir a uma peça de teatro? Por quê?

Produção de texto: contação de história

O que você vai fazer

Você vai participar de uma seção de contação de histórias que será realizada pelos alunos de sua classe. Os ouvintes serão os colegas de outra classe da escola. O dia e o local da apresentação serão decididos com o professor.

Para a realização da atividade, forme um grupo com três colegas e sigam as orientações.

Seleção do conto

2. Escolham um conto popular para contar aos colegas. Sugestões para a pesquisa.

a) *Contos tradicionais do Brasil para jovens*, de Luís da Câmara Cascudo (Global, 2006).

b) Contos e lendas da África, de Yves Pinguilly (Companhia das Letras, 2005).

c) Contos e lendas de Macau, de Alice Vieira e Alain Corbel (Edições SM, 2007).

d) *Site* da revista digital Jangada Brasil: <http://www. jangadabrasil.com.br>.

Preparação da apresentação

3. Um componente do grupo pode contar toda a história sozinho ou cada um conta uma parte. Caso apenas um se responsabilize pela contação, os demais serão a equipe de apoio: vão se encarregar do figurino e do cenário, ajudarão o contador a memorizar a história, etc.

4. O texto não vai ser lido, e sim contado de cor. Vocês vão se basear em um texto escrito e podem fazer modificações na linguagem para que a história não se pareça com algo lido, mas que tenha as palavras, expressões e construções que usamos habitualmente na fala informal: isso pode contribuir para atrair a atenção da audiência. Observem que, nas falas das personagens, é preciso que a linguagem esteja adequada à forma como elas foram caracterizadas e à situação que estão vivendo.

5. Se quiserem, troquem na narrativa as expressões que são próprias de outras regiões por expressões típicas da região de vocês.

6. Os contadores de história profissionais usam determinados recursos para atrair a atenção da plateia. Vejam alguns deles.

a) Escolher alguns momentos da história – de preferência momentos de tensão, emocionantes – para interromper a narrativa e dirigir-se diretamente à plateia perguntando às pessoas o que acham que vai acontecer em seguida ou fazendo comentários sobre a atitude de uma personagem.

b) Ter à mão alguns adereços – como um chapéu, um par de óculos, um guarda-chuva, uma capa – que possam ajudar a caracterizar uma personagem ou construir o clima da cena contada.

c) Modificar a entonação, a velocidade e a altura da fala de acordo com os acontecimentos contados.

d) Contar com efeitos sonoros (sons de trem, de apito, de chuva, etc.) e músicas.

e) Usar objetos para compor um cenário. Por exemplo: um quadro, um abajur, etc.

> O contador de histórias está no meio-termo entre alguém que simplesmente lê uma história e um ator que a encena. Ele deve ser expressivo e pode empregar alguns elementos do teatro, mas não precisa se movimentar como se estivesse no palco.

7. Ensaiem a contação tantas vezes quanto necessário para que a narrativa se torne fluente e pareça espontânea. Peçam ajuda aos colegas do grupo, para que analisem se a apresentação vai interessar ao público, sugiram recursos, atitudes, etc.

8. No dia da contação, sigam as orientações do professor quanto à ordem de apresentação dos grupos e à organização do espaço.

Avaliação

- Avaliem a contação do grupo sob a orientação do professor.

a) A narrativa foi contada de modo que a sequência dos acontecimentos ficasse clara para a plateia?

b) O contador contou toda a história sem hesitações e esquecimentos?

c) O contador apresentou-se com expressividade?

d) Os recursos empregados para atrair a atenção do público foram eficientes?

e) Como foi o envolvimento dos componentes do grupo nos preparativos e na apresentação? Todos colaboraram?

Crônica

Dorival Moreira/SambaPhoto

Estação Ferroviária
Porto Madeira (RO) 2010.

O QUE VOCÊ VAI APRENDER

- Características principais da crônica
- A função da descrição no texto narrativo
- Revisão: verbos
- Advérbios
- Diferentes grafias do fonema /z/

CAPÍTULO

3

CONVERSE COM OS COLEGAS

1. Observe a imagem ao lado. De que ponto de vista o leitor vê a paisagem retratada?

2. Qual é o elemento central dessa imagem? Descreva-o.

3. Uma paisagem vista da janela pode ser um motivo para um autor produzir um texto. No trecho abaixo, o narrador olha pela janela de sua antiga casa e percebe que algumas coisas mudaram e outras não.

> Chego à janela de minha casa e vejo que umas coisas mudaram. Ainda está ali a longa casa das Martins, a casa surpreendente de Dona Branquinha. Relembro os bigodes do coronel, e as moças que estavam sempre brigando porque nossa bola batia nas vidraças. Jogávamos descalços na rua de pedras irregulares e tínhamos os dedos e unhas dos pés escalavrados e fortes.
>
> Rubem Braga. *200 crônicas escolhidas*: as melhores de Rubem Braga. Rio de Janeiro: Record, 2002. p. 82.

   a) Que elementos da paisagem permaneceram iguais, segundo o narrador? Que palavras caracterizam esses elementos?

   b) Ao olhar a paisagem, o narrador se sente transportado para outra época. Que época é essa?

4. Se a paisagem que o narrador viu da janela da antiga casa dele fosse essa da fotografia ao lado, você acha que ele poderia ter experimentado um sentimento semelhante ao apontado na questão anterior? Explique.

5. Inspirado pela imagem ao lado, redija dois textos curtos. No primeiro, imagine que você é um jornalista noticiando e justificando a desativação dessa ferrovia e desse trem. No segundo, crie um parágrafo colocando-se no lugar de alguém que voltou a esse lugar, onde passou a infância, e, ao saber de sua desativação, relembra o tempo em que aí viveu.

Uma flor que nasce, uma brincadeira de criança, um dia na praia são cenas cotidianas que, muitas vezes, passam despercebidas por nós.

Neste capítulo, estudaremos a **crônica**, um gênero que apresenta de modo subjetivo esses fatos que estão presentes em nosso dia a dia.

Crônica

lugo Koyama/Editora Abril

Paulo Mendes Campos (1922-1991), escritor mineiro, fotografia de cerca de 1985.

O QUE VOCÊ VAI LER

O texto que você vai ler é uma crônica de Paulo Mendes Campos, um dos mais importantes cronistas do século XX no Brasil.

Esse autor, embora tenha publicado vários livros, é mais conhecido pelos textos semanais que escreveu para jornais e revistas de grande circulação. Começou a escrever para jornais em 1942, em Minas Gerais. Esse trabalho o ajudou a se tornar um observador da realidade, voltando sua atenção não exatamente para o fato, mas para o seu envolvimento com ele.

O título da crônica que você vai ler foi inspirado em um romance escrito em 1886, *O médico e o monstro*, de Robert Louis Stevenson. Lembrando que as crônicas em geral retratam o cotidiano, imagine qual é o assunto deste texto.

O médico e o monstro

Avental branco, pincenê vermelho, bigodes azuis, ei-lo, grave, aplicando sobre o peito descoberto duma criancinha um estetoscópio, e depois a injeção que a enfermeira lhe passa.

O avental na verdade é uma camisa de homem adulto a bater-lhe pelos joelhos; os bigodes foram pintados por sua irmã, a enfermeira; a criancinha é uma boneca de olhos cerúleos, mas já meio careca, que atende pelo nome de Rosinha; os instrumentos para exame e cirurgia saem duma caixinha de brinquedos.

Ela, seis anos e meio; o doutor tem cinco. Enquanto trabalham, a enfermeira presta informações:

– Esta menina é boba mesmo, não gosta de injeção, nem de vitamina, mas a irmãzinha dela adora.

O médico segura o microscópio, focaliza-o dentro da boca de Rosinha, pede uma colher, manda a paciente dizer aaá. Rosinha diz aaá pelos lábios da enfermeira. O médico apanha o pincenê, que escorreu de seu nariz, rabisca uma receita, enquanto a enfermeira continua:

– O senhor pode dar injeção que eu faço ela tomar de qualquer jeito, porque é claro que se ela não quiser, né, vai ficar muito magrinha que até o vento carrega.

O médico, no entanto, prefere enrolar uma gaze em torno do pescoço da boneca, diagnosticando:

– Mordida de leão.

– Mordida de leão, pergunta, desapontada, a enfermeira, para logo aceitar este faz de conta dentro do outro faz de conta; eu já disse tanto, meu Deus, para essa garota não ir na floresta brincar com Chapeuzinho Vermelho…

Novos clientes desfilam pela clínica: uma baiana de acarajé, um urso muito resfriado, porque só gostava de neve, um cachorro atropelado por lotação, outras bonecas de vários tamanhos, um papai noel, uma bola de borracha e até mesmo o pai e a mãe do médico e da enfermeira.

Andréa Vilela/ID/BR

De repente, o médico diz que está com sede e corre para a cozinha, apertando o pincenê contra o rosto. A mãe se aproveita disso para dar um beijo violento no seu amor de filho e também para preparar-lhe um copázio de vitaminas: tomate, cenoura, maçã, banana, limão, laranja e aveia. O famoso pediatra, com um esgar colérico, recusa a formidável droga.

– Tem de tomar, senão quem acaba no médico é você mesmo, doutor.

Ele implora em vão por uma bebida mais inócua. O copo é levado com energia aos seus lábios, a beberagem é provada com uma careta. Em seguida, propõe um trato:

– Só se você depois me der um sorvete.

A terrível mistura é sorvida com dificuldade e repugnância, seus olhos se alteram nas órbitas, um engasgo devolve o restinho. A operação durou um quarto de hora. A mãe recolhe o copo vazio com a alegria da vitória e aplica no menino uma palmadinha carinhosa, revidada com a ameaça dum chute. Já estamos a essa altura, como não podia deixar de ser, presenciando a metamorfose do médico em monstro.

Ao passar zunindo pela sala, o pincenê e o avental são atirados sobre o tapete com um gesto desabrido. Do antigo médico resta um lindo bigode azul. De máscara preta e espada, Mr. Hyde penetra no quarto, onde a doce enfermeira continua a brincar, e desfaz com uma espadeirada todo o consultório: microscópio, estetoscópio, remédios, seringa, termômetro, tesoura, gaze, esparadrapo, bonecas, tudo se derrama pelo chão. A enfermeira dá um grito de horror e começa a chorar nervosamente. [...]

Ainda sob o efeito das vitaminas, preso na solidão escura do mal, desatento a qualquer autoridade materna ou paterna [...], o monstro vai espalhando o terror a seu redor: é a televisão ligada ao máximo, é o divã massacrado sob os seus pés, é uma corneta indo tinir no ouvido da cozinheira, um vaso quebrado, uma cortina que se despenca, um grito, um uivo, um rugido animal, é o doce derramado, a torneira inundando o banheiro, a revista nova dilacerada, é, enfim, o flagelo à solta no sexto andar dum apartamento carioca.

Subitamente, o monstro se acalma. Suado e ofegante, senta-se sobre os joelhos do pai, pedindo com doçura que conte uma história ou lhe compre um carneirinho de verdade.

E a paz e a ternura de novo abrem suas asas num lar ameaçado pelas forças do mal.

Paulo Mendes Campos. O médico e o monstro. Em: Fernando Sabino e outros. *Crônicas 2*. 19. ed. São Paulo: Ática, 2003. p. 20-22 (Coleção Para Gostar de Ler).

Andréa Vilela/ID/BR

GLOSSÁRIO

Beberagem: bebida de sabor estranho ou desagradável.

Cerúleo: da cor do céu.

Colérico: enfurecido, raivoso.

Copázio: copo grande.

Desabrido: malcriado; rude.

Diagnosticar: identificar uma doença depois da análise dos sintomas.

Dilacerado: despedaçado, rasgado.

Divã: sofá sem braços e encosto.

Esgar: careta, contração do rosto.

Espadeirada: espadada, golpe com espada.

Estetoscópio: instrumento médico para analisar os sons produzidos por determinados órgãos do corpo humano.

Flagelo: calamidade, catástrofe, desgraça.

Grave: sério, sisudo.

Inócuo: que não causa dano, que não é prejudicial.

Lotação: veículo (geralmente perua ou ônibus pequeno) para transporte coletivo.

Metamorfose: transformação, mudança.

Ofegante: que respira com dificuldade.

Órbita: cavidade onde se situam os olhos.

Pediatra: médico que cuida de crianças.

Pincenê: óculos sem hastes.

Repugnância: nojo.

Revidar: reagir a uma ofensa ou agressão.

Sorver: beber fazendo ruído.

Tinir: soar de maneira aguda.

●●● Para entender o texto

1. No início do texto, o nome e a idade das personagens são desconhecidos. No entanto, é possível perceber que o médico é uma criança. Que expressões do primeiro parágrafo indicam sua pouca idade?

2. No segundo parágrafo, que revelações confirmam que as personagens são crianças?

3. A crônica apresenta um fato que faz parte do cotidiano de uma família. Qual é esse fato?

4. Releia.

> "[...] enquanto a enfermeira continua:
>
> – O senhor pode dar injeção que eu faço ela tomar de qualquer jeito, porque é claro que se ela não quiser, né, vai ficar muito magrinha que até o vento carrega."

Andréa Vilela/ID/BR

a) Essa fala, da menina de 6 anos que brinca de enfermeira, revela opiniões típicas de uma criança? Justifique sua resposta.

b) Em sua opinião, quem a menina está imitando ao revelar a preocupação de que a paciente fique magrinha?

5. O pequeno médico dispensa a injeção e, em lugar dela, aplica um curativo em torno do pescoço de sua paciente fictícia, diagnosticando "mordida de leão". Sua irmã aceita a reviravolta na brincadeira e diz: "[...] eu já disse tanto, meu Deus, para essa garota não ir na floresta brincar com Chapeuzinho Vermelho...".

Que característica(s) da infância esse trecho destaca?

6. O narrador faz referência a seis ações realizadas pela mãe do protagonista. Em seu caderno, enumere-as.

7. Em sua opinião, essas ações são exclusivas da mãe retratada na crônica lida ou são comuns às mães em geral?

8. O menino transforma-se subitamente em um "monstro" e põe a casa inteira de pernas para o ar.

a) Que fato provoca essa metamorfose?

b) O menino faz alguma coisa para tentar evitá-lo?

c) Transcreva uma passagem do texto que comprove que, ao terminar a vitamina, o menino já estava disposto a vingar-se por seu desgosto.

d) Você conhece crianças que reagem dessa forma quando são contrariadas?

ANOTE

A crônica tem como matéria-prima a realidade, mas **não é mera reprodução do real**. O cronista se inspira tanto no noticiário jornalístico como em acontecimentos cotidianos que ele viveu ou observou em casa, na rua, no ambiente de trabalho, etc., porém apresenta os fatos de acordo com a **interpretação** que faz deles, acentuando seu caráter poético, humorístico ou crítico.

A função da descrição no texto narrativo

1. Observe que o narrador descreve uma brincadeira entre os irmãos, sem nomeá-la. Copie no caderno as palavras que revelam ao leitor qual era a brincadeira.

2. Como era o espaço onde as crianças brincavam?

3. O que esse espaço revela sobre as características das personagens?

Descrever é apresentar as características de uma pessoa, de um objeto ou de uma situação num certo momento do tempo.

4. Releia a cena em que o menino bebe a vitamina.

   a) Quais palavras e expressões caracterizam a vitamina?

   b) Como o menino a ingeriu?

   c) O que a resposta anterior revela sobre os sentimentos e as sensações do menino?

5. Observe, na mesma cena, as palavras que descrevem as atitudes da mãe. Quais são elas e o que revelam?

6. Releia.

   > "[...] é a televisão ligada ao máximo, é o divã massacrado sob os seus pés, é uma corneta indo tinir no ouvido da cozinheira, um vaso quebrado, uma cortina que se despenca, um grito, um uivo, um rugido animal, é o doce derramado, a torneira inundando o banheiro, a revista nova dilacerada [...]"

   a) Nesse trecho, o narrador enumera, isto é, faz uma lista de palavras. O que aparece nessa enumeração?

   b) Qual é a função da enumeração nesse texto?

7. Ao enumerar os estragos causados pelo menino depois que ele se transforma em um pequeno monstro, o autor apresenta referências visuais e sonoras.

   a) Qual é o estado dos objetos enumerados?

   b) Qual é o tipo e a intensidade dos sons produzidos?

8. Baseando-se nas descrições do texto, desenhe no caderno como você imagina o ambiente onde o menino estava brincando antes e depois de sua transformação.

A **descrição de personagens** pode ser feita pela apresentação dos seus aspectos físicos, dos objetos que lhes pertencem, das roupas, de seu modo de falar, etc. Também as ações das personagens podem indicar características do seu modo de ser.

O **espaço** pode ser caracterizado pela descrição das cores, dos sons e dos objetos, entre outros elementos que o compõem.

●●● O contexto de produção

1. Leia estas informações sobre o livro *O médico e o monstro*, de Robert Louis Stevenson.

> Dr. Jekyll, a personagem principal da narrativa de Stevenson, é um médico conhecido por todos, mas que guarda um terrível segredo: transforma-se em um frio assassino.
>
> Embora sempre mantenha a aparência respeitável durante o dia, no período da noite sua atitude é igual à de um animal. Transforma-se em Mr. Hyde e age por instinto, sem nenhuma preocupação com os valores que regem a vida em sociedade.
>
> Hyde é descrito como um homem de baixa estatura, palidez mórbida, sorriso desagradável e voz medonha.

O ator Fredic March, no filme *O médico e o monstro*, de 1932.

a) Qual semelhança há entre a personagem desse livro e o menino da crônica?

b) Por que o cronista usou essa comparação para contar a história do menino?

2. Mr. Hyde é uma personagem que assusta pela forma como é descrita. O menino da crônica também é descrito realmente como um monstro? Explique.

> **ANOTE**
>
> Quando um texto faz referência a outro, dizemos que ocorre **intertextualidade**.

3. A crônica "O médico e o monstro" foi originalmente publicada em um jornal e, mais tarde, passou a integrar um livro de crônicas de diversos autores.

a) Quem eram, provavelmente, os leitores da crônica quando ela saiu no jornal?

b) Quem são, provavelmente, os leitores do livro de crônicas?

4. Compare a crônica com outros textos jornalísticos, por exemplo, as notícias.

a) Em relação aos assuntos tratados.

b) Em relação à linguagem.

> **ANOTE**
>
> Em geral, as **crônicas** são originalmente publicadas em jornais e revistas, normalmente em páginas fixas.
>
> Para dar um caráter mais permanente a suas crônicas, alguns cronistas reúnem seus melhores textos e os publicam em livros.

UM CLÁSSICO UNIVERSAL

O médico e o monstro é o título de um dos clássicos da literatura mundial. Escrita por Robert Louis Stevenson em 1886, a história se baseia em fatos verídicos: um habitante de Edimburgo, na Escócia, chamado William Brodie, era um respeitado marceneiro durante o dia e, à noite, roubava as casas dos moradores da cidade.

O romance se passa em Londres, no final do século XIX. Naquela época, essa cidade já possuía milhares de habitantes, a maioria constituída por pessoas muito pobres.

Robert Louis Stevenson. *O médico e o monstro*. São Paulo: Editora Ática, 2002.

●●● A linguagem do texto

1. A crônica de Paulo Mendes Campos apresenta um desdobramento inesperado das ações das personagens. A partir de que expressão do texto podemos perceber isto?

2. Releia.

> "O copo é levado com energia aos seus lábios, a beberagem é provada com uma careta."

   Que sentimento do menino em relação à ordem da mãe esse trecho manifesta? Quais palavras indicam esse sentimento?

3. Copie do texto os adjetivos e as locuções adjetivas que caracterizam o espaço depois da transformação do menino.

4. Qual a importância dos adjetivos na descrição do espaço?

> Os **adjetivos** e as **locuções adjetivas** têm uma função importante nas descrições, pois eles informam características de personagens ou espaços.

5. Releia.

> "Ao passar zunindo pela sala, o pincenê e o avental são atirados sobre o tapete com um gesto desabrido. Do antigo médico resta um lindo bigode azul. De máscara preta e espada, Mr. Hyde penetra no quarto, onde a doce enfermeira continua a brincar, e desfaz com uma espadeirada todo o consultório: microscópio, estetoscópio, remédios, seringa, termômetro, tesoura, gaze, esparadrapo, bonecas, tudo se derrama pelo chão. A enfermeira dá um grito de horror e começa a chorar nervosamente."

   a) A irmã é a *doce* enfermeira. Por que ela tem esse adjetivo?

   b) Copie os verbos que indicam as ações do menino e os que indicam as ações da menina.

   c) O que esses verbos indicam sobre as características das duas personagens nesse momento da narrativa?

6. Que palavra anuncia a volta à normalidade da personagem?

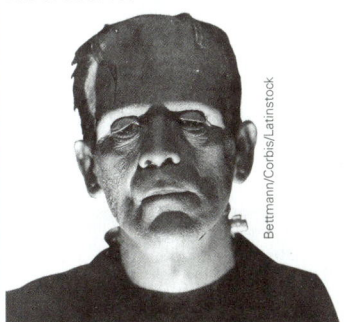
O espaço do brincar

Você leu uma crônica que trata do cotidiano de uma família. O texto apresenta uma situação de liberdade para as crianças brincarem.

Discuta com seus colegas e o professor as questões a seguir.

I. Como a brincadeira pode contribuir para a integração entre as pessoas?

II. Qual é o espaço que a escola reserva para que os alunos possam brincar?

III. Que tipos de brincadeira são realizados nas escolas?

IV. Faça uma lista de brincadeiras e jogos que ajudam a integração entre as pessoas.

V. A brincadeira pode contribuir para o desenvolvimento social das crianças e dos jovens? Por quê?

Guilherme Vianna/ID/BR

Crônica

Você viu neste capítulo que os adjetivos e as locuções adjetivas são importantes na descrição de personagens e espaços.

- Copie o trecho a seguir e complete-o com informações que caracterizem as personagens. Lembre-se de que a identificação das cores, dos sons e dos formatos pode ajudar na criação da personagem.

> Meu colega Paulão parecia o mais feliz de todos do grupo. Sua camiseta ★ e seus tênis ★ lhe davam um aspecto de menino mais velho. Já o Ricardo, com seus cabelos ★ e ★, era o mascote da turma. Carlos, com seus óculos ★, nem sempre ficava feliz na posição ★, com medo de levar uma bolada.

●●● Proposta

Você vai criar uma crônica para ser lida em classe e, caso seja escolhida, publicada no jornal da escola.

O ponto de partida serão as imagens a seguir. Observe-as com atenção e tente se lembrar de alguma cena cotidiana que você viveu ou presenciou.

Hamburgo (Alemanha), cerca de 2000.

São Caetano do Sul, cerca de 2008.

Professora e alunos em sala de aula.

●●● Planejamento e elaboração do texto

1. Antes de começar a escrever, planeje seu texto.
   a) Lembre-se de que as crônicas baseiam-se em acontecimentos reais, mas devem apresentar a visão particular que o cronista tem deles.
   b) Com isso em mente e pensando que seus leitores serão os colegas da classe e, possivelmente, os leitores do jornal da escola, defina a situação que será apresentada na crônica.
   c) Planeje o espaço, o tempo e as personagens.

d) Caracterize a personagem.

- Imagine quem ela é. Você pode apresentar as características dela e dar informações sobre alguns dos objetos que fazem parte de seu mundo.

  As ações também podem caracterizar as personagens.

e) Caracterize o espaço.

- O espaço pode sofrer modificações durante o desenvolvimento da narrativa, como ocorreu na crônica "O médico e o monstro".
- Como o espaço será apresentado em sua crônica?
- Onde se passa a ação? Você pode descrever o lugar, os sons, as cores, os objetos.

2. Sua crônica deverá retratar uma situação cotidiana.

a) A situação será apresentada ao leitor: com humor, de maneira poética ou crítica?

b) O foco narrativo será em primeira ou em terceira pessoa?

3. Produza a crônica e dê um título a ela.

●●● Avaliação e reescrita do texto

1. Forme dupla com um colega de sua classe que tenha escolhido a mesma foto para fazer a crônica.

2. Leia a crônica de seu colega e compare-a com a sua, com base nos seguintes elementos:

a) Informações retiradas das fotografias.

b) A forma como estão organizados os elementos da narrativa: personagens, espaço, narrador, enredo.

3. Observe os aspectos a seguir. Eles servirão de referência para a avaliação do texto de seu colega.

a) A crônica retrata um fato do cotidiano?

b) As personagens são descritas com detalhes?

c) Os adjetivos e as locuções adjetivas ajudam a caracterizar a personagem e o espaço?

d) As ações contribuem para caracterizar as personagens?

e) É possível identificar a intenção do autor: criticar, apresentar um fato com humor, de maneira poética, etc.?

4. Escreva um comentário para seu colega com base no que você observou durante a leitura. Seu colega fará o mesmo com seu texto.

5. Depois de ler o comentário, faça as modificações em seu texto que considerar necessárias.

6. Faça uma ilustração (desenho ou colagem) que corresponda a alguma cena importante de sua crônica.

7. Em um dia combinado com o professor, os alunos lerão suas crônicas para a classe.

8. Em seguida, a classe escolherá três crônicas que serão enviadas para o jornal da escola.

Verbo: revisão

●●● Flexões verbais

1. Releia um trecho da crônica "O médico e o monstro".

> "O médico **segura** o microscópio, **focaliza-o** dentro da boca de Rosinha, **pede** uma colher, **manda** a paciente dizer aaá. Rosinha diz aaá pelos lábios da enfermeira. O médico **apanha** o pincenê, que escorreu de seu nariz, **rabisca** uma receita, enquanto a enfermeira continua:
>
> – O senhor pode dar injeção que eu faço ela tomar de qualquer jeito, porque é claro que se ela não quiser, né, vai ficar muito magrinha que até o vento carrega.
>
> O médico, no entanto, **prefere** enrolar uma gaze em torno do pescoço da boneca, **diagnosticando**:
>
> – Mordida de leão."

a) O que as palavras em destaque indicam sobre o menino-médico?

b) A que classe gramatical elas pertencem?

c) Que outras palavras do texto pertencem à mesma classe gramatical?

Verbos são as palavras de uma oração que indicam **estado**, **ação** ou **fenômeno em determinado tempo**: passado, presente ou futuro. Por pertencerem a uma classe de palavras variáveis, os verbos sofrem modificações em relação ao tempo, ao modo, ao número e à pessoa do discurso, de acordo com a necessidade do falante no ato da comunicação.

Ao se ligarem a substantivos ou a pronomes pessoais, os verbos estabelecem uma relação de concordância de número e pessoa. Dessa forma, apresentam variação de número, singular ou plural, e de pessoa, podendo estar em umas das três pessoas do discurso. Essas modificações são chamadas de **flexões**.

Relembre as flexões verbais.

I. Modo	Indicativo	Subjuntivo
II. Tempo	Presente Pretérito perfeito Pretérito imperfeito Pretérito mais-que-perfeito Futuro do presente Futuro do pretérito	Presente Pretérito imperfeito Futuro
III. Número	Singular e plural	
IV. Pessoa	1ª: quem fala 2ª: com quem se fala 3ª: de quem se fala	

ID/BR

ANOTE

Quando o verbo sofre modificações, diz-se que foi conjugado. Assim, a **conjugação verbal** é a forma flexionada do verbo.

●●● Modos verbais

Indicativo

1. Leia a tira.

Calvin e Haroldo, de Bill Watterson.

a) Qual fato deixou Calvin tão impressionado? Por quê?

b) Os verbos *morrer*, *haver* e *ter* presentes na tira estão conjugados em que modo verbal?

Várias são as maneiras de se apresentar um fato; porém, dependendo da intenção de quem fala, opta-se por um modo verbal.

O **indicativo** é o modo verbal da certeza, usado quando se quer expressar algo que seguramente acontece, aconteceu ou acontecerá.

Veja como o modo **indicativo** pode ser flexionado.

- **Presente**: indica que a ação verbal ocorre no momento da fala. Indica também fatos habituais e verdades incontestáveis.

  Ex.: Algumas pessoas nunca *têm* o suficiente para comer.

  O carteiro *entrega* as cartas às quartas-feiras em casa.

  A Terra *gira* em torno do Sol.

- **Pretérito perfeito**: expressa, no momento da fala, uma ação concluída no passado.

  Ex.: Algumas pessoas nunca *tiveram* o suficiente para comer.

- **Pretérito imperfeito:** indica uma ação ocorrida repetidas vezes, habitual ou com um tempo de duração indeterminado no passado.

  Ex.: Algumas pessoas não *tinham* o suficiente para comer antigamente.

- **Pretérito mais-que-perfeito:** exprime uma ideia de ação ocorrida no passado, mas anterior a outra ação também já passada.

  Ex.: Antes daquele inverno, o pobre homem nunca *tivera* o suficiente para comer.

- **Futuro do presente:** indica algo que ainda acontecerá em relação ao momento atual.

  Ex.: Algumas pessoas nunca *terão* o suficiente para comer.

- **Futuro do pretérito:** exprime uma ideia de ação que aconteceria, com certeza, desde que outra ação se realizasse.

  Ex.: As pessoas *teriam* o suficiente para comer se houvesse emprego para todos.

Subjuntivo

Leia um trecho de uma crônica e observe o modo em que os verbos foram empregados.

Paisagens

Se eu pudesse levar comigo uma paisagem, se pudesse congelá-la e guardá-la, se pudesse tê-la eternamente, e revê-la sempre que quisesse, quando fosse para uma ilha deserta ou para outro mundo, não levaria uma – mas duas. Copacabana de manhã e Ipanema à tarde.

Copacabana de manhã.

Não a qualquer hora da manhã, mas às oito em ponto. Não em qualquer lugar, e sim na Avenida Atlântica, no Posto Seis. Mas pode ser em qualquer época do ano, não importa.

[...]

Heloisa Seixas. Disponível em: <http://www.almacarioca.net>. Acesso em: 12 jul. 2011.

A construção do primeiro parágrafo foi feita com a ideia de condição. A forma verbal *pudesse* está no modo subjuntivo, pois indica uma suposição, e não uma certeza do narrador.

2. Qual condição está expressa no texto para que o narrador leve Copacabana e Ipanema para uma ilha deserta?

> **ANOTE**
>
> O **subjuntivo** indica que algo está subordinado a certa condição. Esse modo verbal é usado quando se quer dar o sentido de incerteza ou de possibilidade de um fato vir a se concretizar.

Veja como o modo **subjuntivo** pode ser flexionado.

- **Presente:** expressa um desejo ou um acontecimento provável, porém incerto. É empregado, normalmente, depois de expressões como *é possível que*, *talvez*, *tomara que*, *convém que*, etc.

  Ex.: É importante que eu *leve* comigo a paisagem.

  Talvez eu a *congele*.

  Tomara que eu a *tenha* eternamente.

  Convém que eu *reveja* a paisagem sempre que quiser.

- **Pretérito imperfeito:** indica um fato que poderia ter acontecido mediante certa condição. É acompanhado da palavra *se*.

  Ex.: Se eu *pudesse* levar a paisagem comigo, seria mais feliz.

- **Futuro:** exprime um fato possível de realizar. É acompanhado das palavras *se* ou *quando*.

  Ex.: Quando eu *puder* levar a paisagem comigo, realizarei meu sonho.

> **ANOTE**
>
> Normalmente, o modo subjuntivo vem acompanhado do modo indicativo. Os verbos da oração devem manter correlação temporal, isto é, os tempos verbais devem estar relacionados.
>
> Ex.: Se eu *pudesse* dizer, com certeza tu *irias* entender.
>
> O verbo *poder* encontra-se no **pretérito imperfeito do subjuntivo** e o verbo *ir*, no **futuro do pretérito do indicativo**, mantendo a correlação temporal.

Formas nominais

3. Leia a tira.

Charlie Brown, de Charles Schulz.

a) Que sentido tem a palavra *indo* do primeiro quadrinho?

b) Observe o sentido da mesma palavra no último quadrinho. Pode-se dizer que o sentido é o mesmo? Explique sua resposta.

Há verbos na língua portuguesa que não são flexionados em modo e tempo e também não se referem a uma pessoa específica do discurso. Isso acontece com as formas verbais *indo, pregar, serrar e considerando*. A primeira forma verbal indica que a ação está acontecendo; *pregar* e *serrar* representam ações não realizadas mas que podem vir a ser. Essas formas verbais recebem o nome de **formas nominais**.

São formas nominais o infinitivo, o gerúndio e o particípio.

- **Infinitivo**: apresenta processo verbal em potência. Expressa ideia de ação.

  Ex.: "Sou um péssimo carpinteiro, não consigo *pregar*, não consigo *serrar* [...]"

- **Gerúndio**: assemelha-se a um advérbio e pode, também, indicar uma ação contínua, algo que ainda ocorre.

  Ex.: "Então, *considerando* tudo, está *indo* bem [...]"

- **Particípio**: apresenta o resultado do processo verbal. Tem as características do verbo e as do adjetivo.

  Ex.: *Finalizadas* as provas, os candidatos poderão se retirar.

Podemos reconhecer as formas nominais por suas terminações.

- **Infinitivo**: verbo terminado em **-r**.

  Ex.: usa**r**, te**r**, feri**r**.

- **Particípio**: verbo terminado em **-ado**, **-ido**.

  Ex.: us**ado**, t**ido**, feri**do**.

- **Gerúndio**: verbo terminado em **-ndo**.

  Ex.: usa**ndo**, te**ndo**, feri**ndo**.

O **infinitivo**, o **gerúndio** e o **particípio** também podem expressar uma circunstância de modo, tempo, causa, finalidade, condição, etc. Nesses casos, o contexto da frase determina o sentido que está presente naquela forma nominal.

Leia a frase.

O rapaz aprendeu a escrever **lendo** os escritores clássicos.

Na frase, o gerúndio *lendo* transmite uma ideia do modo como o rapaz aprendeu a escrever.

1. Leia o texto a seguir.

COMO PREVER A MUDANÇA DO TEMPO

Sattu/Editora Abril

ESQUECEU DE CHECAR A PREVISÃO DO TEMPO E NÃO QUER ENTRAR NUMA FRIA? CONHEÇA ALGUMAS DICAS QUE A PRÓPRIA NATUREZA DÁ PARA VOCÊ NÃO PASSAR APERTO.

Olhe para o céu

Cirrus: Nuvens com um aspecto delicado e de cor branca brilhante são os primeiros sinais de que o tempo está esfriando. Normalmente, essa mudança acontecerá nas próximas 24 horas.

Cumulus: São as nuvens com formato de couve-flor, compostas de elementos muito pequenos em forma de grânulos. Quando estão bem grandes, lá no alto, e separadas, são sinônimo de bom tempo.

Stratus: Muito baixas, elas normalmente formam um véu transparente, fino e esbranquiçado, sem ocultar completamente o Sol. Elas são o início do mau tempo. Pode pegar o guarda-chuva.

Nimbus: A palavra significa "nuvem sombria". Não precisa ser especialista para saber que vem pancadaria pela frente. Não perca tempo, a mudança desse estágio para o próximo é bem rápida.

Revista *Superinteressante*. São Paulo: Abril, n. 242, ago. 2007. p. 98.

a) O texto que você leu faz parte de uma seção da revista *Superinteressante* chamada "Supermanual". Qual é a função de um manual?

b) Qual é o assunto principal tratado no texto?

2. Releia o trecho a seguir.

"Nuvens com um aspecto delicado e de cor branca brilhante são os primeiros sinais de que o tempo está esfriando."

a) Baseando-se nessa informação, o que acontecerá em relação ao tempo?

b) Que classe gramatical indica esse acontecimento?

c) Em que momento esse fato ocorre?

3. Responda às questões.

a) Quando virmos grandes *cumulus* bem separados no alto do céu, que certeza teremos em relação ao tempo?

b) Que forma verbal nos dá essa certeza?

c) Em que tempo e modo ela se encontra?

d) Por que esse modo foi usado nesse texto?

4. Releia.

"Esqueceu de checar a previsão do tempo e não quer entrar numa fria?"

a) O verbo *entrar* foi empregado em um contexto de linguagem formal ou informal? Justifique sua resposta.

b) O que quer dizer a expressão *entrar numa fria*?

5. Reescreva as frases, conjugando os verbos entre parênteses no modo subjuntivo. Não se esqueça de manter a correlação temporal entre os verbos de uma mesma frase.

a) É bom que nós ★ (acertar) o caminho de volta para casa.

Seria bom que nós ★ (acertar) o caminho de volta para casa.

b) Se meus colegas me ★ (visitar), pedirei a mamãe que faça um bolo.

Se meus colegas me ★ (visitar), pediria a mamãe que fizesse um bolo.

c) Quando você ★ (precisar) de dinheiro, irei ao banco.

Se você ★ (precisar) de dinheiro, iria ao banco.

d) É importante que eu ★ (fazer) a arrumação do quarto.

Seria bom se eu ★ (fazer) a arrumação do quarto.

e) Se ele ★ (ter) tempo livre, com certeza viajará para a praia.

Se ele ★ (ter) tempo livre, com certeza viajaria para a praia.

6. Leia, com atenção, os fragmentos a seguir.

> **Havia** um menino diferente dos outros meninos: **tinha** o olho direito preto, o esquerdo azul e a cabeça pelada. Os vizinhos **mangavam** dele e **gritavam**:
>
> – Ó pelado!
>
> [...]
>
> – **Era** melhor que me **deixassem** quieto, **disse** Raimundo, baixinho. **Encolheu**-se e **fechou** o olho direito. [...]
>
> Graciliano Ramos. *Alexandre e outros heróis*. 44. ed. Rio de Janeiro: Record, 2003.

> No dia seguinte Menino de Asas **retornou** da escola tão triste que se esquecera de fazer uso das asas. **Caminhava** desajeitadamente na areia quente, como um pássaro esquisito.
>
> **Contou** que nenhuma criança comparecera à aula. Ficara sozinho na classe, alisando com a ponta das asas os bancos solitários.
>
> Homero Homem. *Menino de asas*. 28. ed. São Paulo: Ática, 1997.

a) O que as duas personagens têm em comum?

b) Como se sentiam os meninos em seu convívio com os colegas?

c) Em que tempo os verbos destacados dos dois textos estão conjugados?

d) Justifique o uso desses tempos verbais.

e) Como ficariam os dois fragmentos se a história fosse narrada no tempo presente? Reescreva os textos, prestando atenção à correlação temporal entre as orações.

7. Releia.

> "Ficara sozinho na classe, **alisando** com a ponta das asas os bancos solitários."

a) O verbo destacado está no gerúndio. Que efeito de sentido ele provoca na frase?

b) Pode-se afirmar que o verbo *alisando* tem valor de advérbio? Explique.

Ilustrações: Andréa Vilela/ID/BR

O uso dos tempos verbais na fala e na escrita

1. Leia, ao lado, as manchetes da capa do periódico pernambucano *Jornal do Commercio*, da edição do dia 16 de janeiro de 2009. Apesar de tratarem de assuntos diferentes, elas apresentam certas semelhanças na forma como estão organizadas. Quais são elas?

Jornal do Commercio,
Recife, 16 jan. 2009.

2. Observe.

> "Estado **anuncia** uma cidade para a Copa"
>
> "Restrições para troca de plano de saúde **recebem** críticas"

a) Qual é o tempo verbal usado nas manchetes?

b) Esse tempo verbal corresponde ao momento exato em que essas ações ocorreram? Justifique sua resposta.

3. À manchete "Lei seca está de volta aos estádios" corresponde uma notícia do caderno de Esportes cujo primeiro parágrafo é o seguinte.

> O juiz Ailton de Souza, do Juizado Especial do Torcedor, proibiu, ontem à tarde, a venda de bebidas alcoólicas nos estádios do Estado que recebem jogos do Campeonato Pernambucano.
>
> *Jornal do Commercio*, Recife, 16 jan. 2009.

a) Qual é o tempo verbal utilizado na primeira linha desse trecho?

b) Além do verbo, que expressão indica o momento de ocorrência do fato noticiado?

c) Na sua opinião, por que o leitor de jornal não estranha a convivência entre verbos no presente e no passado nas notícias e reportagens que lê?

4. Reveja a capa do jornal.

a) Em seu caderno, reproduza duas manchetes, que aparecem na capa desse jornal, empregando os verbos no pretérito perfeito.

b) Suponha que um jornal com essas manchetes estivesse nas bancas. Que novos sentidos poderiam ser acrescentados às notícias com o uso desse tempo verbal?

5. Leia.

> ### Bancos fecham no dia 7 e só reabrem na Quarta-Feira de Cinzas
>
> [...]
>
> A Federação Brasileira de Bancos (Febraban) comunicou nesta terça-feira, 1, ao mercado financeiro que as agências bancárias estarão fechadas nos dias 7 e 8 da semana que vem, por causa do carnaval. A exemplo de anos anteriores, as agências só abrirão para atendimento público ao meio-dia da Quarta-Feira de Cinzas, 9.
>
> Disponível em: <http://www.opovo.com.br>. Acesso em: 5 set. 2011.

a) Qual é o tempo dos verbos *fecham* e *reabrem* no título da notícia?

b) Esse tempo corresponde ao momento da ocorrência da ação?

c) Por que os verbos no título estão conjugados nesse tempo mesmo se referindo a um acontecimento futuro?

Segundo a norma-padrão da língua, a conjugação dos tempos verbais concorda com o momento em que a ação ocorre. No entanto, as manchetes dos jornais e revistas frequentemente usam o **tempo presente** para fazer referência a um passado próximo ou a um futuro esperado, certo. Trata-se de uma estratégia para reforçar o caráter de novidade, de atualidade, que se associa às notícias.

6. Leia a tira abaixo.

Calvin e Haroldo, de Bill Watterson.

a) Qual é a frase que informa ao leitor o motivo do estranhamento da Senhorita Wormwood?

b) Por que ela se irrita com a hipótese de Calvin ter ido ao banheiro?

c) É possível que Calvin consiga entrar em cena sem atraso?

7. Observe.

> "Ele *entra* no palco logo após você!"
>
> "Ele *entra* em dois minutos!"

a) Qual é o tempo do verbo *entrar* nas falas destacadas?

b) Esse tempo corresponde ao momento de ocorrência da ação?

Na fala, é frequente o emprego de verbos conjugados no **presente** para expressar **ideia de futuro**. Ex.: "Vejo você amanhã". Em geral, eles anunciam acontecimentos próximos e sobre os quais se deseja expressar certeza.

Crônica

João Ubaldo Ribeiro (1941-2014), escritor e cronista baiano. Fotografia de 2008, Rio de Janeiro.

O texto a seguir foi publicado por João Ubaldo Ribeiro no jornal *O Globo* em um domingo de 1998. Mais tarde, em 2000, passou a fazer parte do conjunto de crônicas reunidas no livro *O conselheiro come*.

Esta crônica relata como era o vestibular na Bahia de antigamente. Por um lado, o narrador revela o temor que ele e os outros estudantes sentiam ao viver essa experiência; por outro, revela como foi sua percepção sobre o vestibular quando se tornou professor.

Entretanto, ao ler o título, percebe-se outro tema presente no texto, a própria língua portuguesa.

O verbo *for*

Vestibular de verdade era no meu tempo. Já estou chegando, ou já cheguei, à altura da vida em que tudo de bom era no meu tempo; meu e dos outros coroas. Acho inadmissível e mesmo chocante (no sentido antigo) um coroa não ser reacionário. Somos uma força histórica de grande valor. Se não agíssemos com o vigor necessário – evidentemente o condizente com a nossa condição provecta –, tudo sairia fora de controle, mais do que já está. O vestibular, é claro, jamais voltará ao que era outrora e talvez até desapareça, mas julgo necessário falar do antigo às novas gerações e lembrá-lo às minhas coevas (ao dicionário outra vez; domingo, dia de exercício).

O vestibular de Direito a que me submeti, na velha Faculdade de Direito da Bahia, tinha só quatro matérias: português, latim, francês ou inglês e sociologia, sendo que esta não constava dos currículos do curso secundário e a gente tinha que se virar por fora. Nada de cruzinhas, múltipla escolha ou matérias que não interessassem diretamente à carreira. Tudo escrito tão ruybarbosianamente quanto possível, com citações decoradas, preferivel-

> Escrever à moda de Ruy Barbosa, escritor brasileiro do século XIX, famoso pela forma erudita e requintada de argumentar.

mente. Os textos em latim eram As *catilinárias* ou a *Eneida*, dos quais até hoje sei o comecinho.

Havia provas escritas e orais. A escrita já dava nervosismo, da oral muitos nunca se recuperaram inteiramente, pela vida afora. Tirava-se o ponto (sorteava-se o assunto) e partia-se para o martírio, insuperável por qualquer esporte radical desta juventude de hoje. A oral de latim era particularmente espetacular, porque se juntava uma multidão, para assistir à *performance* do saudoso mestre de Direito Romano Evandro Baltazar de Silveira. Franzino, sempre de colete e olhar vulpino (dicionário, dicionário), o mestre não perdoava.

– Traduza aí *quousque tandem, Catilina, patientia nostra* – dizia ele ao entanguido vestibulando.

> Do latim: *até que enfim, ó Catilina, a nossa paciência.*

– "Catilina, quanta paciência tens?" – retrucava o infeliz.

Era o bastante para o mestre se levantar, pôr as mãos sobre o estômago, olhar para a plateia como quem pede solidariedade e dar uma carreirinha em direção à porta da sala.

– Ai, minha barriga! – exclamava ele. – Deus, oh Deus, que fiz eu para ouvir tamanha asnice? Que pecados cometi, que ofensas Vos dirigi? Salvai essa alma de alimária. Senhor meu Pai!

Pode-se imaginar o resto do exame. Um amigo meu, que por sinal passou, chegou a enfiar, sem sentir, as unhas nas palmas das mãos, quando o mestre sentiu duas dores de barriga seguidas, na sua prova oral. Comigo, a coisa foi um pouco melhor, eu falava um latinzinho e ele me deu seis, nota do mais alto coturno em seu elenco.

O maior público das provas orais era o que já tinha ouvido falar alguma coisa do candidato e vinha vê-lo "dar um *show*". Eu dei *show* de português e inglês. O de português até que foi moleza, em certo sentido. O professor José Lima, de pé e tomando um cafezinho, me dirigiu as seguintes palavras aladas:

– Dou-lhe dez, se o senhor me disser qual é o sujeito da primeira oração do Hino Nacional!

– As margens plácidas – respondi instantaneamente e o mestre quase deixa cair a xícara.

– Por que não é indeterminado, "ouviram, etc."?

– Porque o "as" de "as margens plácidas" não é craseado. Quem ouviu foram as margens plácidas. É uma anástrofe, entre as muitas que existem no hino. "Nem teme quem te adora a própria morte": sujeito: "quem te adora." Se pusermos na ordem direta...

– Chega! – berrou ele. – Dez! Vá para a glória! A Bahia será sempre a Bahia!

Quis o irônico destino, uns anos mais tarde, que eu fosse professor da Escola de Administração da Universidade Federal da Bahia e me designassem para a banca de português, com prova oral e tudo. Eu tinha fama de professor carrasco, que até hoje considero injustíssima, e ficava muito incomodado com aqueles rapazes e moças pálidos e trêmulos diante de mim. Uma bela vez, chegou um sem o menor sinal de nervosismo, muito elegante, paletó, gravata e abotoaduras vistosas. A prova oral era bestíssima. Mandava-se o candidato ler umas dez linhas em voz alta (sim, porque alguns não sabiam ler) e depois se perguntava o que queria dizer uma palavra trivial ou outra, qual era o plural de outra e assim por diante. Esse mal sabia ler, mas

André Vilela/ID/BR

não perdia a pose. Não acertou a responder nada. Então, eu, carrasco fictício, peguei no texto uma frase em que a palavra "for" tanto podia ser do verbo "ser" quanto do verbo "ir". Pronto, pensei. Se ele distinguir qual é o verbo, considero-o um gênio, dou quatro, ele passa e seja o que Deus quiser.

– Esse "for" aí, que verbo é esse?

Ele considerou a frase longamente, como se eu estivesse pedindo que resolvesse a quadratura do círculo, depois ajeitou as abotoaduras e me encarou sorridente.

– Verbo for.

– Verbo o quê?

– Verbo for.

– Conjugue aí o presente do indicativo desse verbo.

– Eu fonho, tu fões, ele fõe – recitou ele, impávido. – Nós fomos, vós fondes, eles fõem.

Não, dessa vez ele não passou. Mas, se perseverou, deve ter acabado passando e hoje há de estar num posto qualquer do Ministério da Administração ou na equipe econômica, ou ainda aposentado como marajá, ou as três coisas. Vestibular, no meu tempo, era muito mais divertido do que hoje e, nos dias que correm, devidamente diplomado, ele deve estar fondo para quebrar. Fões tu? Com quase toda a certeza, não. Eu tampouco fonho. Mas ele fõe.

João Ubaldo Ribeiro. *O conselheiro come*. Rio de Janeiro: Nova Fronteira, 2000. p. 20-23.

GLOSSÁRIO

Abotoadura: fecho para manga longa de camisa.

Alado: que possui asas; que pode voar.

Alimária: pessoa rude, bruta; animal irracional.

Anástrofe: inversão da ordem natural da oração.

Carreirinha: corrida curta.

Coevo: contemporâneo, aqueles que vivem na mesma época.

Condizente: o que condiz, próprio do que é justo, adequado.

Entanguido: enfezado, encolhido.

Franzino: magro.

Impávido: sem medo.

Perseverar: persistir, continuar tentando.

Provecto: sabido, experiente.

Quadratura do círculo: fórmula matemática que determina a área de um quadrado equivalente à área de um círculo.

Reacionário: que é contrário a inovações.

Trivial: comum.

Vulpino: esperto, traiçoeiro.

Estudo do texto

●●● Para entender o texto

1. Na primeira frase do texto, o narrador faz uma afirmação que sugere sua idade. Copie em seu caderno o trecho que faz essa sugestão e explique por que você o selecionou.

2. Em seguida, ele afirma:

   > "já estou chegando, ou já cheguei, à altura da vida em que tudo de bom era no meu tempo".

   a) Por que o autor valoriza o passado e nega o presente?

   b) A expressão "à altura da vida" parece autorizar o narrador a dizer tudo o que pensa. Comente o significado dessa expressão.

3. O vestibular evoca, na memória do narrador, seu tempo de juventude, o tempo em que o vestibular era de "verdade". Quais são as palavras ou expressões que marcam, no texto, saudade daquela época?

Andréa Vilela/ID/BR

4. Destaque do texto dois trechos que sinalizam que o vestibular do passado era mais difícil que o de hoje.

> Um dos temas que aparecem na crônica é a **lembrança do passado**. O cronista, além de tratar de assuntos do cotidiano, pode trazer elementos da memória, da infância, para compor seu texto.

5. Copie o trecho em que o narrador conta o que fazia os alunos sentirem medo do mestre Evandro Baltazar de Silveira.

6. Observe o seguinte fragmento

   > "– Dou-lhe dez, se o senhor me disser qual é o sujeito da primeira oração do Hino Nacional!
   >
   > – As margens plácidas – respondi instantaneamente e o mestre quase deixa cair a xícara.
   >
   > – Por que não é indeterminado, "ouviram, etc."?
   >
   > – Porque o "as" de "as margens plácidas" não é craseado. Quem ouviu foram as margens plácidas. É uma anástrofe, entre as muitas que existem no hino. "Nem teme quem te adora a própria morte": sujeito: "quem te adora." Se pusermos na ordem direta..."
   >
   > – Chega! – berrou ele. – Dez! Vá para a glória! A Bahia será sempre a Bahia!".

   a) Copie em seu caderno uma passagem em que se pode perceber que o professor acreditava ter feito uma pergunta difícil.

   b) Por que o professor interrompe a resposta do aluno?

   c) O que ele quis dizer com "Dez! Vá para a glória! A Bahia será sempre a Bahia!".

7. Quando era professor, o narrador considerava a prova oral "bestíssima". Por que ele tinha essa opinião?

8. Releia a frase.

> "Então, eu **carrasco fictício**, peguei no texto uma frase em que a palavra 'for' tanto podia ser do verbo 'ser' quanto do verbo 'ir'."

Por que o narrador se qualifica como "carrasco fictício"?

9. A pergunta correspondente ao verbo "for" foi respondida prontamente? Copie em seu caderno a passagem que justifica sua resposta.

10. Observe o trecho.

> "Conjugue aí o presente do indicativo desse verbo."

a) Qual é a palavra indicativa de informalidade na frase?
b) Por que o professor foi mais informal ao fazer a pergunta?

11. No último parágrafo, o narrador se apropria do erro do candidato para promover uma brincadeira com a linguagem.
a) A que expressão corresponde "fondo para quebrar"?
b) Que sentido está implícito na expressão acima citada?

12. Releia o diálogo:

> "– Verbo for.
> – Verbo o quê?
> – Verbo for.
> – Conjugue aí o presente do indicativo desse verbo.
> – Eu fonho, tu fões, ele fõe – recitou ele, impávido. – Nós fomos, vós fondes, eles fõem."

a) O que provoca riso no trecho destacado?
b) Explique o tom irônico usado pelo narrador para descrever o candidato.

13. No último parágrafo da crônica, o narrador apresenta outra característica do vestibular de seu tempo. Que característica é essa?

14. Agora releia o final da crônica.

> "Mas, se perseverou, deve ter acabado passando e hoje há de estar num posto qualquer do Ministério da Administração ou na equipe econômica, ou ainda aposentado como marajá, ou as três coisas."

a) Explique a crítica que está implícita no trecho.
b) Em sua opinião, o final da crônica manteve o humor dado à narrativa?

ANOTE

Um mesmo fato do cotidiano pode ser apresentado pelo cronista com um destaque para os elementos humorísticos, realistas, dramáticos, etc.

Uma **situação final inesperada** é um dos recursos que podem ser usados para enfatizar o humor do texto.

●●● O texto e o leitor

1. Releia.

> "Acho inadmissível e mesmo chocante (no sentido antigo) um coroa não ser reacionário. Somos uma força histórica de grande valor. Se não agíssemos com o vigor necessário – evidentemente o condizente com a nossa condição provecta –, tudo sairia fora de controle, mais do que já está. O vestibular, é claro, jamais voltará ao que era outrora e talvez até desapareça, mas julgo necessário falar do antigo às novas gerações e lembrá-lo às minhas coevas (ao dicionário outra vez; domingo, dia de exercício)."

a) O uso da primeira pessoa do plural *nós* agrupa alguns leitores. Quais são eles?

b) De que forma o uso dessa forma pronominal aproxima o leitor do texto?

ANOTE

Frequentemente a crônica apresenta **situações próximas** ao leitor, fazendo que ele **se identifique com a situação** narrada.

2. Leia o que Ivan Angelo escreveu sobre o gênero crônica na coluna que mantém em uma revista semanal.

> Uma leitora se refere aos textos aqui publicados como "reportagens". Um leitor os chama de "artigos". Um estudante fala deles como "contos". Há os que dizem: "seus comentários". Outros os chamam de "críticas". Para alguns, é "sua coluna".
> Estão errados? Tecnicamente, sim – são crônicas –, mas... Fernando Sabino [...] escreveu que "crônica é tudo que o autor chama de crônica".
> [...]
> A crônica é frágil e íntima, uma relação pessoal. Como se fosse escrita para um leitor, como se só com ele o narrador pudesse se expor tanto. Conversam sobre o momento, cúmplices: nós vimos isto, não é, leitor?, vivemos isto, não é?, sentimos isto, não é? O narrador da crônica procura sensibilidades irmãs. [...]
>
> Ivan Angelo. Sobre a crônica. Revista *Veja São Paulo*, São Paulo: Abril, 25 abr. 2007.

a) Como Ivan Angelo explica a dificuldade dos leitores em reconhecer uma crônica?

b) Entre os gêneros mencionados – reportagem, artigo, conto, crítica –, de qual a crônica "O verbo *for*" mais se aproxima? Por quê?

c) O texto "O verbo *for*" confirma a ideia de que o narrador de uma crônica procura em seu leitor um cúmplice? Explique.

ANOTE

O fato de as crônicas serem publicadas sempre na mesma página do jornal ou da revista faz com que o leitor tenha uma sensação de **convívio** diário ou semanal com o autor.

LITERATURA OU JORNALISMO?

A crônica pode ser considerada uma soma de literatura e jornalismo. Ela é jornalística porque pode partir de um fato real e se destina a ser publicada em jornal ou revista; e é literária porque apresenta uma percepção pessoal desse fato e utiliza recursos de linguagem característicos de romances, contos e outros textos literários.

Quanto à forma, as crônicas são muito variadas: existem desde aquelas em que se conta uma pequena história e que, por isso, se aproximam dos contos, até aquelas em que o cronista apresenta sua visão crítica da realidade e que se parecem com artigos de opinião.

COTIDIANO

"Uma das funções da crônica é interferir no cotidiano. Claro que essas que interferem mais cruamente em assuntos momentosos tendem a perder sua atualidade quando publicadas em livro. Não tem importância. O cronista é crônico, ligado ao tempo, deve estar encharcado, doente de seu tempo e ao mesmo tempo pairar acima dele."

Affonso Romano de Sant'Anna. O cronista é um escritor crônico. *O Globo*, Rio de Janeiro, 12 jun. 1988.

Paulo Jares/ Editora Abril

Fotografia de 1993, Rio de Janeiro.

●●● Comparação entre os textos

1. A palavra crônica se origina do termo grego *krónos*, que significa "tempo". De que forma o assunto de "O médico e o monstro" e de "O verbo *for*" indica sua vinculação ao tempo presente?

2. Os dois textos usam a descrição como um elemento da construção da narrativa. Qual a função da descrição em cada uma das crônicas?

3. De acordo com Ivan Angelo, há características que favorecem e outras que desfavorecem a criação de uma boa crônica.

> Elementos que não funcionam na crônica: grandiloquência, sectarismo, enrolação, arrogância, prolixidade.
>
> Elementos que funcionam: humor, intimidade, lirismo, surpresa, estilo, elegância, solidariedade.
>
> Ivan Angelo. Sobre a crônica. Revista *Veja São Paulo*. São Paulo: Abril, 25 abr. 2007.

a) Procure no dicionário as palavras do texto acima que você desconhece e registre seu significado no caderno.

b) Quais dessas características você considera presentes no texto "O médico e o monstro"?

c) E no texto "O verbo *for*"?

ANOTE

Os fatos narrados nas crônicas não são necessariamente reais. Podem ter sido apenas imaginados, podem conter uma parte de realidade e uma de ficção, podem ter acontecido a uma outra pessoa, e não ao cronista. No entanto, vários fatores contribuem para que eles tenham ao menos uma **aparência de realidade**.

- O uso frequente (apesar de não obrigatório) da primeira pessoa.
- O tom de aparente conversa descompromissada.

●●● Sua opinião

1. Os cronistas podem escrever destacando o humor de uma cena, fazendo a crítica de uma situação social, revelando a poesia de um gesto, propondo reflexão sobre um fato que passa despercebido na correria urbana, apontando novas formas de observar lugares e ações que são velhos conhecidos. Você leu duas crônicas de estilos diferentes. De qual você gostou mais? Por quê?

Lembranças

O texto que você leu apresenta um narrador comentando sua vida escolar. As lembranças positivas devem ser rememoradas para que o passado faça sentido, revelando que contribuições recebemos de nossos pais, avós, professores, amigos e familiares.

Converse com seus colegas e o professor sobre as seguintes questões:

I. Quais foram as pessoas importantes em sua formação?

II. Como elas o influenciaram positivamente?

III. Que boas lembranças elas deixaram?

IV. O que você aprendeu com elas que gostaria de transmitir a outras pessoas?

Andréa Vilela/ID/BR

Crônica

AQUECIMENTO

Neste capítulo, nas duas crônicas lidas, você viu que a descrição é um elemento importante para a caracterização.

- A seguir, leia um trecho de uma crônica escrita por um dos maiores cronistas brasileiros, Rubem Braga. Algumas palavras foram retiradas do parágrafo.

- Copie o trecho e, complete-o com palavras que descrevam a cena em detalhes.

> O céu está ★, não há nenhuma nuvem ★. O avião, entretanto, começa a dar saltos, e temos de pôr os cintos para evitar uma cabeçada na ★. Olho pela janela: é que estamos sobrevoando de perto um ★ de montanhas. As montanhas são ★, cobertas de ★; no verde-escuro há manchas de ★ de palmeiras, algum ★ de ipê, alguma prata de embaúba – e de súbito uma cidade ★ e um rio ★. [...]

Rubem Braga. Neide. Em: Fernando Sabino e outros. *Crônicas 2*. São Paulo: Ática, 2004. p. 33-35 (Coleção Para Gostar de Ler).

●●● Proposta

Além dos pequenos fatos do cotidiano, também o noticiário jornalístico que trata dos acontecimentos do dia a dia serve como inspiração aos cronistas.

Você vai escrever uma crônica com base na notícia reproduzida abaixo. Depois que os textos da classe estiverem prontos, vocês escolherão dois para enviar a um jornal do bairro ou da cidade.

PMA recolhe onça-parda atropelada na BR-262

Policiais Militares Ambientais de Três Lagoas (MS) receberam informações hoje pela manhã, que haveria uma onça-parda adulta que acabara de ser atropelada, na altura do quilômetro 22, da BR 262. [...] A onça-parda é uma espécie que está na lista de animais em extinção.

Os policiais militares ambientais recolheram o animal, que pesa aproximadamente 50 kg, e vão encaminhá-lo às 14h para Campo Grande, aproveitando uma viatura que deslocará até a sede em Campo Grande. Amanhã, pela manhã, ele será limpo e depois taxidermizado (empalhado) para utilização nos trabalhos de Educação Ambiental da Polícia Militar Ambiental.

Três Lagoas, MS, 2001.

Próximo ao local onde o animal foi atropelado existem algumas reservas legais de propriedades rurais, que eram provavelmente o seu local de refúgio. Segundo a PMA, a espécie possui território muito grande. A onça-parda, puma, ou suçuarana é encontrada em todas as Américas, desde o Canadá, ao extremo sul da América do Sul. Vive em torno de 15 anos e em alguns locais pode atingir até 100 quilos. É um animal solitário e prefere viver em lugares de difícil acesso – florestas, desertos e montanhas. Geralmente caça ao entardecer.

Em Mato Grosso do Sul a onça tem sido caçada principalmente por ter uma característica de matar animais para ensinar os filhotes a caçar. Ou seja, acaba matando além do que precisa para comer. Isto faz com que as pessoas sacrifiquem o animal e os filhotes sejam encaminhados ao CRAS – Centro de Reabilitação de Animais Silvestres.

Disponível em: <http://www.correiodoestado.com.br>. Acesso em: 16 jul. 2014.

●●● Planejamento e elaboração do texto

Antes de escrever seu texto, é importante planejá-lo. Os itens a seguir podem ajudá-lo a organizar as ideias.

1. Releia a notícia.
   a) Destaque os aspectos que mais lhe chamaram a atenção. Lembre-se de que, muitas vezes, o ponto de partida do cronista para escrever sua crônica é um detalhe de uma notícia, uma informação secundária.
   b) Quais são as informações da notícia que você usará em seu texto: o fato, a personagem, as ações da personagem?

2. O que você acrescentará, em sua crônica, ao que foi publicado na notícia?
   a) Que aspecto do cotidiano você pretende ressaltar em seu texto?
   b) Quais fatos serão narrados?
   c) Quem são as personagens que farão parte da crônica?
   d) O texto será narrado em primeira ou em terceira pessoa?

3. Escreva sua crônica. Lembre-se de que o cronista mostra seu jeito particular de olhar a realidade. Assim, você pode tratar do assunto de sua crônica de maneira humorística, ou crítica, ou realista, ou poética, etc.

●●● Avaliação e reescrita do texto

1. Junte-se a dois colegas. Leia sua crônica para eles e ouça a leitura que eles farão de seus textos.

2. Comentem cada texto com base nos itens a seguir.
   a) A crônica apresenta elementos da notícia?
   b) A crônica destaca algum aspecto do cotidiano? Qual?
   c) Ela apresenta um espaço familiar ao leitor ou um tom de conversa que o aproxima do texto?
   d) Está claro o que a crônica pretende: divertir, criticar, emocionar?

3. Avalie os comentários dos colegas e reescreva seu texto fazendo as modificações que considerar necessárias.

4. Forme um novo grupo, juntando-se a quatro colegas. Selecionem uma única crônica para enviar a um jornal do bairro ou da cidade.

5. Com a orientação do professor, um aluno pode ficar encarregado de recolher as crônicas selecionadas e encaminhá-las ao jornal.

6. Sugere-se que esse aluno procure saber quem é o editor responsável pela parte de cultura do jornal e envie a ele um *e-mail* explicando como e por quem foram escritos os textos e solicitando sua publicação.

> **Dicas para selecionar as crônicas**
> - Cada componente do grupo de cinco alunos lê sua crônica para os demais.
>   Após cada leitura, os colegas levantam os aspectos mais marcantes do texto, como a originalidade, a construção do humor, os recursos usados para aproximar o leitor do texto, a adequação da linguagem a seu público, entre outros.
> - O grupo elege uma crônica para ser enviada ao jornal e a lê para a classe.
> - Finalmente, a classe seleciona, entre as crônicas de todos os grupos, três ou quatro para serem enviadas ao jornal.

Advérbio

1. Leia a notícia a seguir.

> ## Onça é flagrada em rua de Campos do Jordão
>
> *Animal estava no bairro do Capivari durante a madrugada.*
>
> *Onça não foi vista novamente em cidade paulista.*
>
> Uma onça foi flagrada caminhando no meio de uma rua de Campos do Jordão, a 181 km de São Paulo, no início de agosto. As imagens foram divulgadas pela polícia nesta semana e exibidas no Jornal Hoje nesta sexta-feira (19).
>
> As câmeras da polícia flagraram o animal andando pelo bairro do Capivari, um dos mais movimentados da cidade, durante a madrugada. Por causa do horário, a rua estava deserta e a onça passou sem problemas. Segundo a polícia, o animal não foi mais visto na cidade.
>
> Disponível em: <http://g1.globo.com>. Acesso em: 16 jul. 2014.

Andréa Vilela/Id/BR

a) Qual fato inusitado está sendo contado na notícia?

b) Copie no caderno uma palavra do título em que se apresenta a surpresa quanto ao fato.

2. Copie do texto as palavras e expressões que dão ideia de tempo.

3. Há no texto expressões que indicam lugar. Quais?

4. Que expressão presente no texto indica como foi a passagem da onça pela cidade?

As palavras e expressões que você destacou nos exercícios acima indicam as circunstâncias em que ocorreram as ações expressas pelo verbo. Ou seja, elas indicam *quando*, *onde* e *como* essas ações aconteceram.

ANOTE

As palavras que **modificam um verbo**, indicando as circunstâncias em que ocorre a ação expressa por ele, são chamadas de **advérbios**. Os advérbios também podem modificar adjetivos ou outros advérbios.

Leia a notícia a seguir.

> ## Árvore de Natal do Ibirapuera terá painel interativo
>
> Visitar a árvore de Natal do Ibirapuera, na zona sul de São Paulo, é um programa para muitas famílias em dezembro. Este ano, além de apreciar o maior enfeite da cidade, os paulistanos poderão interagir com ele. Aos pés da árvore será montado um painel eletrônico para veicular as mensagens mais bonitas deixadas em uma urna no parque. [...]
>
> Camilla Rigi. *O Estado de S.Paulo*, 10 nov. 2007.

Sérgio Castro/AE

Árvore de Natal no Parque do Ibirapuera, São Paulo, 2007.

Observe que nessa notícia algumas expressões indicam as circunstâncias em que ocorre o fato. *Em dezembro* e *este ano* indicam quando as ações ocorrem. *Na zona sul de São Paulo*, *aos pés da árvore* e *em uma urna no parque* indicam o lugar.

Os advérbios são classificados conforme a circunstância que indicam. Veja o quadro.

Principais advérbios	O que indicam
talvez, acaso, porventura, provavelmente, eventualmente, possivelmente, quiçá, etc. Ex.: *Talvez* você não saiba a diferença entre as várias espécies de primatas.	dúvida
muito, pouco, bastante, demais, mais, menos, excessivamente, demasiadamente, etc. Ex.: O painel veiculará as mensagens *mais* bonitas.	intensidade
bem, mal, assim, depressa, devagar, melhor, pior, etc. Ex.: Os animais comiam *depressa*.	modo
abaixo, acima, adiante, aí, além, ali, aqui, atrás, cá, dentro, fora, junto, lá, longe, perto, etc. Ex.: A árvore foi montada *perto* do lago do Ibirapuera.	lugar
agora, ainda, amanhã, antes, cedo, depois, hoje, já, jamais, logo, ontem, sempre, tarde, imediatamente, diariamente, etc. Ex.: *Ontem* os macacos se esbaldaram.	tempo
sim, certamente, efetivamente, realmente, etc. Ex.: A árvore deste ano é *certamente* a mais inovadora.	afirmação
não, nem, etc. Ex.: *Nem* o trânsito *nem* o mau tempo impedirão as famílias de ver a árvore.	negação

Advérbios são palavras normalmente invariáveis, ou seja, que não se modificam em número ou em gênero. Leia os exemplos a seguir.

Ela chegou *rapidamente*.
Elas chegaram *rapidamente*.

O garoto *nunca* recebeu nota baixa!
Os garotos *nunca* receberam notas baixas!

Leia o título de uma notícia.

Ladrão entrou no prédio às escondidas

Observe que nessa frase há um grupo de palavras que expressa o modo como o ladrão entrou no prédio: *às escondidas*.

Duas ou mais palavras que têm a mesma função de um advérbio dentro da frase formam uma **locução adverbial**.

Veja os seguintes exemplos.

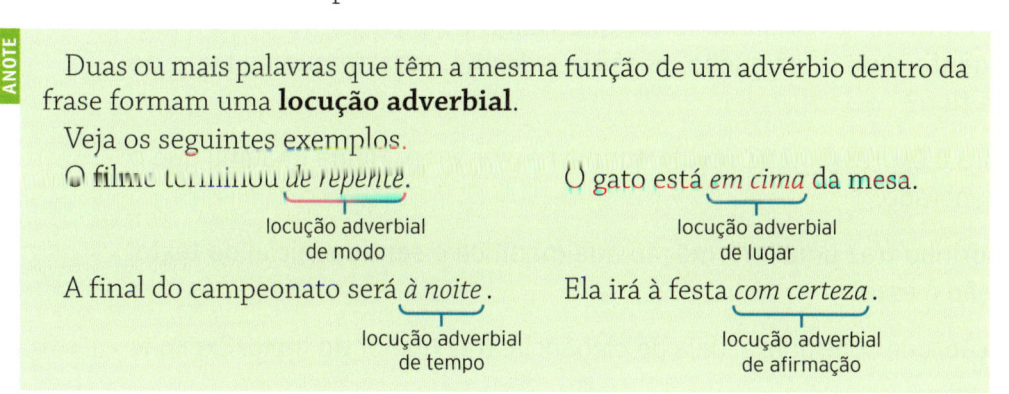

O filme terminou *de repente*.
locução adverbial de modo

O gato está *em cima* da mesa.
locução adverbial de lugar

A final do campeonato será *à noite*.
locução adverbial de tempo

Ela irá à festa *com certeza*.
locução adverbial de afirmação

1. Leia este trecho de uma letra de música.

Andréa Vilela/ID/BR

> **Eu + Eu**
>
> Eu tô **longe**, eu tô **perto**
> Eu tô **sempre** por **aí**.
> Tô ligado, tô esperto
> se chegarem, **já** saí.
> Eu, de olho **no mundo**
> só, **por meio segundo**
> Tô **em cima**, tô **embaixo**
> é você que **não** me vê.
> Ouço tudo, tudo escuto
> Tô pensando em você.
> Eu, de olho **no mundo**
> só, **por meio segundo**
>
> Mário Manga e Gabriel Fernandes. Eu + eu. Em: *Ilha Rá-Tim-Bum*. MZA/Abril Music, 2002.

a) Quais são os advérbios ou locuções adverbiais que se opõem?

b) Das palavras em destaque, quais são advérbios?

c) E quais são as locuções adverbiais?

d) Que circunstâncias esses advérbios e locuções adverbiais expressam?

e) Como os advérbios e as locuções adverbiais colaboram para a criação da imagem do eu lírico da música?

2. Leia a tira.

2007 King Features Syndicate/Ipress

Dik Browne. *Hagar, o Horrível*. Porto Alegre: L&PM, 2007. v. 4. p. 32.

a) O primeiro quadrinho já revela ao leitor que Helga e Hagar estão em um restaurante elegante. Que informação, nesse quadrinho, mostra que se trata de um ambiente fino?

b) Localize na tira a expressão que revela onde a personagem Helga imagina que o prato será preparado.

c) O último quadrinho traz uma informação que modifica o sentido inicial do texto. Que informação é essa?

d) Essa informação, que contradiz a ideia de elegância, traz humor ao texto. Explique por quê.

3. Copie o texto a seguir completando-o com os advérbios e as locuções adverbiais do quadro.

> ### Milimpulsus — o monstro do telefone
>
> Milimpulsus se muda ★ ★ em que o telefone é instalado e se esconde ★ ali mesmo, ★, espichando-se ★. Fofoca é o prato de que ele ★ gosta: sangrenta, salgada e apimentada, cozida em banho-maria ou com muito açúcar – qualquer fofoca é boa. É só você começar a usar o telefone que ★ passará horas e mais horas alimentando o Milimpulsus. E como a telefônica ★ previne ninguém sobre esse monstro, você ★ vai perceber que ele existe ao receber a conta...
>
> Stanislav Marijanovic. *Pequeno manual de monstros caseiros.* Trad. de Eduardo Brandão. São Paulo: Companhia das Letrinhas, 2001.

para a sua casa	no fone	não
mais	logo	entre o transmissor e o receptor
só	no instante	espertamente

4. Responda às questões.

a) Quais são as características do monstro do telefone?

b) Qual é a alimentação do monstro?

c) Por que Milimpulsus é considerado um monstro?

d) Como os advérbios e as locuções adverbiais ajudam o leitor a entender esse texto?

5. Leia a tira de Calvin.

Calvin e Haroldo, de Bill Watterson.

a) Pelas informações da tira, quem parece ser Moe?

b) Haroldo diz que não pode comer Moe. A razão que ele dá para isso, no último quadrinho, é a que o leitor espera? Por quê?

6. Volte à tira de Calvin.

a) Reescreva a primeira fala do menino, substituindo os dois advérbios de lugar por outras expressões, porém mantendo o sentido da frase. Faça as alterações que forem necessárias.

b) Nessa fala, os advérbios de lugar indicam localização no espaço físico? Explique.

A expressão de opiniões por meio dos advérbios

1. Do texto abaixo foram retirados propositadamente alguns advérbios e algumas locuções adverbiais.

> ### A travessia do canal da Mancha
>
> A primeira pessoa a atravessar ★ *(modo)* o canal da Mancha, sem colete salva-vidas, foi o capitão da marinha mercante britânica Matthew Webb. Ele cobriu o percurso de 33 quilômetros entre Dover (Inglaterra) e Calais (França) em ★ *(tempo)*, ★ *(tempo)*. As correntes marítimas muito fortes fazem da prova um exercício de estratégia. Muitas vezes, é preciso nadar ★ *(lugar)* à que se quer chegar. O capitão Webb nadou 61 quilômetros, quase ★ *(modo)*, para alcançar o outro lado da costa.
>
> Marcelo Duarte. *O guia dos curiosos*. São Paulo: Panda Books, 2005. p. 415.

Fotografia do canal da Mancha obtida por meio de satélite.

a) Acrescente circunstâncias de tempo, modo e lugar ao texto.

b) Qual é a importância dos advérbios e das locuções nesse texto?

> Os advérbios e as locuções adverbiais, embora sejam classificados como termos modificadores e acessórios, agregam **informações** importantes aos textos. Em notícias, por exemplo, advérbios de tempo e lugar são imprescindíveis para que se compreenda o fato ocorrido.

2. O trecho abaixo é um fragmento de uma notícia. Leia-o.

> ### Ameaça dentro das agências
>
> [...] A Federação Brasileira de Bancos (Febraban) somou 274 roubos no ano passado – um por dia, considerando que as agências não abrem no fim de semana. Estranhamente, no mesmo período, a Secretaria de Segurança Pública do Estado registrou apenas 122 casos. [...]
>
> Fabio Brisolla. Ameaça dentro das agências. Revista *Veja São Paulo*. São Paulo: Abril, 2 maio 2007.

a) Quais são os advérbios ou as locuções adverbiais indicadores de tempo que estão presentes no texto acima?

b) O que se alteraria no sentido do texto caso eles fossem simplesmente retirados?

c) Observe o advérbio indicador de lugar na manchete. Esse advérbio poderia ser omitido? Por quê?

3. Observe, agora, os advérbios destacados neste trecho da notícia.

> "**Estranhamente**, no mesmo período, a Secretaria de Segurança Pública do Estado registrou **apenas** 122 casos."

a) Se eles fossem retirados do texto, a principal informação da frase ficaria prejudicada? Justifique sua resposta.

b) Qual é a função das palavras *estranhamente* e *apenas* no texto?

4. Os manuais de redação de jornalismo apontam que o jornalista deve evitar emitir sua opinião nas notícias, pois elas têm como função principal informar o leitor sobre os fatos acontecidos. A notícia anterior segue as recomendações dos manuais? Por quê?

5. O texto abaixo é um fragmento de um artigo que foi escrito por ocasião do aniversário de 90 anos do maior serpentário do mundo, o Instituto Butantã, em São Paulo. Leia-o.

Um instrutivo passeio ao paraíso das serpentes

O maior e mais famoso serpentário do mundo completa 90 anos, reabre seu museu, ganha novas exposições e merece uma visita.

[...] Compreensivelmente, a maioria das pessoas que topa com uma cobra, no meio do mato, trata de fugir. Os mais valentes tratam de matá-la. Lamentavelmente, só uma minoria bem esclarecida sabe da importância de capturar o animal vivo, e mandá-lo para o Butantã. No ano passado, a seção de recebimento de animais obteve 4747 doações desse tipo. Para que o veneno seja extraído, a cobra é adormecida com gás e o técnico tem dois minutos para fazer a operação em segurança.

Revista *Superinteressante*. São Paulo: Abril, ed. 41, fev. 1991.

a) Que palavras contribuem para tornar clara a posição do artigo sobre a atitude das pessoas que topam com uma cobra? A que classe de palavras elas pertencem?

b) Qual é a posição a respeito da atitude dessas pessoas do artigo?

6. O trecho abaixo é um fragmento de uma entrevista da atriz Ellen Pompeo, que comenta seu trabalho na série de televisão *Grey's Anatomy*. Leia-o.

ENTREVISTA EXCLUSIVA
Atriz de *Grey's Anatomy* fala sobre a terceira temporada

Há várias séries passadas em hospitais. O que faz de *Grey's Anatomy* diferente das demais?

O roteiro é fantástico e há vários elementos que fazem a série ser bem-sucedida. E, para mim, *Grey's Anatomy* é o que é porque os atores são muito dedicados e interessantes de se ver em cena. Todos são especiais: não importa o personagem, cada um é fantástico à sua maneira. Nós temos nossos vilões e nossos mocinhos. Todos se dedicam bastante ao trabalho e se importam muito com a série. É muito bom ver e fazer parte de tudo isso.

A atriz Ellen Pompeo, Detroit (EUA), 2008.

Disponível em: <http://tv.globo.com>. Acesso em: 12 jul. 2011.

a) Além dos adjetivos, os advérbios colaboram para mostrar a opinião da atriz. Identifique aqueles que cumprem essa função.

b) Classifique esses advérbios.

c) O que esses advérbios acrescentam à opinião da atriz?

Mesmo os textos predominantemente informativos veiculam **opiniões**. Advérbios de afirmação (ex.: *certamente, realmente*), de dúvida (ex.: *provavelmente, talvez*), de intensidade (ex.: *demais, menos, quase*) e de modo (ex.: *melhor, pior*) revelam posições em relação a fatos, pessoas e instituições. Identificá-los permite ao leitor entender a visão de mundo que dá suporte aos textos e posicionar-se de modo favorável ou contrário a ela.

Emprego de s, z e x

1. Leia a letra de música. Ela foi escrita para o programa infantil *Ilha Rá-Tim--Bum*. Zabumba é um dos vilões da história.

> ## Zabumba
>
> [...]
> Zim, eu penso em vozê
> Eu zó penzo em te fazer
> Eu acordo zedo logo raziozino
> Na melhor maneira de azarar
> o teu destino
>
> [...]
> Todo mundo zabe eu zou um cara ruim
> Nem eu mesmo sei por quê eu zou assim
> Meio gente, meio bicho
> Zou todo mundo, coisa boa e lixo
> [...]
>
> Pedro Vieira. Zabumba. Intérprete: Mack Zero 5. Em: *Ilha Rá-Tim-Bum*. MZA/Abril Music, 2002.

a) Explique o recurso usado pelo autor da música para brincar com as palavras.

b) Qual é a relação possível entre a forma como a personagem fala e o público-alvo do programa?

2. Leia estas palavras.

> usado azedo capaz exato lousa analisar assado azar pãozinho axila tailandês

a) Em quais delas aparece o mesmo som do **z** em *zabumba*?

b) Que letras representam esse som?

> **ANOTE**
>
> A língua portuguesa tem alguns sons que podem ser representados graficamente por letras diferentes. É o caso do som do **z** em *zabumba*, que pode ser representado por **s, z** e **x**.

Existem regras que é preciso conhecer para saber quando grafar esse som com **s**, quando registrá-lo com **z** e quando usar **x**. Conheça algumas delas.

Emprego da letra s

Nos verbos formados pelo acréscimo da terminação **-ar** a um substantivo terminado em **s + vogal**	Ex.: análise + -ar = anali**s**ar abuso + -ar = abu**s**ar
Nos adjetivos formados pelo acréscimo do sufixo **-oso/-osa** a um substantivo que não termina com **s** nem com **s + vogal**	Ex.: mentira + -oso/-osa = mentir**oso**/mentir**osa**
Quando o som de **z** é antecedido por ditongo.	Ex.: lou**s**a, cau**s**a
Em todas as formas dos verbos **querer** e **pôr** em que há o som de **z**.	Ex.: qui**s**er, pu**s**er
Nas terminações **-ase, -ese, -ise, -ose**.	Ex.: cr**ase**, cateq**uese**, cr**ise**, lord**ose**

Emprego da letra z

Nos verbos formados pelo acréscimo da terminação **-izar** a um substantivo que não termina com **s** nem com **s + vogal**.	Ex.: concreto + -izar = concreti**zar**
Antes das terminações **-ada, -al, -eiro/-eira, -inho/-inha**, quando estas se ligam a palavras não terminadas em **s** nem em **s + vogal**. Nesses casos, o **z** se mantém no plural.	Ex.: guri + -ada = guri**z**ada café + -al = cafe**z**al abacaxi + -eiro = abacaxi**z**eiro coração + -inho = coraçã**o**zinho (plural: coraçõe**z**inhos)

Emprego da letra x

Nas palavras iniciadas por **e**, com exceção de *esôfago* e *esotérico*.	Ex.: *exagero, exalar, exaltar, exame, exato, exausto, executar, exemplo, exercer, exibir, exílio, êxito, existir, exótico, exuberante*, etc.

3. Leia a tira.

Laerte. *Grafiteiro*: o detonador do futuro. Porto Alegre: L&PM, 2007. v. 2. p. 18 (Série Striptiras).

a) O rapaz justifica seus erros com sua história pessoal. Qual foi o problema que ele enfrentou na infância?

b) Qual foi o motivo que o levou a ter essa atitude?

c) Copie em seu caderno as palavras da tira com som de **z**.

d) Observe que nas palavras *casa*, *casinha*, *casarão* há uma parte que se repete. Elas pertencem à mesma família de palavras, pois têm uma raiz comum, *cas-*. Cite palavras que tenham a mesma raiz daquelas que você apontou no item **c**.

Entreletras

Vamos brincar de mímica?

1. A classe será dividida em dois grupos.
2. Cada grupo deve fazer uma lista com dez verbos de ação.
3. O grupo deve decidir como representar as ações expressas pelo verbo usando apenas a mímica.
4. Um componente do grupo será responsável por apresentar a palavra aos colegas.
5. Não vale falar, apenas responder com gestos de "sim" ou "não" às hipóteses do colega. O grupo que acertar será o próximo a representar a mímica.
6. Vence o grupo que conseguir adivinhar mais palavras.

PARA SABER MAIS

Livros

Boa companhia: crônicas, organizado por Humberto Werneck. Editora Companhia das Letras.

Coleção **Para Gostar de Ler**, volumes 1 a 5. Editora Ática.

Comédias para se ler na escola, de Luis Fernando Verissimo. Editora Objetiva.

1. Leia um trecho da crônica a seguir.

História estranha

Um homem vem caminhando por um parque quando de repente se vê com sete anos de idade. Está com quarenta, quarenta e poucos. De repente dá com ele mesmo chutando uma bola perto de um banco onde está a sua babá fazendo tricô. Não tem a menor dúvida de que é ele mesmo. [...] Tem uma vaga lembrança daquela cena. Um dia ele estava jogando bola no parque quando de repente aproximou-se um homem e... O homem aproxima-se dele mesmo. Ajoelha-se, põe as mãos nos seus ombros e olha nos seus olhos. Que coisa é a vida. Que coisa pior ainda é o tempo. Como eu era inocente. Como meus olhos eram limpos. O homem tenta dizer alguma coisa, mas não encontra o que dizer. Apenas abraça a si mesmo, longamente. Depois sai caminhando, chorando, sem olhar para trás. [...]

Luis Fernando Verissimo. *Comédias para se ler na escola*. Rio de Janeiro: Objetiva, 2001. p. 43.

a) No texto podemos reconhecer dois tempos. Quais são eles? O que acontece em cada um deles?

b) A maioria dos verbos está conjugada no tempo presente. O que esse tempo expressa no texto?

c) Em algum momento, o narrador utiliza o pretérito perfeito e o imperfeito. Que efeito de sentido tem essa mudança para a história?

d) Copie do texto os advérbios e as locuções adverbais. Que circunstâncias eles expressam?

e) Imagine que o autor quisesse reescrever o texto sem os advérbios e as locuções adverbiais. Como ficaria a história?

2. Complete cada frase abaixo com uma destas expressões: *é preciso que*, *é importante que*, *talvez*, *tomara que*. Faça as alterações necessárias nas formas verbais.

a) comer frutas todos os dias. (nós)

b) falar com o professor sobre o conteúdo da avaliação. (eles)

c) escrever um *e-mail* para mim. (ele)

d) ir bem na prova. (eu)

3. Leia a notícia.

CINEMA

"O signo da cidade" tem sessão gratuita hoje

A Folha e o Unibanco Arteplex promovem hoje, às 20h, uma sessão gratuita de "O signo da cidade", de Carlos Alberto Riccelli. Após a exibição, haverá debate com o diretor, a atriz Bruna Lombardi e o colunista da Folha Gilberto Dimenstein. As senhas podem ser retiradas na bilheteria do shopping Frei Caneca (r. Frei Caneca, 569, tel. 0/xx/11/3472-2365), a partir das 19h.

Disponível em: <http://www1.folha.uol.com.br>. Acesso em: 16 jul. 2014.

Essa notícia foi retirada do caderno cultural do jornal *Folha de S.Paulo*.

a) Qual é o assunto da notícia?

b) Há palavras e expressões que revelam ao leitor a opinião do repórter ou do jornal sobre o evento noticiado?

c) Qual a função dos advérbios e das locuções adverbiais nessa notícia?

d) Qual a relação entre essa função e o gênero a que o texto pertence?

O que você aprendeu neste capítulo

Crônica
- São histórias curtas, inspiradas em acontecimentos da vida real ou baseadas em alguma notícia.
- A linguagem empregada nas crônicas é fruto do estilo dos cronistas, que podem usar a ironia, a crítica, a poesia ou o humor em seus textos.
- A crônica pode apresentar espaços e situações familiares ao leitor, fazendo com que ele se identifique com a situação narrada.
- As crônicas são publicadas em jornais e revistas, normalmente em páginas fixas. Alguns cronistas reúnem seus melhores textos e os publicam em livros.

Descrição
- Apresenta as características de uma pessoa, de um objeto ou de uma situação, num certo momento do tempo, por meio de adjetivos e locuções adjetivas.
- **Descrição de personagens**: pode ser feita pela apresentação dos seus aspectos físicos, do seu comportamento, dos objetos que lhes pertencem, das roupas que usam, etc.
- Os adjetivos e as locuções adjetivas têm uma função importante nas descrições, pois eles informam características de personagens ou espaços.

Modos verbais
- **Indicativo**: usado para indicar algo que seguramente acontece, aconteceu ou acontecerá.
- **Subjuntivo**: usado quando se quer dar o sentido de incerteza a um fato.
- São **formas nominais** o infinitivo, o gerúndio e o particípio.

Advérbio
- São palavras, normalmente invariáveis, que modificam um verbo, um adjetivo ou outro advérbio.
- As **locuções adverbiais** são formadas por duas ou mais palavras que têm a mesma função de um advérbio.

Autoavaliação

Para fazer a autoavaliação, releia o quadro *O que você aprendeu neste capítulo*.
- Entre os assuntos tratados neste capítulo, o que você gostou de aprender?
- Quais dúvidas você tem sobre os conteúdos gramaticais apresentados no capítulo?
- De qual das leituras feitas no capítulo você gostou mais? Por quê?
- Como foi sua participação nos debates apresentados nos boxes de valores?

Procedimentos de pesquisa

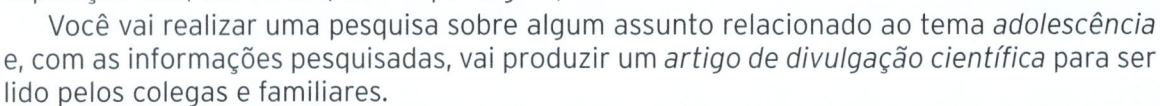

Lúcia Brandão

O que você vai fazer

Na escola, muitas vezes, os alunos são solicitados a realizar pesquisas para, com as informações obtidas, produzir gêneros diversos: uma exposição oral, um cartaz, uma reportagem, etc.

Você vai realizar uma pesquisa sobre algum assunto relacionado ao tema *adolescência* e, com as informações pesquisadas, vai produzir um *artigo de divulgação científica* para ser lido pelos colegas e familiares.

Delimitação do tema

Antes de iniciar uma pesquisa, devemos delimitar o aspecto do tema sobre o qual buscaremos informações, isto é, escolher o *assunto* da pesquisa.

- Para entender a diferença entre tema e assunto, leia os itens a seguir. Identifique a qual tema os quatro assuntos de cada item estão relacionados.
  - a) Ciclo da água / Poluição dos mares / Origem do processo de irrigação / Transposição das águas do rio São Francisco
  - b) História do voleibol / Olimpíadas / O rei Pelé / Grandes atletas da natação
  - c) Saci / Festas populares / Histórias da tradição oral / Personagens do folclore
- Defina o aspecto do tema adolescência do qual você vai tratar. Algumas possibilidades: o relacionamento entre o adolescente e a família, alimentação e atividades físicas recomendadas para o adolescente, como os adolescentes são retratados pela indústria cultural (filmes, novelas, músicas, etc.).

Localização das informações

- Inicie sua pesquisa. Não se limite à internet. Na biblioteca da escola ou na biblioteca pública, você poderá encontrar livros, revistas e suplementos de jornal que tratam do tema.

Como localizar um livro na biblioteca

Há várias maneiras de organizar os livros em uma biblioteca.

Normalmente, eles são organizados pelo sobrenome dos autores em ordem alfabética.

Podem também estar separados pelo título ou por temas. Por exemplo: livros sobre animais, livros sobre o corpo humano, livros de histórias, etc.

Nas bibliotecas é comum haver, num arquivo, fichas com os dados dos livros.

Devemos procurar pelo sobrenome do autor para localizar o livro que estamos buscando. Por exemplo: AMADO, Jorge.

Esses dados, em alguns lugares, podem ser localizados nos computadores da biblioteca. Em outros lugares, o bibliotecário ou o encarregado poderão ajudá-lo.

- Localize o sumário das revistas e dos livros ou dos cadernos dos jornais selecionados e identifique os capítulos, subtítulos ou seções que podem tratar do assunto a ser pesquisado. Antes de ler os textos, copie o nome de cada título ou seção no caderno.

O espaço da biblioteca

A biblioteca é um lugar para leitura e pesquisa. É um espaço coletivo e, por isso, há algumas regras importantes que precisam ser respeitadas.

- Deve-se manter silêncio na biblioteca para que todos possam se concentrar em suas leituras.
- Não se deve comer na biblioteca.
- Os livros são de uso coletivo. Devemos cuidar deles para que todos possam usá-los.

Seleção das informações

- Depois de escolher suas fontes de pesquisa, faça uma seleção das informações relevantes, lendo com cuidado cada material pesquisado (livro, revista, enciclopédia, jornal, *site*, etc.).

- Realize uma síntese usando as informações relevantes que você encontrou em cada fonte. Faça isso em fichas separadas (uma ficha para cada fonte pesquisada) ou organize as informações no caderno.

- Compare as informações da pesquisa, verificando quais delas se repetem, quais são diferentes, se há contradições entre elas.

- Anote o nome das publicações de onde as informações foram retiradas, indicando o nome do autor do texto, a fonte, onde e quando o texto foi publicado.

Veja um exemplo de como registrar a referência bibliográfica de um livro.

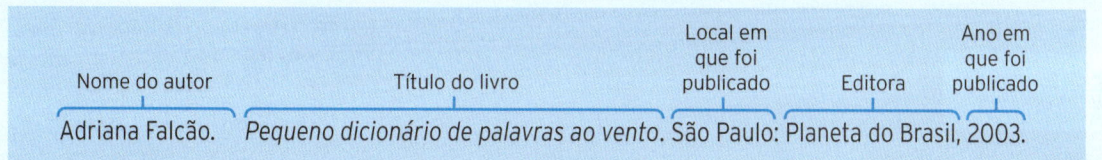

Nome do autor — Título do livro — Local em que foi publicado — Editora — Ano em que foi publicado

Adriana Falcão. *Pequeno dicionário de palavras ao vento*. São Paulo: Planeta do Brasil, 2003.

Veja como anotar a referência no caso de revistas.

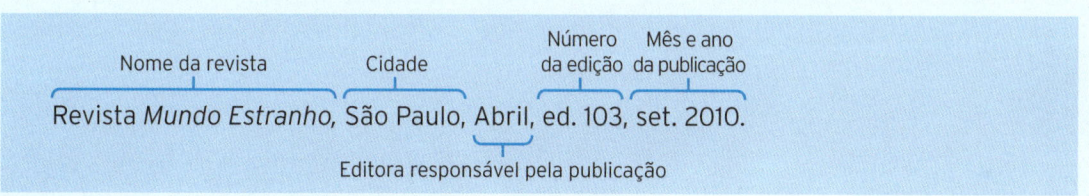

Nome da revista — Cidade — Número da edição — Mês e ano da publicação

Revista *Mundo Estranho*, São Paulo, Abril, ed. 103, set. 2010.

Editora responsável pela publicação

Produção do artigo de divulgação científica

- Agora você vai escrever um artigo de divulgação científica para apresentar aos colegas e familiares as informações que pesquisou. Atenção: em vez de simplesmente copiar os textos que pesquisou, você vai elaborar um novo texto, de sua autoria.

- Retome as informações pesquisadas e organize-as em parágrafos.
- Comece com as informações mais gerais e depois apresente os detalhes e as curiosidades.
- Traduza para seus leitores, em linguagem simples e acessível a todos, os termos técnicos e as explicações mais complexas, pois eles não são especialistas no assunto.
- Evite palavras e expressões que revelem seu ponto de vista sobre o assunto, pois o objetivo do artigo não é expor opiniões, e sim informar.
- Se necessário, use imagens para complementar ou aprofundar as informações do texto.
- Dê um título ao artigo que deixe claro qual é o assunto tratado.
- No final, anote a referência bibliográfica de todas as obras de onde você tirou informações.

Socialização das produções

- Com a orientação do professor, leia a produção de alguns colegas. Depois, leve seu artigo para casa e mostre-o a seus familiares.

Reportagem

Festival de Folclore de Parintins (AM), 2010.

O QUE VOCÊ VAI APRENDER

- Características principais da reportagem
- Informação ampliada
- Verbos regulares e irregulares
- Modo imperativo
- Grafia de verbos irregulares

CONVERSE COM OS COLEGAS

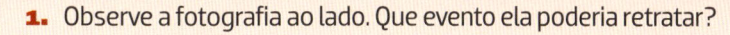

1. Observe a fotografia ao lado. Que evento ela poderia retratar?

2. Suponha que você viu essa fotografia em uma revista, ilustrando uma matéria.

   a) De que assuntos essa matéria poderia tratar?

   b) Em que tipo de revista ela poderia ser publicada?

   c) Que tipo de leitor teria interesse em ler essa matéria?

3. Leia uma definição do gênero notícia.

> A **notícia** é um gênero jornalístico que informa os fatos ocorridos recentemente.

   a) Essa fotografia poderia ilustrar uma notícia? Explique por quê.

   b) A reportagem dá aos fatos um tratamento mais amplo do que a notícia. A matéria que você imaginou na questão 2 é uma notícia ou uma reportagem?

4. Qual das imagens a seguir poderia ser usada na mesma matéria que a ilustrada pela fotografia ao lado? Justifique sua resposta.

Bonecos gigantes animam o Carnaval em Olinda (PE), 2006.

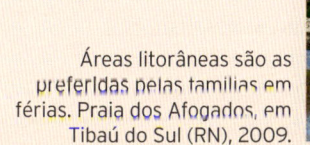

Áreas litorâneas são as preferidas pelas famílias em férias. Praia dos Afogados, em Tibaú do Sul (RN), 2009.

Neste capítulo estudaremos a **reportagem**, um gênero jornalístico que trata de um assunto ou fato de modo mais amplo do que a notícia. Veremos suas principais características e seu contexto de produção.

Reportagem

Você vai ler a reportagem "Amiguinhos da onça", publicada no jornal *Folha de S.Paulo*, no suplemento *Folhateen*, em junho de 2003.

Escrita por três jornalistas, esta matéria trata do *bullying*, tema muito discutido atualmente nas escolas.

Nesta reportagem você lerá sobre as características do *bullying* e conhecerá alguns dados e depoimentos relacionados ao tema.

Andréa Vilela/ID/BR

Amiguinhos da onça

Pesquisa mostra que ofender colegas nem sempre é inofensivo

Nada mais comum que zoar ou ser zoado na escola. Um apelido humilhante aqui, umas risadinhas maldosas ali, um empurrão, uma fofoca ou um "gelinho" da classe. Todo mundo já sofreu, testemunhou ou foi vítima de uma dessas "brincadeirinhas".

A novidade é que esse comportamento, considerado "normal" por alunos e por muitos professores, está longe de ser algo inocente. Quem batiza um colega de "bola" ou de "quatro-olhos", para citar exemplos menos cruéis, não pensa em como tais apelidos podem magoá-lo, afetar sua autoestima e seu rendimento escolar. Parece um exagero? Pois não é.

Isso é o que mostra uma pesquisa realizada pelo Ibope a pedido da organização não governamental Abrapia (Associação Brasileira Multiprofissional de Proteção à Infância e à Adolescência).

Dos 5 482 alunos, de 5ª a 8ª série, de 11 escolas públicas e particulares do Rio de Janeiro que foram ouvidos na pesquisa, mais de 40,5% admitem ter praticado ou ter sido vítimas de *bullying* – palavra em inglês que é usada com o sentido de zoar, gozar, tiranizar, ameaçar, intimidar, humilhar, isolar, perseguir, ignorar, ofender, sacanear, bater, ferir, discriminar e, ufa, colocar apelidos do mal.

"O *bullying* se caracteriza por agressões físicas ou morais repetitivas, o que configura uma situação de abuso de poder", explica o médico Lauro Monteiro Filho, secretário-executivo da Abrapia.

Os dados da pesquisa mostram que dois em cada três alunos que sofreram esse tipo de agressão ficaram incomodados. As reações vão desde a raiva (22,2% dos casos) até a vontade de não ir mais para a escola (2,8%).

> *"O bullying se caracteriza por agressões físicas ou morais repetitivas"*

Outra pesquisa, feita pela Universidade West England, no Reino Unido, mostrou que um a cada cinco jovens de 15 anos cabula aulas porque se sente inseguro quanto a sua aparência e não quer ser alvo da chacota dos colegas.

"O aluno que sofre *bullying* passa a ter medo e a se isolar socialmente. Alguns começam a faltar às aulas, outros tentam mudar de escola [...]", alerta Monteiro [...]. Para ele, o desafio é convencer as escolas, os alunos e as famílias de que todos perdem ao não agir contra essa situação: "Até o aluno que pratica o *bullying* acaba sofrendo consequências, pois pode se tornar uma pessoa agressiva e com dificuldade de respeitar os colegas de trabalho e os familiares".

Extremos

A prática de *bullying* começou a ser pesquisada na Europa quando foi descoberto que ela estava por trás de muitas tentativas de suicídios de adolescentes. Sem a atenção da escola ou dos pais – que, às vezes, acham as ofensas bobas demais para terem maiores consequências –, o jovem recorria a uma medida desesperada.

Hoje, no Reino Unido, por exemplo, há até leis *antibullying*, que determinam que todas as escolas tenham políticas para evitar esse comportamento entre seus alunos. [...]

"Está na hora de aprendermos a diferença entre brincadeira e agressão. Brincadeira só acontece quando todos estão se divertindo. Quando uma parte se diverte e a outra se sente acuada ou humilhada, não é mais brincadeira, é violência", argumenta a psicóloga Lídia Aratangy, que mudou de uma escola na metade do ano por causa de um episódio de *bullying*. [...]

Na sala de aula

A pesquisa brasileira revelou que essas agressões ocorrem, em 59,8% dos casos, na sala de aula, ou seja, na frente do professor.

"Isso pode ser um indicador de que o professor acha essa situação normal ou de que não tem autoridade para diminuí-la", afirma o médico Aramis Lopes Neto, coordenador da pesquisa.

Para educadores de colégios de São Paulo consultados pelo *Folhateen*, a prática não é frequente dentro da sala de aula.

Todos eles afirmam tomar medidas contra a discriminação e o preconceito, principalmente por meio de dinâmicas de grupo, nas quais os alunos são incentivados a expressar seus sentimentos.

"O aluno costuma se revoltar contra os *skinheads* e contra queimar índio. Mas mostramos a eles como isso começa perto quando eles mesmos são preconceituosos com os colegas", explica Caio Martins Costa [...]. Ele admite, no entanto, que o *bullying*, muitas vezes, passa despercebido pelos professores, que o veem ou como um comportamento normal ou como um tema que não é de sua competência.

Para dom Geraldo Gonzáles y Lima [...], a intolerância está crescendo nas escolas. "Cuidamos da inclusão dos que estão fora da escola, mas precisamos nos preocupar também com a exclusão daqueles que já estão aqui dentro."

A estudante Isabela, 13 [...], confirma o descuido de alguns professores. "Tem um menino da classe que tem muitas espinhas e é o maior *nerd*, e a gente meio que exclui ele. Quando pegam pesado com ele na aula, existe professor que até ri junto com a gente, mas já aconteceu de um outro expulsar um aluno da sala por causa da brincadeira."

ONDE ACONTECE

59,8%
Na sala de aula

16%
No recreio

8,4%
Outros

15,8%
No portão da escola

IC/BR

QUEIXAS MAIS COMUNS (EM %)

54,2%	16,1%	11,8%	8,5%	4,7%
"Me colocam apelidos, me xingam ou riem de mim."	"Me empurram, me puxam, me chutam e me batem."	"Contam mentiras ou fazem fofoca a meu respeito."	"Me ameaçam."	"Quebram ou pegam minhas coisas ou meu dinheiro."

Fornecido pela Folhapress/ID/BR

Antônio Góis, Fernanda Menal e Guilherme Werneck. Amiguinhos da onça. *Folhateen*, suplemento do jornal *Folha de S.Paulo*, 9 jun. 2003.

GLOSSÁRIO

Acuado: intimidado, contido pelo medo.

Autoestima: qualidade de quem se contenta com seu modo de ser.

Chacota: zombaria, gozação com o intuito de ridicularizar.

Configurar: caracterizar.

Dinâmica de grupo: conjunto de atividades com o objetivo de estabelecer um bom nível de relacionamento entre os membros de um grupo.

Intolerância: comportamento daqueles que não aceitam opiniões, atitudes e modos de ser contrários aos seus.

Tiranizar: tratar com tirania, crueldade.

Estudo do texto

●●● Para entender o texto

1. Considere o título e o subtítulo da reportagem. Quais informações sobre o conteúdo da matéria eles transmitem?

2. A expressão *amigo da onça* significa *falso amigo*, ou seja, alguém que demonstra querer o nosso bem, mas não age dessa forma. Que sentido sugere o emprego do diminutivo *amiguinhos da onça* em lugar de *amigos da onça*?

> **ANOTE**
>
> Um bom **título** é fundamental para despertar o interesse do leitor.
>
> Ao contrário dos títulos de notícia, o título de uma reportagem não precisa apresentar o fato central de forma direta e objetiva, pois essa informação poderá ser fornecida pelo **subtítulo**, que vem logo abaixo dele.

Fabiana Salomão/ID/BR

3. Segundo a reportagem, os professores têm consciência da gravidade do *bullying*? Transcreva um trecho que demonstre isso.

4. Que informações aparecem no gráfico da reportagem "Amiguinhos da onça"?

5. Qual é a diferença entre as informações apresentadas no gráfico e as que aparecem no texto principal da reportagem?

6. Releia o boxe no final da reportagem.
   a) As informações que ele traz já haviam aparecido no texto?
   b) O boxe poderia não ter ilustrações? Qual a função delas?

> **ANOTE**
>
> Nas reportagens, é comum o emprego de recursos visuais, como os **gráficos**, que destacam informações importantes para o leitor. Também pode haver **boxes**, que especificam ou ampliam as informações dadas no texto principal da matéria.

■ A informação ampliada

1. Releia.

> "Todo mundo já sofreu, testemunhou ou foi vítima de uma dessas 'brincadeirinhas'."

   a) Pode-se afirmar que *todas as pessoas* já sofreram ou presenciaram *bullying*? Por que, provavelmente, se usou a expressão *todo mundo*?
   b) Por que foram usadas aspas na palavra *brincadeirinhas*?

2. Copie e preencha o quadro com as informações do texto.

Entrevistado	Profissão	Local de trabalho	Relação com o tema da reportagem
Lauro Monteiro Filho			
Lídia Aratangy			
Aramis Lopes Neto			
Isabela			

ID/BR

3. Qual é a posição desses entrevistados em relação ao *bullying*? Por que eles têm essa posição?

4. Os depoimentos do médico Aramis Lopes Neto, coordenador da pesquisa, e da estudante Isabela revelam uma opinião em relação aos educadores.

a) O que a opinião deles tem em comum?

b) Quais são os verbos que introduzem essas opiniões?

A **reportagem**, além de **expor um fato ou assunto** – como a notícia –, também o **analisa**. A reportagem costuma mostrar diferentes pontos de vista e proporciona ao leitor um conhecimento maior do assunto.

5. Qual a importância dos depoimentos dessas pessoas para a credibilidade da reportagem?

6. Releia as falas de alguns entrevistados dessa reportagem.

I. "'Quando uma parte se diverte e a outra se sente acuada ou humilhada, não é mais brincadeira, é violência', *argumenta* a psicóloga Lídia Aratangy."

Fabiana Salomão/ID/BR

II. "'O aluno que sofre *bullying* passa a ter medo [...]', *alerta* Monteiro."

a) Que sentido o uso dos verbos destacados no texto acrescenta aos depoimentos?

b) Se nas frases tivessem sido usados os verbos *explica* ou *diz* no lugar dos verbos destacados, os depoimentos teriam o mesmo sentido? Explique.

c) Copie do texto outros verbos que tenham sido empregados com a mesma função dos verbos destacados.

O **depoimento** dá credibilidade à reportagem e amplia a informação.

Frequentemente, o depoimento aparece em **discurso direto.** Nesse caso, a fala do entrevistado fica entre aspas, diferenciando-se, dessa maneira, do texto do repórter.

As falas dos entrevistados são introduzidas ou seguidas por um **verbo de elocução**: *dizer, afirmar, explicar, argumentar*, etc.

Conforme o verbo de elocução que emprega, o repórter ajuda o leitor a perceber a intencionalidade, o tom de voz ou a atitude do entrevistado ao dar seu depoimento.

7. Qual a posição dos autores da reportagem sobre o *bullying*?

8. Que recursos eles utilizaram para apresentar essa posição?

Vários recursos são utilizados para **ampliar as informações** sobre o assunto principal de uma reportagem: imagens, depoimentos, entrevistas, gráficos, mapas, divulgação de pesquisas, etc.

●●● O contexto de produção

1. A reportagem foi publicada no suplemento *Folhateen*, do jornal *Folha de S.Paulo*. Considerando o público-alvo do suplemento, qual é o leitor a quem a matéria se dirige? Justifique.

2. Em sua opinião, por que os repórteres escolheram o tema *bullying* para esse público?

3. Observe a capa do *Folhateen*.

Folhateen, *Folha de S.Paulo*, 9 de junho de 2003. Fornecido pela Folhapress.

a) A imagem da capa usa uma sinalização muito comum nas ruas das cidades. Que sinalização é essa?

b) O que essa sinalização informa?

c) Que outros elementos da imagem contribuem para atrair o leitor?

d) A capa é adequada ao leitor da reportagem? Por quê?

ANOTE

A **linguagem** e as **imagens** de uma reportagem devem ser adequadas ao leitor e ao suporte em que é publicada.

A reportagem sobre o *bullying* foi publicada em um suplemento que se destina aos jovens. Se tivesse saído em outro suplemento ou caderno do mesmo jornal, ou em outro jornal, ou ainda em uma revista, teria outros públicos-alvo e provavelmente seria apresentada de maneira diferente.

As brincadeiras e a convivência

Você leu uma reportagem que trata do *bullying* e conheceu o ponto de vista de várias pessoas sobre o tema.

Discuta com seus colegas e o professor as questões a seguir.

I. Que atividades entre colegas podem ser consideradas simples brincadeiras e quais as que caracterizam agressões?

II. Como contribuir para que o *bullying* não aconteça em sua escola?

●●● A linguagem do texto

1. Releia o primeiro e o segundo parágrafos da reportagem "Amiguinhos da onça" e, em seguida, compare-os com a matéria "Sutil e cruel agressão", publicada na revista *Época*.

> ### Sutil e cruel agressão
>
> *Pesquisa comprova que apelidos, provocações e outras formas de violência verbal e física entre crianças deixam marcas profundas*
>
> Desde o ano passado, uma menina [...], aluna da 7ª série de uma escola carioca, tem sido chamada de Bob Esponja e Assolan. "Tudo por causa do meu cabelo", reclama. [...] A história dela se repete em todo o país. Apelidar, humilhar, isolar, ofender, amedrontar, perseguir e bater são atitudes que sempre foram comuns entre crianças e adolescentes. A partir de estudos realizados na década de 90, no entanto, elas deixaram de ser consideradas brincadeiras e agora são compreendidas como uma forma de violência que provoca marcas tanto na pessoa que a sofre como em quem a pratica – incluindo efeitos na vida adulta que podem abalar a vida afetiva e profissional. [...]
>
> Aida Veiga. Sutil e cruel agressão. Disponível em: <http://revistaepoca.globo.com>. Acesso em: 12 jul. 2011.

a) Qual a diferença, em relação à linguagem, entre essa reportagem e a "Amiguinhos da onça"?

b) O público-alvo das duas reportagens é o mesmo? Explique sua resposta.

2. Releia um trecho da reportagem "Amiguinhos da onça" e uma versão do segundo parágrafo da mesma reportagem.

> "Os dados da pesquisa mostram que dois em cada três alunos que sofreram esse tipo de agressão ficaram incomodados. As reações vão desde a raiva (22,2% dos casos) até a vontade de não ir mais para a escola (2,8%)."

> Eu acho que as pessoas que batizam um colega de "bola" ou de "quatro-olhos", para citar exemplos menos cruéis, não pensam em como esses apelidos podem magoá-lo, afetar a sua autoestima. Parece que eu estou exagerando? Pois não estou.

a) Quais foram os recursos utilizados nesses trechos para criticar as agressões?

b) Em que pessoa verbal foi escrito cada texto?

c) Como a diferença do uso da pessoa verbal modifica o sentido do texto?

d) Em qual dos dois textos você confiaria mais? Por quê?

>
> O **texto jornalístico** caracteriza-se por uma **linguagem** que **procura ser objetiva**. Para isso, utiliza recursos como o verbo na terceira pessoa, depoimentos, dados estatísticos, etc. para dar credibilidade à matéria publicada.

Reportagem

Como você já sabe, o título de uma reportagem deve despertar o interesse do leitor pelo texto.

Você vai escrever uma reportagem sobre **alimentação saudável para crianças e adolescentes** que será publicada em um mural do centro de saúde de seu bairro. Suponha que seus leitores sejam as pessoas frequentadoras do centro de saúde e também os funcionários.

- De acordo com essa situação de produção, elabore três versões diferentes de títulos e de subtítulos para essa reportagem.

●●● Proposta

Depois de elaborar as versões de título e de subtítulo para sua reportagem, você vai escrever o texto que será publicado no mural do centro de saúde de seu bairro. O tema será: alimentação saudável para crianças e adolescentes.

A reportagem deve conter informações sobre os hábitos de alimentação das crianças e dos jovens e também dicas para uma alimentação saudável.

O esquema a seguir tem informações que você pode usar em sua reportagem. Trata-se de uma pirâmide alimentar, que sugere a quantidade de porções de cada tipo de alimento que se deve ingerir por dia.

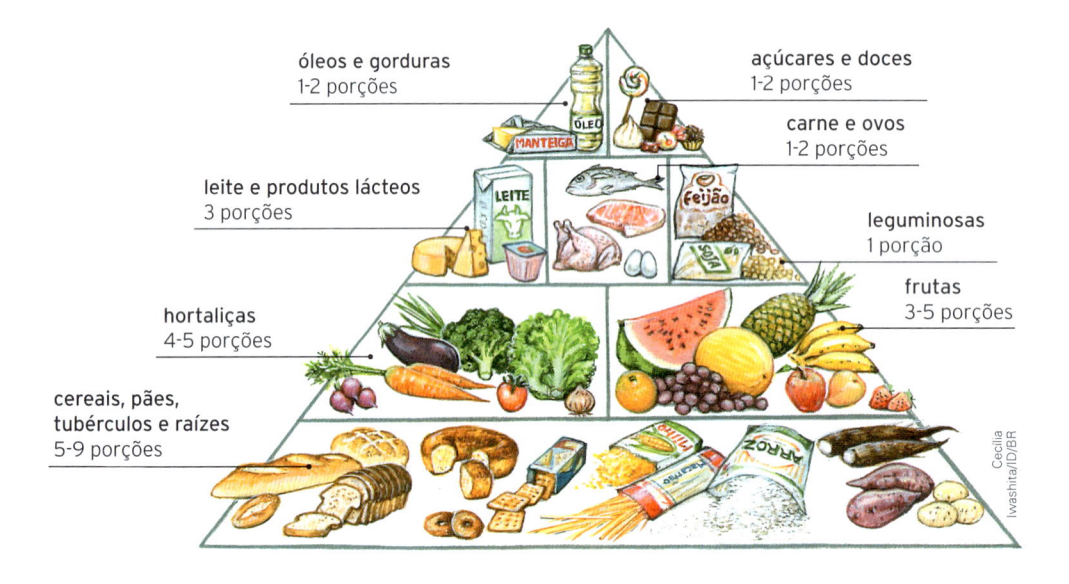

óleos e gorduras
1-2 porções

açúcares e doces
1-2 porções

carne e ovos
1-2 porções

leite e produtos lácteos
3 porções

leguminosas
1 porção

hortaliças
4-5 porções

frutas
3-5 porções

cereais, pães, tubérculos e raízes
5-9 porções

●●● Planejamento e elaboração do texto

1. Antes de começar o seu texto, escreva no caderno perguntas que devem ser respondidas em sua reportagem. Veja os exemplos abaixo.
   - O que os jovens costumam comer?
   - Qual o valor nutritivo e calórico desses alimentos?

2. Faça uma lista de pessoas que você gostaria de entrevistar (alunos, pais, professores, funcionários da escola, parentes, vizinhos, etc.).

3. Pesquise o assunto em enciclopédias, revistas e *sites*. Sugestões de *sites*.
   - http://nutricao.diabetes.org.br
   - http://bvsms.saude.gov.br

4. Depois de ter feito as entrevistas e a pesquisa, escreva a reportagem.
   a) Defina a linguagem que vai usar. Para isso, pense que seus leitores serão os frequentadores do centro de saúde do bairro.
   b) Organize as informações em parágrafos. Atenção: o primeiro parágrafo deve apresentar o tema da reportagem.
   c) Selecione os depoimentos que serão incluídos na reportagem. Não é preciso reproduzi-los por inteiro, você pode escolher apenas alguns trechos.
   d) Crie boxes em que você apresente, por exemplo, dados mais específicos e detalhados ou curiosidades a respeito de algum aspecto mostrado no texto.
   e) Se for adequado, faça um gráfico para apresentar os dados numéricos.
   f) Escolha, entre as versões de títulos e subtítulos que você criou, a que possa atrair o interesse dos leitores e, ao mesmo tempo, orientar a leitura da reportagem.
   g) Como o texto será afixado em um mural, precisará contar com recursos visuais atraentes para chamar a atenção dos leitores: cores, fotografias, ilustrações, títulos escritos em letras grandes.

●●● Avaliação e reescrita do texto

1. Revise a reportagem com base no quadro abaixo.

Elementos da sua reportagem
A reportagem contém as respostas às perguntas feitas na atividade 1?
Há depoimentos de pessoas entrevistadas?
A linguagem é adequada ao público-alvo?
O texto é adequado ao suporte quanto à extensão, ao tamanho das letras e à presença de imagens?

ID/BR

2. Reescreva o que for necessário. Depois junte-se a três colegas e selecionem uma das produções de vocês.

Dicas de como selecionar os textos para o mural

- Cada integrante do grupo lerá sua reportagem para os colegas. O grupo selecionará uma das produções.
- Os participantes do grupo farão sugestões para melhorar a reportagem selecionada.
- Depois, o texto escolhido será reescrito e ilustrado.
- A reportagem reescrita, que agora é de autoria do grupo, será colocada no mural do centro de saúde do bairro.

Observação: não se esqueçam de colocar o nome de todos os componentes do grupo, que agora são também autores.

Eliana Salomão/ID/BR

O verbo e sua estrutura

1. Leia o texto e responda às seguintes questões.

> ### Correspondência
>
> Aquele rapazinho escreveu esta carta para o irmão:
>
> Querido mano, ontem **futebolei** bastante, com uns amigos. Depois [...] nos divertimos **montanhando** até que o dia **anoitou**. Então **desmontanhamos**, nos **amesamos**, **sopamos**, **arrozamos**, **bifamos**, **ensopadamos** e **cafezamos**. Em seguida **varandamos**.
>
> Abraços do irmão,
>
> Maninho.
>
> Millôr Fernandes. Correspondência. Em: Maria Célia Paulillo (Org.). *Millôr Fernandes*. São Paulo: Abril Educação, 1980. p. 45 (Coleção Literatura Comentada).

Ilustrações: Andréa Vilela/ID/BR

a) A que verbos correspondem as palavras destacadas no texto?

b) Esses verbos não existem, quer dizer, não foram dicionarizados. Como foram formados?

c) Se *ontem*, na primeira oração da carta, fosse substituído por *amanhã*, como ficariam os verbos?

d) Explique por que motivo você conseguiu conjugar verbos que não existem.

2. Lendo a carta, é possível compreender o que aconteceu no dia de Maninho? Explique.

3. Quando Maninho diz: "[...] desmontanhamos, nos amesamos, sopamos [...]", ele fez essas atividades sozinho ou com um grupo? Como você conseguiu identificar isso?

4. Agora é sua vez: escreva um bilhete para um amigo criando novos verbos, como fez o autor desse texto.

●●● A estrutura dos verbos

Se observarmos isoladamente a palavra *jogaremos*, poderemos obter dela uma série de informações: sabemos que se trata de um verbo e que esse verbo se refere ao ato de jogar, que essa ação acontecerá no futuro e será realizada por mais de uma pessoa, pois concorda com o pronome *nós*.

Se observarmos a palavra *joguei*, saberemos que também se trata de um verbo, que também se refere ao ato de jogar, mas dessa vez a ação aconteceu no passado e foi realizada pela mesma pessoa que fala, já que concorda com o pronome *eu*.

Conseguimos identificar essas informações porque os verbos podem ser divididos em pequenas partes que nos fornecem diferentes dados.

O verbo pode ser dividido em três partes: radical, vogal temática e desinência.

- **Radical**: informa o significado básico do verbo. Geralmente se mantém igual em todas as suas formas.

  Ex.: **jog**o; **jog**uei; **jog**arei.

- **Vogal temática**: aparece depois do radical e indica a qual conjugação o verbo pertence.

  Por exemplo, em **jogar**, a vogal temática é **a**, portanto esse verbo é da 1ª conjugação.

- **Desinência**: indica a pessoa, o modo, o tempo e o número do verbo.

  Por exemplo, em **jogaremos**, a desinência é **remos**.

Veja a estrutura do verbo *jogar*.

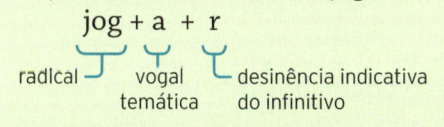

jog + a + r

radical — vogal temática — desinência indicativa do infinitivo

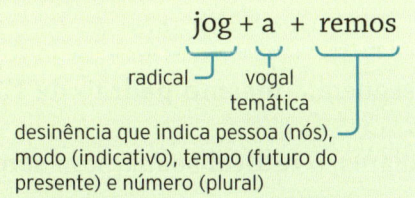

jog + a + remos

radical — vogal temática

desinência que indica pessoa (nós), modo (indicativo), tempo (futuro do presente) e número (plural)

---

1. Identifique o radical, a vogal temática e a desinência dos verbos *futebolei*, *sopamos* e *varandamos* presentes no texto de Millôr Fernandes.

●●● Verbos regulares e irregulares

Os verbos da língua portuguesa estão divididos em três grandes grupos chamados de conjugações.

- **1ª conjugação**: verbos terminados em **-ar**.
- **2ª conjugação**: verbos terminados em **-er**.
- **3ª conjugação**: verbos terminados em **-ir**.

Os verbos variam a sua forma de acordo com o **número**, a **pessoa**, o **modo**, o **tempo** e a **voz**.

Os verbos de uma mesma conjugação geralmente seguem o mesmo padrão de flexão, isto é, têm as mesmas terminações (de acordo com a pessoa, o número, o tempo e o modo no qual estão conjugados).

Observe a conjugação dos verbos abaixo. No quadro estão destacados o radical, a vogal temática e as desinências número-pessoal e modo-temporal.

1ª conjugação – verbos **jogar** e **cantar**

1ª pessoa do singular	Infinitivo	Presente do indicativo	Pretérito perfeito do indicativo	Futuro do presente do indicativo
EU	jog **ar**	jog **o**	jogu **ei**	jog **a** rei
	cant **ar**	cant **o**	cant **ei**	cant **a** rei

2ª conjugação – verbos **bater** e **vender**

1ª pessoa do singular	Infinitivo	Presente do indicativo	Pretérito perfeito do indicativo	Futuro do presente do indicativo
EU	bat **er**	bat **o**	bat **i**	bat **e** rei
	vend **er**	vend **o**	vend **i**	vend **e** rei

3ª conjugação – verbos **partir** e **subir**

1ª pessoa do singular	Infinitivo	Presente do indicativo	Pretérito perfeito do indicativo	Futuro do presente do indicativo
EU	part **ir**	part **o**	part **i**	part **i** rei
	sub **ir**	sub **o**	sub **i**	sub **i** rei

Outros verbos da língua portuguesa seguem o mesmo padrão de flexão dos verbos conjugados anteriormente. Podemos notar que os verbos *jogar* e *cantar* têm flexões iguais. O mesmo acontece com *bater* e *vender* e também com *partir* e *subir.*

ANOTE

Os verbos que seguem o **mesmo padrão de flexão** são chamados de **regulares**.

Nos verbos regulares, o **radical** se mantém **sempre igual** em todas as flexões.

Agora observe a conjugação dos verbos a seguir.

1ª conjugação – verbos **amar** e **estar**

1ª pessoa do plural	Infinitivo	Presente do indicativo	Pretérito perfeito do indicativo	Futuro do presente do indicativo
NÓS	am **ar**	am **a mos**	am **a mos**	am **a remos**
	est **ar**	est **a mos**	est **i vemos**	est **a remos**

2ª conjugação – verbos **bater** e **ver**

1ª pessoa do plural	Infinitivo	Presente do indicativo	Pretérito perfeito do indicativo	Futuro do presente do indicativo
NÓS	bat **er**	bat **e mos**	bat **e mos**	bat **e remos**
	v **er**	v **e mos**	v **i mos**	v **e remos**

3ª conjugação – verbos **partir** e **ouvir**

1ª pessoa do singular	Infinitivo	Presente do indicativo	Pretérito perfeito do indicativo	Futuro do presente do indicativo
EU	part **ir**	part **o**	part **i**	part **i** rei
	ouv **ir**	ouç **o**	ouv **i**	ouv **i** rei

1. Observe as tabelas com os verbos *amar* e *estar* (1ª conjugação) e os verbos *bater* e *ver* (2ª conjugação). Quais as diferenças entre as conjugações desses pares?

O mesmo acontece com *partir* e *ouvir* (da 3ª conjugação). O verbo *ouvir* na primeira pessoa do presente do indicativo tem uma alteração em seu radical.

Verbos irregulares são aqueles que, ao longo da conjugação, apresentam **modificações na terminação** ou no **radical** (ou nos dois ao mesmo tempo), não seguindo, portanto, o padrão da conjugação.

Todos os verbos a seguir são irregulares e muito comuns na fala do dia a dia. Leia-os com atenção para saber como conjugá-los quando for preciso empregar a norma-padrão.

Verbo **odiar**

Presente do indicativo	Pretérito perfeito do indicativo	Futuro do presente do indicativo
Eu odeio	Eu odiei	Eu odiarei
Tu odeias	Tu odiaste	Tu odiarás
Ele odeia	Ele odiou	Ele odiará
Nós odiamos	Nós odiamos	Nós odiaremos
Vós odiais	Vós odiastes	Vós odiareis
Eles odeiam	Eles odiaram	Eles odiarão

Verbo **caber**

Presente do indicativo	Pretérito perfeito do indicativo	Futuro do presente do indicativo
Eu caibo	Eu coube	Eu caberei
Tu cabes	Tu coubeste	Tu caberás
Ele cabe	Ele coube	Ele caberá
Nós cabemos	Nós coubemos	Nós caberemos
Vós cabeis	Vós coubestes	Vós cabereis
Eles cabem	Eles couberam	Eles caberão

Verbo **ter**

Presente do indicativo	Pretérito perfeito do indicativo	Futuro do presente do indicativo
Eu tenho	Eu tive	Eu terei
Tu tens	Tu tiveste	Tu terás
Ele tem	Ele teve	Ele terá
Nós temos	Nós tivemos	Nós teremos
Vós tendes	Vós tivestes	Vós tereis
Eles têm	Eles tiveram	Eles terão

Verbo **trazer**

Presente do indicativo	Pretérito perfeito do indicativo	Futuro do presente do indicativo
Eu trago	Eu trouxe	Eu trarei
Tu trazes	Tu trouxeste	Tu trarás
Ele traz	Ele trouxe	Ele trará
Nós trazemos	Nós trouxemos	Nós traremos
Vós trazeis	Vós trouxestes	Vós trareis
Eles trazem	Eles trouxeram	Eles trarão

Verbo **ver**

Presente do indicativo	Pretérito perfeito do indicativo	Futuro do presente do indicativo
Eu vejo	Eu vi	Eu verei
Tu vês	Tu viste	Tu verás
Ele vê	Ele viu	Ele verá
Nós vemos	Nós vimos	Nós veremos
Vós vedes	Vós vistes	Vós vereis
Eles veem	Eles viram	Eles verão

Verbo **ir**

Presente do indicativo	Pretérito perfeito do indicativo	Futuro do presente do indicativo
Eu vou	Eu fui	Eu irei
Tu vais	Tu foste	Tu irás
Ele vai	Ele foi	Ele irá
Nós vamos	Nós fomos	Nós iremos
Vós ides	Vós fostes	Vós ireis
Eles vão	Eles foram	Eles irão

Verbo **vir**

Presente do indicativo	Pretérito perfeito do indicativo	Futuro do presente do indicativo
Eu venho	Eu vim	Eu virei
Tu vens	Tu vieste	Tu virás
Ele vem	Ele veio	Ele virá
Nós vimos	Nós viemos	Nós viremos
Vós vindes	Vós viestes	Vós vireis
Eles vêm	Eles vieram	Eles virão

1. Leia a tira.

Garfield, de Jim Davis.

a) Que tipo de notícia aparece na primeira página dos jornais ou na capa das revistas?

b) Como a aranha entendeu o que disse Garfield no segundo quadrinho?

c) O que Garfield de fato quis dizer?

d) Qual o verbo que provoca essa dupla interpretação? Classifique-o como regular ou irregular.

2. Releia a fala de Garfield.

> "É, eu **vi** na primeira página do jornal."

a) Em que tempo e modo está conjugado o verbo destacado na frase?

b) Preencha os espaços destas frases com o verbo *ver* no tempo e na pessoa verbal solicitados.
- É, nós ★ na primeira página do jornal. (pretérito perfeito)
- É, nós ★ na primeira página do jornal. (presente)
- É, eles ★ na primeira página do jornal. (pretérito perfeito)
- É, eles ★ na primeira página do jornal. (futuro do presente)

c) Quais são as desinências que indicam a pessoa em cada um dos verbos do item **b**?

3. Leia um trecho de um poema de Carlos Drummond de Andrade.

> **Amar-amaro**
>
> por que amou por que a!mou
> se sabia
> p r o i b i d o   p a s s e a r   s e n t i m e n t o s
> ternos ou sopɐɹǝdsǝp
> [...]

Carlos Drummond de Andrade. *A palavra mágica*. 10. ed. Rio de Janeiro: Record, 2003.

a) *Amaro* significa amargo. O que o uso dessa palavra acrescenta ao verbo *amar*, presente no título do poema?

b) No primeiro verso, o poeta alterou o radical de um verbo. Qual alteração foi essa?

c) Que novo sentido essa alteração traz para o verbo?

d) Que recurso visual o poeta utilizou no último verso?

e) O que o uso desse recurso visual expressa sobre o sentimento do eu lírico?

4. Leia o texto abaixo.

> ### Independência ou aaahhhhhh
>
> [...]
>
> Era uma vez uma terra cheia de belas praias e riquezas naturais. Um belo dia, no ano de 1500, essa terra recebeu a visita de uma galera bem diferente, com roupas estranhas e hábitos mais esquisitos ainda... Essa turma vinha de um país muito distante chamado Portugal. Humm... já descobriu sobre qual história estamos falando? Pois é, esse é o "nascimento" do Brasil, que já estava descoberto muuuito antes dos portugueses e suas caravelas chegarem até aqui. [...]
>
> Raquel Carneiro. Disponível em: <http://atrevidinha.uol.com.br>. Acesso em: 11 set. 2011.

Andréa Vilela/Id/BR

a) Esse texto foi escrito para o público adolescente. Identifique no texto as marcas que indicam isso.

b) Releia.

> "Humm... já descobriu sobre qual história estamos falando?"

Que desinência de pessoa verbal permite identificar a quem o narrador está se referindo?

c) Por que o pretérito perfeito predomina nesse texto?

d) Quais verbos irregulares aparecem no texto?

e) Reescreva o trecho a seguir, supondo que o narrador esteja contando o fato no tempo verbal futuro do presente. Faça as adequações necessárias.

> "Um belo dia, no ano de 1500, essa terra recebeu a visita de uma galera bem diferente, com roupas estranhas e hábitos mais esquisitos ainda... Essa turma vinha de um país muito distante chamado Portugal."

f) Que parte do verbo foi necessário mudar para indicar o futuro?

5. Leia o trecho a seguir, retirado de uma notícia.

> ### Santos inaugura escola em Cuiabá
>
> Será inaugurada neste sábado em Cuiabá a primeira escolinha de futebol do Santos de Pelé e da mais jovem promessa do futebol mundial, Neymar. [...]
>
> Disponível em: <http://www.diariodecuiaba.com.br>. Acesso em: 16 jul. 2014.

a) Qual o tempo verbal usado no título da notícia?

b) Observe o fato relatado. O verbo do título expressa o momento em que a ação ocorreu? Justifique sua resposta.

6. Observe o verbo *voltaria* nas frases e compare o uso em cada situação.

> I. Em 1945, Getúlio Vargas foi deposto, mas em 1954 ele **voltaria** ao poder.

> II. Getúlio talvez imaginasse que **voltaria** ao poder.

a) O que expressa o verbo *voltaria* empregado no futuro do pretérito na frase 1?

b) Que ideia o verbo *voltaria* expressa na frase 2?

Verbos de elocução e expressão dos sentimentos

1. Leia um trecho da crônica "Condôminos", de Fernando Sabino.

> A porta estava aberta. Foi só eu surgir e arriscar uma espiada para a sala, o dono da casa saltou da moça para receber-me.
>
> Vamos entrar, vamos entrar. Estávamos à espera do senhor para começarmos a reunião: o senhor não é o 301? [...]
>
> Um dos presentes, solene, papel na mão, aguardava que se restabelecesse a ordem para prosseguir.
>
> – Desculpem a interrupção – gaguejei. – Podem continuar.
>
> – Não havíamos começado ainda – escusou-se o Milanês, todo simpaticão. – Estávamos apenas trocando ideias. [...]
>
> Alguém a meu lado explicou:
>
> – O Dr. Lupiscino fez um esboço do regulamento, o senhor sabe, um regulamento sempre é necessário...
>
> O Dr. Lupiscino pigarreou e leu em voz alta: [...]
>
> – Quinto: é vedado aos moradores guardar nos apartamentos explosivos de qualquer espécie...
>
> O capitão se inclinou, interessado:
>
> – É isso que eu dizia. Este artigo não está certo: suponhamos que eu, como oficial do exército, traga um dia para casa uma dinamite...
>
> – O senhor vai ter dinamites em casa, capitão? – espantou-se uma das velhas, a Dona Mirtes.
>
> – Não, não vou ter. Mas posso um dia cismar de trazer... [...]
>
> Fernando Sabino. Condôminos. Em: Rubem Braga et al. *Crônicas 4*. 12. ed. São Paulo: Ática, 2002. p. 25-27 (Coleção Para Gostar de Ler).

Andréa Vilela/ID/BR

O que o verbo *gaguejei* expressa sobre a atitude do narrador ao chegar?

2. Releia a frase: "Alguém a meu lado explicou".
   a) O que o verbo de elocução *explicou*, usado nesse trecho, permite ao leitor saber sobre o sentimento da personagem ao falar?
   b) Imagine que a personagem que se dirige ao narrador estivesse muito contrariada por ter de dar a explicação. Que verbos de elocução poderiam ser empregados para revelar ao leitor esse sentimento?

3. Complete o diálogo a seguir com verbos que expressem os sentimentos das personagens de acordo com cada situação proposta.
   a) Uma mãe muito irritada vai buscar sua filha tímida em uma festa.
   b) Uma mãe desesperada vai buscar sua filha mimada em uma festa.

> – Você quer me acompanhar agora? – ★ a mulher bem-vestida.
>
> – Tudo bem, agora não faz mais diferença mesmo – ★ a menina.
>
> – Por que vocês adolescentes são tão teimosas? – ★ a mãe.

ANOTE

As falas de personagens podem ser caracterizadas por **verbos de elocução**. Eles introduzem, ou vêm logo após, o discurso direto e podem indicar algo sobre as **emoções** de quem fala.

Reportagem

A reportagem que você vai ler foi publicada em uma revista de grande circulação no país. O assunto foi capa da revista, e a chamada para a matéria era: "Ginástica para o cérebro". Observe o título e as imagens da reportagem e formule hipóteses sobre o que essa matéria vai tratar.

Imersos na tecnologia — e mais espertos

As crianças e os adolescentes de hoje vivem cercados de video game*, computador, TV e DVD. As últimas descobertas da ciência dizem que o uso desses recursos na medida certa, ao contrário do que se pensava, pode ajudá-los a afiar a inteligência*

Nestas férias escolares, pode-se apostar que os 10 milhões de crianças e adolescentes brasileiros que jogam *video game* regularmente passarão ainda mais tempo debruçados sobre seus consoles ou computadores. [...] Hoje, é natural que crianças e jovens dediquem boa parte do dia aos *games*. Eles formam a primeira geração mergulhada integralmente na tecnologia. O aprendizado sobre o mundo, a comunicação com os amigos e a lição de casa dependem do computador. Namoros são feitos e desmanchados através de mensagens eletrônicas. As tribos se entendem e se aproximam através dos

Menina jogando *video game*.

Andrew Olney/Photographer's Choice/Getty Images

blogs. O celular virou acessório indispensável. Não se concebe mais diversão sem TV, DVD e *video game*.

Diante desse quadro, é natural que muitos pais fiquem apreensivos. Embora ajude nos estudos, a internet também abriga montanhas de lixo e pornografia. Os *video games* vêm causando uma revolução no entretenimento e já movimentam tanto dinheiro quanto a bilheteria de Hollywood, mas, aos olhos paternos, jogá-los parece uma atividade inútil. Da mesma forma que assistir aos programas de TV soa como puro desperdício de tempo. Coloca-se assim um dilema. Ao mesmo tempo em que sentem satisfação em prover seus filhos das últimas novidades tecnológicas, garantindo-lhes um lugar no admirável mundo novo, os pais se questionam se não estarão criando adultos despreparados para os desafios da vida. Como avaliar as reais consequências do impacto da tecnologia na atual geração de crianças e jovens? A respeito disso, uma boa notícia: uma série de estudos recentes avalia esse impacto como altamente positivo. Não se discute que os livros são insubstituíveis na transmissão de conhecimento, e que é importante cultivar o hábito da leitura nas crianças desde cedo. Mas, para muitos pesquisadores, à luz da psicologia e da neurociência, os computadores, *video games*, certos programas de

TV e filmes de hoje, usados ou vistos na dose certa, proporcionam à moçada um outro tipo de aprendizado: eles ensinam a selecionar e processar informações, a exercitar a lógica e a deduzir – em suma, a raciocinar.

"As diversões estão cada vez mais complexas, fazendo com que as crianças e os adolescentes desenvolvam suas capacidades cognitivas e exercitem suas estruturas cerebrais com maior intensidade. Isso os torna mais inteligentes, e não menos", disse à VEJA o escritor americano Steven Johnson, que lançou há pouco o livro *Surpreendente! A televisão e o video game nos tornam mais inteligentes*. A tese de Johnson é que, embora o conteúdo do entretenimento, de modo geral, continue pífio se comparado à informação fornecida pelos livros, a forma como esse conteúdo é elaborado hoje puxa muito mais pela cabeça das crianças do que as diversões de antigamente. Os seriados de TV e os filmes infantojuvenis, que antes tinham enredo simples e poucos personagens, agora trazem histórias elaboradas, cheias de tramas paralelas e com vários protagonistas. Os *video games* apresentam uma série interminável de desafios ao jogador – para alcançar os objetivos do jogo, ele é obrigado a todo instante a avaliar e organizar as informações disponíveis, priorizá-las e, baseado nelas, tomar decisões estratégicas de curto ou longo prazo. Os *blogs* da internet transformam adolescentes em candidatos a escritor. A diversão hoje disponível para os jovens, por essa ótica, seria como ginástica para o cérebro. "Nas últimas décadas, houve uma aceleração em todos os processos do desenvolvimento da criança graças

Adolescente usando equipamento eletrônico.

às diversões mais desafiadoras", diz Luiz Celso Pereira Vilanova, chefe do setor de neurologia infantil da Universidade Federal de São Paulo (Unifesp). [...]

Não é preciso ser pai ou professor para notar que as crianças estão mais espertas do que nunca. Dominam informações que só deveriam aprender anos mais tarde. Fazem perguntas que surpreendem. Mexem em computadores, celulares e aparelhos eletrônicos como se agissem por instinto – realizando operações que, para os adultos, exigem consultas ao manual de instruções. Os educadores advertem que, para acompanhar a evolução da garotada, a educação no Brasil e no mundo terá de mudar nos próximos anos, ajustando currículos e procedimentos pedagógicos. Os cientistas não têm dúvida de que por trás de tudo isso está a imersão das crianças na tecnologia e em seu consequente acesso ilimitado à informação. O neurocientista americano Gerald Edelman, ganhador de um prêmio Nobel, dá a medida do

GLOSSÁRIO

À luz de: de acordo com o ponto de vista de.

Apreensivo: preocupado.

Cognitivo: relativo ao conhecimento.

Currículo: programação de um curso.

Neurociência: ciência que se ocupa do sistema nervoso.

Neurologia: parte da medicina que trata do sistema nervoso.

Ótica: visão, ponto de vista.

Pífio: insignificante, de pouco valor.

fenômeno na seguinte observação: "De certo modo, seus filhos não são seus filhos. Eles são filhos da tecnologia da informação. Quem faz a cabeça deles, mais do que os pais, são os estímulos do mundo moderno". Esses estímulos, contidos em *video games*, filmes, alguns programas de televisão e na internet, não concorrem com o ensino formal, que é insubstituível. Mas eles equipam os jovens com ferramentas úteis para uma educação mais completa e uma melhor adaptação ao ritmo acelerado do mundo de hoje.

Crianças usando um computador.

Como a indústria cultural tornou seus produtos mais complexos

Antes	Depois
 **Tom e Jerry** (Estreou em 1965) O gato Tom perseguia o camundongo Jerry pela casa e pelo jardim e sempre levava a pior. Uma fórmula clássica dos desenhos dos anos 1950 e 1960, que se repetia com Frajola e Piu-Piu e Papa-Léguas e o Coiote.	 **Bob Esponja** (Estreou em 1999) As aventuras são recheadas de situações bizarras e surrealistas. Na cidade submarina do cenário, costuma chover. Há uma lula rabugenta, uma estrela-do-mar boboca e até um esquilo que respira embaixo d'água.
 **Star Wars** (1º filme) (1977) A narrativa linear, com apenas nove personagens principais, forma um contraste gritante com os episódios mais recentes da série, muito mais sofisticados em termos de enredo e ação. A aventura é quase uma transposição das histórias em quadrinhos para a tela.	 **O Senhor dos Anéis** (1º filme) (2001) É preciso muita rapidez de raciocínio para acompanhar a ação vertiginosa do filme, que tem 21 personagens principais, todos com participações importantes. A trama é cheia de significados subentendidos – cabe ao espectador desvendá-los.
 **A Bela Adormecida** (Disney, 1959) O mais típico dos contos de fadas do cinema. A princesa cai num sono profundo por obra de uma feiticeira cruel. O príncipe encantado enfrenta um dragão para salvá-la. Como não poderia deixar de ser, todos vivem felizes para sempre.	 **Shrek** (Dreamworks, 2001) O desenho é uma gozação explícita com os contos de fadas. O príncipe encantado é um ogro verde que tira cera da orelha. Em vez de o ogro se transformar num belo rapaz para ficar com a princesa, é ela que se transforma num monstro.

Okky de Souza e Rosana Zakabi. Revista *Veja*. São Paulo: Abril, 11 jan. 2006. p. 66-71.

Estudo do texto

●●● Para entender o texto

1. Releia o primeiro parágrafo da reportagem.
   a) Qual é a principal informação apresentada nessa parte do texto?
   b) Qual é a função do primeiro parágrafo nesse texto?

2. Por que se afirma que é natural que os pais fiquem apreensivos diante do quadro apresentado no primeiro parágrafo?

3. O texto apresenta vantagens e desvantagens do uso das novas tecnologias por crianças e adolescentes. Complete a tabela com as informações do texto.

Novas tecnologias	Vantagens	Desvantagens
Internet		
Video games		
Programas de televisão		

4. Qual é o conflito vivido pelos pais em relação às novidades tecnológicas?

5. Quais são as principais diferenças entre os entretenimentos de antigamente e os atuais, segundo o texto?

6. Observe o boxe ao final da reportagem.
   a) Que informações ele apresenta?
   b) Essas informações exemplificam que ideias do texto?

7. Como é visto por alguns psicólogos e neurocientistas o impacto tecnológico nas crianças e nos jovens?

8. Como Gerald Edelman explica a frase "De certo modo, seus filhos não são seus filhos. Eles são filhos da tecnologia da informação"?

9. Releia o último parágrafo.
   a) Que informações são apresentadas nesse parágrafo?
   b) Qual é a função do último parágrafo nesse texto?

10. Leia o título da reportagem e compare-o com o primeiro e o último parágrafo.

    > "Imersos na tecnologia – e mais espertos."

    a) Como o primeiro parágrafo comprova essa *imersão* na tecnologia? Retire dele uma frase que exemplifique essa afirmação.
    b) Segundo o último parágrafo, em que consiste a *esperteza* das crianças?

ANOT

O **primeiro parágrafo** de uma reportagem geralmente apresenta o assunto que será tratado no texto.

O **último parágrafo** retoma as informações apresentadas e conclui a ideia defendida no texto.

●●● O texto e o leitor

1. Observe a capa da revista. Qual é a relação entre a chamada "Ginástica para o cérebro" e a reportagem?

Capa da Revista *Veja*, 11 de janeiro de 2006.

2. Releia.

> "Mas, para muitos pesquisadores, à luz da psicologia e da neurociência, os computadores, *video games*, certos programas de TV e filmes de hoje, usados ou vistos na dose certa, proporcionam à moçada um outro tipo de aprendizado: eles ensinam a selecionar e processar informações, a exercitar a lógica e a deduzir – em suma, a raciocinar."

Localize no trecho acima um termo que justifique o emprego da palavra *ginástica* na chamada da capa.

> A **chamada da reportagem** na capa de revistas e jornais deve **atrair o leitor** para o assunto que será apresentado no texto. Muitas vezes, essa chamada não fala diretamente sobre o que o leitor encontrará no texto.

3. Leia o título de uma reportagem publicada na revista *Superinteressante*.

> **Mais que perfeito**
>
> Revista *Superinteressante*. São Paulo: Abril, ed. 250, mar. 2008. p. 66.

Esse título não antecipa o conteúdo da matéria. Sobre quais assuntos uma reportagem com esse título poderia falar?

4. Agora leia o subtítulo dessa reportagem.

> O que você faz nunca está bom o bastante, mas o que os outros fazem é pior? Você é um perfeccionista e não merece parabéns por isso. Saiba por quê.
>
> Revista *Superinteressante*. São Paulo: Abril, ed. 250, mar. 2008. p. 66.

a) Que palavra do subtítulo está relacionada ao título e o explica?

b) Depois de ter lido o subtítulo, o que os termos usados no título sugerem sobre o assunto do texto?

5. Releia o título da reportagem.

> "Imersos na tecnologia – e mais espertos"

a) Que palavras do título expressam a posição que será defendida no texto sobre o uso de novas tecnologias?

b) O que essas palavras antecipam sobre o conteúdo da reportagem?

6. Releia.

> "A respeito disso, uma boa notícia: uma série de estudos recentes avalia esse impacto como altamente positivo."

a) Que palavras foram usadas para caracterizar esses estudos recentes e o impacto das novas tecnologias?

b) O que a seleção dessas palavras revela sobre o conteúdo da reportagem?

A **seleção das palavras** que aparecem no título e no texto pode indicar a posição do autor sobre o assunto da reportagem.

O uso de **adjetivos** e **advérbios** é um recurso que pode **modificar** ou **intensificar** uma ideia.

7. De quem são os depoimentos que aparecem na reportagem "Imersos na tecnologia – e mais espertos"?

8. Qual a posição dessas pessoas a respeito do uso de novas tecnologias?

9. Como esses depoimentos contribuem para fortalecer a posição do autor sobre o assunto da reportagem?

10. Releia.

> "As últimas descobertas da ciência dizem que o uso desses recursos na medida certa [...] pode ajudá-los a afiar a inteligência."

O que indicam as palavras *na medida certa* sobre o uso dos recursos tecnológicos?

Fabiana Salomão ID/BR

●●● Comparação entre os textos

1. Você leu neste capítulo duas reportagens: "Amiguinhos da onça" e "Imersos na tecnologia – e mais espertos".
   a) O que essas reportagens têm em comum?
   b) A que público cada uma das reportagens foi dirigida?
   c) O que diferencia a linguagem de cada uma das reportagens?
   d) Qual relação se pode fazer entre a linguagem, o público-alvo e a revista ou o jornal em que foram publicadas as reportagens?
   e) Quais foram os recursos utilizados em cada uma das reportagens para ampliar e/ou especificar as informações do texto?

●●● Sua opinião

1. A reportagem, além de informar, analisa os fatos e apresenta posições sobre o assunto selecionado. Os recursos utilizados nas duas reportagens foram suficientes para convencê-lo da posição apresentada na matéria?

Tecnologia e integração

Os adolescentes passam muito tempo diante da tela da TV ou do computador e nem sempre exploram esses recursos para conhecer novas pessoas e, com elas, trocar experiências e saberes.

Discuta com seus colegas e o professor as seguintes questões.

Adolescentes em um parque.

Timota~Shonnard/Stone/ Getty Images

I. Como os jovens aproveitam geralmente o tempo livre?

II. Quais são os espaços de convivência mais utilizados pelos jovens?

III. Como as novas tecnologias podem ser usadas na escola para auxiliar a integração entre os alunos?

Reportagem

Como já vimos, os boxes podem especificar informações apresentadas no texto principal de uma reportagem.

- Leia este trecho de uma reportagem.

Corda bamba só no picadeiro

Organização não governamental Circo de Todo Mundo resgata crianças e adolescentes do trabalho infantil doméstico, rompendo ciclo de pobreza com educação e formação artística

Em vez de preparar mamadeiras, jogar malabares para o ar. No lugar de um tanque cheio de roupa suja, o desafio do trapézio. Pá e vassoura são substituídas por pernas de pau comandadas com destreza. E as boas risadas arrancadas da plateia devolvem a alegria a quem foi obrigado a se tornar adulto antes do tempo. É dentro do picadeiro da ONG Circo de Todo Mundo que crianças e adolescentes explorados no trabalho doméstico vislumbram um futuro bem mais promissor.

[...] Para orgulho da instituição, quase 100% das crianças integrantes do projeto deixaram o serviço doméstico e regressaram à escola. No mínimo, um bom exemplo a seguir num país em que 1,637 milhão de crianças e adolescentes entre 5 e 14 anos trabalham, de acordo com dados do IBGE de 2010.

Disponível em: <www2.uol.com.br/JC>. Acesso em: 11 set. 2011.

Crie no caderno um boxe que poderia ser acrescentado a essa reportagem, dando informações mais detalhadas sobre um dos seguintes tópicos que são mencionados no texto:

- O que são Organizações Não Governamentais (ONGs).
- Outras iniciativas de ONGs na sua região.

●●● Proposta

Você vai escrever uma reportagem para ser publicada em um jornal que será distribuído em centros comunitários próximos da escola (centros culturais, clubes, espaços de convivência). O assunto deve ser relacionado ao tema da reportagem lida: **o uso da tecnologia pelos adolescentes**.

Leia a notícia a seguir. O texto apresenta dados sobre como as crianças chinesas utilizam o seu tempo com o computador.

Maioria das crianças chinesas passa férias *on-line*, diz pesquisa

PEQUIM (Reuters) – A maior parte das crianças em idade escolar da China prefere navegar pela internet durante as férias de verão que brincar fora de casa, informou a mídia estatal na terça-feira, citando uma pesquisa.

O levantamento com 103 crianças com idades entre 4 e 14 anos descobriu que apenas 4% delas escolheram atividades ao ar livre durante as férias e somente 9% participam de acampamentos de férias.

"Cinco anos atrás, quando a internet não era tão popular entre os estudantes, eles preferiam sair de casa nas férias de verão. Agora, eles preferem ficar em casa e brincar em jogos *on-line*", disse um médico citado pelo *China Daily*.

Cerca de 13% dos 20 milhões de internautas da China com menos de 18 anos são considerados viciados em navegar pela *web*, informa a mídia estatal.

Em Xangai, no mês passado, autoridades locais lançaram um programa experimental de férias com 40 jovens que tentam se livrar do vício da internet em um acampamento. [...]

Disponível em: <http://tecnologia.uol.com.br>. Acesso em: 16 jul. 2014.

Menino usando um computador.

●●● Planejamento e elaboração do texto

1. Escolha o assunto da reportagem. Veja algumas sugestões.
   - A internet na vida do adolescente brasileiro.
   - A tecnologia ajuda a fazer amigos?
   - Os celulares e o consumismo.
   - Ações do governo e de ONGs para acabar com a exclusão digital no Brasil.
   - *Video game* vicia?

2. Definido o assunto, pense em pessoas que teriam informações interessantes a dar e pergunte a elas se concederiam uma entrevista. Prepare as perguntas com antecedência e anote ou grave as respostas.

3. Pesquise o assunto também em jornais, revistas e *sites*.

4. Depois de ter entrevistado as pessoas e feito a pesquisa, reúna essas informações e selecione o que fará parte do texto principal e o que estará nos boxes da reportagem.

5. Organize as ideias de seu texto com base no roteiro a seguir.
   a) Título e subtítulo que atraiam o leitor.
   b) Texto principal com informações sobre o uso das tecnologias pelos jovens.
   c) Primeiro parágrafo com apresentação do assunto.
   d) Boxes com informações complementares.
   e) Último parágrafo com conclusão da reportagem.
   f) Linguagem e ilustrações adequadas ao público leitor.

●●● Avaliação e reescrita do texto

1. Releia sua reportagem e avalie os itens a seguir.
   a) O texto principal traz informações suficientes sobre o assunto escolhido?
   b) Os boxes apresentam informações complementares?
   c) A linguagem e as ilustrações são adequadas ao público leitor?
   d) O texto apresenta palavras ou expressões que mostrem a opinião do autor sobre o tema tratado na reportagem?

2. Reescreva seu texto e entregue-o para o professor.

3. Forme um grupo com quatro colegas que tenham produzido reportagens sobre assuntos diferentes do que você escolheu.

4. Reúnam os textos. Façam uma capa com o nome do jornal, uma imagem que represente os assuntos tratados e um sumário com o título e a página de cada matéria.

5. Com a orientação do professor, entrem em contato com os responsáveis por um centro comunitário próximo da escola e peçam que disponibilizem o jornal para ser lido pelas pessoas que o frequentam.

Dicas de como divulgar a reportagem

- Se for possível, tirem cópias do jornal. Deixem uma no centro comunitário e levem as outras para casa, para mostrar a familiares e amigos.
- Se não houver, no bairro, um centro comunitário acessível, ofereçam o jornal à biblioteca da escola ou do bairro.

Verbo: modo imperativo

1. Leia ao lado um boxe que faz parte da reportagem "Amiguinhos da onça".

   a) Essas dicas são dirigidas aos alunos que sofrem *bullying*. A que outras pessoas a reportagem deveria dar dicas de como enfrentar a situação?

   b) Escreva no caderno mais uma dica aos alunos.

Esse boxe dá aos alunos que sofrem *bullying* conselhos sobre como agir. O modo verbal utilizado para expressar esses conselhos é o **imperativo**.

> **DICAS DE COMO AGIR**
> **Para os alunos**
>
> • Tente manter a calma e peça aos agressores que parem de agir daquela maneira.
>
> • Converse com um adulto sobre o que está acontecendo, de preferência alguém de sua família ou da escola.
>
> • Se você tem medo de contar para um adulto, peça ajuda a um amigo.
>
> • Não se culpe pelo que está acontecendo.
>
> Antônio Góis, Fernanda Mena e Guilherme Werneck. Amiguinhos da onça. *Folhateen*, suplemento do jornal *Folha de S.Paulo*, 9 jun. 2003.

Andréa Vilela/ID/BR

 ANOTE

O modo **imperativo** expressa **ordem**, **conselho**, **convite**, **pedido**. Esse modo é muito utilizado em textos que orientam o leitor a ter determinados comportamentos ou a realizar certas ações.

●●● Formação do imperativo

Não existe a primeira pessoa do singular no imperativo. O imperativo pode ser afirmativo ou negativo.

No **imperativo afirmativo**, a segunda pessoa do singular (tu) e a segunda pessoa do plural (vós) originam-se da segunda pessoa do presente do indicativo (singular e plural), sem o **s**. As outras formas do imperativo afirmativo são as mesmas do presente do subjuntivo.

No **imperativo negativo**, as formas de todas as pessoas são as mesmas do presente do subjuntivo.

Observe no quadro a seguir a conjugação do verbo *tentar*.

ID/BR

Presente do indicativo	Imperativo afirmativo	Presente do subjuntivo	Imperativo negativo
eu tento	____	eu tente	____
tu tentas (-s) ➡	tenta tu	tu tentes ➡	não tentes tu
ele tenta	tente você ⬅	ele tente ➡	não tente você
nós tentamos	tentemos nós ⬅	nós tentemos ➡	não tentemos nós
vós tentais (-s) ➡	tentai vós	vós tenteis ➡	não tenteis vós
eles tentam	tentem vocês ⬅	eles tentem ➡	não tentem vocês

O pronome de tratamento *você*, apesar de ser utilizado como pronome da segunda pessoa verbal, leva o verbo para a **terceira pessoa verbal**. Isso vale também para o imperativo.

1. Complete os espaços com as formas adequadas do modo imperativo.

> **50 dicas para você ficar ainda mais bonita [...]**
> **Desembarace sem quebrar**
>
> Primeiro, ★ (passar) creme de pentear. Então,
> ★ (aquecer) os fios com touca térmica ou toalha
> quente por alguns minutos e ★ (desembaraçar)
> mechas finas com pente de madeira de dentes largos.
> Durante a lavagem, ★ (usar) condicionador, que
> ajuda a estabilizar as cargas elétricas e evita quebras.
> ★ (evitar) dormir com os fios molhados e sem
> desembaraçá-los!
>
> Mauro Soares. Disponível em: <http://claudia.abril.com.br>. Acesso em: 11 set. 2011.

Andrea Vile/ID/BR

2. Muitas revistas têm nos títulos de suas matérias verbos no imperativo. Identifique esses verbos nas frases abaixo e escreva-os em seu caderno.

ID/BR

> **Reconquiste o seu gato! Tudo o que você precisa saber para trazer o garoto de volta.**
>
> Revista *Atrevida*. São Paulo: Escala, n. 153, maio 2007.
>
> **Aperte *start*! Um guia com os melhores *games* *on-line*.**
>
> Revista *Capricho*. São Paulo: Abril, n. 1018, 13 maio 2007. p. 70.
>
> **Corra para a luz ou congele. Neve na vizinhança e praias ensolaradas no nordeste podem entrar em lista de espera nestas férias.**
>
> Revista da Folha, n. 721, 4 jun. 2006. p. 14.

a) O que esses verbos expressam?

b) Na sua opinião, qual a intenção do emprego de verbos no imperativo nos títulos?

3. Preencha a tabela com a conjugação dos verbos no imperativo.

ID/BR

Verbo	Pessoa verbal	Imperativo afirmativo	Imperativo negativo
Falar	Tu		
	Você		
Optar	Tu		
	Você		
Vender	Tu		
	Você		
Trazer	Tu		
	Você		
Vir	Tu		
	Você		
Fugir	Tu		
	Você		

4. Leia a propaganda.

a) A propaganda propõe uma situação imaginária. Qual é ela?

b) Essa situação apresentada pode realmente acontecer? Justifique sua resposta.

c) Transcreva o verbo usado na propaganda que está no modo imperativo.

d) Explique o uso do modo imperativo na propaganda.

Revista *IstoÉ*, nº. 1834, 1º dez. 2004. p. 59.

5. Agora, que tal fazer um tambor?

a) Complete as instruções, colocando os verbos entre parênteses no imperativo.

1 Para fazer o tambor, você vai precisar de uma lata vazia, dois palitos de churrasco, barbante, tesoura com pontas arredondadas e fita adesiva.

2 Com a fita adesiva, ★ (colar) o barbante em dois pontos opostos da lata. ★ (deixar) o barbante com aproximadamente 70 cm de comprimento.

3 ★ (enrolar) a fita adesiva na extremidade mais afiada de cada palito.

4 Prontinho, aí está o seu tambor com as baquetas. Agora ★ (criar) sua bandinha e ★ (sair) por aí fazendo sua batucada.

Disponível em: <http://www.bugigangue.com.br>. Acesso em: 12 jul. 2011.

b) Explique o uso do modo imperativo nesse texto.

Modo imperativo: diferenças entre a fala e a escrita

1. Leia um trecho de uma conversa.

> **L1** escuta... vai pintar um *show* com Chitãozinho e Xororó amanhã na PRAIA cara... vamos? ((animado))
>
> [...]
>
> **L2** amanhã? ((já com ar de impossibilidade))
>
> **L1** é: vamos embora logo cedo?
>
> **L2** não dá cara... tô cheio de serviço até a cabe::ça...
>
> **L1** ah;;; faz o possível pra dar conta pelo menos até a hora do almoço ((meio indignado))
>
> [...]
>
> **L2** vou pensar...
>
> **L1** tá bom mas ó... dá um je::ito... vamos lá:: pô você só traba::lha... qual é::?...
>
> (Conversação espontânea)
>
> Leonor Fávero. *Oralidade e escrita:* perspectivas para o ensino de língua materna. 5. ed. São Paulo: Cortez, 2009. p. 75-76.

a) Qual é o assunto da conversa?

b) A conversa representa uma situação informal. Que marcas do texto indicam essa situação?

c) Copie duas frases do texto em que os verbos aparecem no modo imperativo.

d) O que o uso do imperativo expressa nessa conversa?

e) Por que o imperativo não está conjugado de acordo com a norma-padrão?

2. Leia um trecho de uma crônica.

> **Horóscopo**
>
> – Telefonaram do escritório, bem. Seu chefe mandou perguntar por que você não foi trabalhar.
>
> – E você deu o motivo?
>
> – [...] Então eu ia dizer ao seu chefe que você não trabalha hoje porque o seu horóscopo aconselha: "fique em casa descansando"?
>
> – E daí, amor? Se meu signo é Touro e se Touro acha conveniente que eu não faça nada, como é que eu vou desobedecer a ele?
>
> – É, mas com certeza seu chefe não é Touro, e não vai achar graça nisso.
>
> – Ele é Áries, está ouvindo? E o dia não está para relações entre Áries e Touro. Pega aí o jornal. Faz favor de ler [...]: "Áries – Evite rigorosamente discussões com subordinados".
>
> Carlos Drummond de Andrade. *Crônicas 2.* 19. ed. São Paulo: Ática, 2004 (Coleção Para Gostar de Ler).

a) A cena apresenta uma situação cotidiana. Que situação é essa?

b) Identifique no texto os verbos no modo imperativo.

c) O que o uso do imperativo expressa em um horóscopo?

d) Na última fala, os verbos no imperativo parecem expressar ordem, pedido ou conselho? Justifique.

3. O que você pode afirmar sobre a concordância entre o verbo e a pessoa do discurso em cada uma das situações apresentadas nos dois textos acima?

> **ANOTE**
>
> O uso do **imperativo** varia de acordo com a situação de produção do enunciado.
>
> Em **situações formais**, utiliza-se o **verbo na terceira pessoa do imperativo** em concordância com o pronome e a pessoa a que se refere.
>
> Em **situações informais**, a concordância entre o pronome e o verbo nem sempre segue a norma-padrão. Há uma mistura entre as pessoas do discurso, e o **imperativo** pode ser conjugado também na **segunda pessoa verbal**.

Grafia de alguns verbos irregulares

1. Complete as frases com a alternativa adequada de acordo com a norma--padrão.

   a) Ontem pegamos uma carona com o Hélio. Apesar de o fusquinha ser apertado, nós dois ★ (cabemos / coubemos) na parte de trás.

   b) Nós ★ (trouxemos / truxemos) a vovó para assistir à peça da Larissa.

   c) Nós ★ (vimos / viemos) aqui ontem para esclarecer de uma vez por todas a confusão.

   d) Elas ★ (vêm / vem) aqui em casa todo sábado.

2. Leia a tira.

Laerte. *Gato e gata.*

   a) No primeiro quadrinho, qual é o sentimento da gata pelo gato com manchas? Como você percebeu?

   b) Qual é o sujeito do verbo *ter* no segundo quadrinho?

   c) Reescreva a frase do segundo quadrinho, modificando o sujeito para *os gatos.*

3. Complete as lacunas com *vem* ou *vêm.*

   a) Mãe, o Pedro ★ aqui hoje?

   b) Todo ano, meus primos ★ passar as férias em casa.

   c) Nem sempre eles ★ almoçar aqui aos sábados.

   d) Mariana ★ passar o *réveillon* conosco.

4. Complete os espaços com *tem* ou *têm.*

   a) Ele ★ medo de perder mais um jogo e ser desclassificado.

   b) Você sabe se o Paulo ★ mais um livro para emprestar?

   c) Os motoristas nem sempre ★ paciência no trânsito.

   d) A minha escola ★ uma horta coletiva; todos os alunos ★ de ajudar a cuidar das verduras plantadas.

5. Preencha as lacunas com o verbo indicado entre parênteses.

   a) Será que ele ★ (trazer / pretérito perfeito do indicativo) o dinheiro?

   b) Esse lugar me ★ (trazer / presente do indicativo) péssimas lembranças.

   c) Os meninos ★ (trazer / futuro do presente do indicativo) os doces mais tarde.

6. Complete as frases com o verbo entre parênteses no tempo e no modo adequados.

a) A viagem de ontem foi muito cansativa! Não sei como nós ★ (caber) todos no banco de trás daquele carro!

b) Eu ★ (vir) da Bahia quando era muito jovem.

c) Nós ★ (vir) da Bahia quando éramos muito jovens.

7. Leia o trecho abaixo.

> **...Votar**
>
> Quem quiser pode participar das eleições a partir dos 16 anos. É bom já ir treinando e se acostumando, pois, a partir dos 18, o voto vira obrigatório. Quem der o cano – não votar ou justificar a falta – paga uma multa de até 10% do valor do salário mínimo da região.
>
> Revista *Mundo estranho*. São Paulo: Abril, ed. 72, fev. 2008. p. 40.

a) A quem é dirigida a informação acima?

b) Observe as formas verbais *quiser* e *der*. Esses verbos são regulares ou irregulares? Explique.

c) Por que *quiser* foi escrito com **s**?

d) Escreva no caderno como ficam os verbos *querer* e *dar* na terceira pessoa do singular do pretérito do subjuntivo.

 Entreletras

Palavras escondidas

Descubra as palavras que estão escondidas em cada um dos termos a seguir. Para isso, você pode misturar as letras e, se necessário, colocar acento em vogais. Por exemplo: **SEMANA** – Ana, em, mana, mansa, mês, mesa, nem, sã, sem.

Observação: para os verbos, considere apenas o infinitivo; para os substantivos, considere apenas o singular.

Andréa Vilela/ID/BR

CARRO	JANELA	SAPATO	ABELHA

PARA SABER MAIS

Livros

Os operários com dentes de leite: histórias sobre o trabalho infantil, de Sigfrid Baffert. Edições SM.

Mano descobre a solidariedade, de Gilberto Dimenstein e Heloisa Prieto. Editora Senac/Ática.

A cabeleira de Berenice, de Leusa Araújo. Edições SM.

Revistas e *sites*

Revista *Superinteressante*. Editora Abril.

Revista *Recreio On-Line*. Disponível em: <http://recreionline.abril.com.br>. Acesso em: 13 jan. 2012.

Edições SM/Arquivo da editora

Ática/Arquivo da editora

1. Leia uma propaganda que fez parte de uma campanha nacional para que a estátua do Cristo Redentor fosse eleita uma das sete maravilhas do mundo moderno.

   a) A quem é dirigida essa propaganda?

   b) O que o texto sugere que o leitor faça?

   c) Os verbos *ajude*, *faça* e *eleja*, que aparecem na propaganda, estão em que modo verbal?

   d) O que o uso desse modo verbal expressa nessa propaganda?

   e) O uso do verbo no imperativo é frequente em propagandas. Por que isso ocorre?

Ajude no milagre da multiplicação. Faça seus amigos votarem também.

Eleja o Cristo uma das 7 novas maravilhas do Mundo. **WWW.CORCOVADO.COM.BR**

Rua Cosme Velho, 513 | Tel: 2558-1329

Cartaz da campanha pelo Corcovado, cerca de 2007.

2. Preencha as lacunas com as formas verbais adequadas.

   a) **Brigada *antibullying***

   Estudantes que odeiam a injustiça sofrida por colegas que são "zoados" todos os dias nas salas de aula ★ (contar) como os ★ (ajudar) e o que ★ (fazer) para evitar o problema.

   Leandro Fortino. *Folhateen*, suplemento do jornal *Folha de S.Paulo*, 20 jun. 2005. p. 6-7.

   b) **A dieta do jovem**

   Os adolescentes já faziam de tudo para emagrecer. Agora ★ (pedir) ajuda ao médico para perder peso de forma saudável.

   Rosana Zakabi. A dieta do jovem. Revista *Veja*. São Paulo: Abril, 5 nov. 2003. p. 116.

3. Transforme estas frases nominais em frases verbais sem alterar seu sentido. Use o modo imperativo.

Silêncio!	Avante!	Calma!	Mãos ao alto!

4. Leia a tira.

Galvão.

   a) Descreva em seu caderno os desenhos que representam os sentimentos de Beatriz no segundo quadrinho.

   b) O menino pede: "Fecha isso, pelo amor de Deus!". O que ele quer que desapareça? Por quê?

   c) A tira trabalha com a oposição entre dois verbos. Que verbos são esses?

   d) O que esses verbos expressam?

Reportagem

- A **reportagem** é um gênero jornalístico que trata de um assunto ou fato de modo mais amplo do que a notícia.
- Na reportagem são utilizados vários recursos para especificar as informações, como imagens, boxes, gráficos, divulgação de pesquisas, etc.
- O uso de depoimentos dá maior credibilidade à reportagem, além de poder ampliar a informação. Geralmente os depoimentos estão em discurso direto, entre aspas.
- O texto jornalístico procura ter uma linguagem objetiva. Por isso usa recursos como verbos na terceira pessoa, depoimentos, dados estatísticos, para dar credibilidade à matéria.
- A linguagem e as imagens de uma reportagem devem ser adequadas ao leitor e ao suporte em que são publicadas.
- A seleção das palavras que aparecem no título e no texto pode indicar a posição do autor sobre o assunto da reportagem.
- A chamada da reportagem na capa de revistas e jornais deve atrair o leitor para o assunto que será apresentado no texto.
- Muitas vezes, essa chamada não fala diretamente sobre o que o leitor encontrará no texto.

Verbo e sua estrutura

- As partes que compõem o verbo são: radical, vogal temática e desinência.
- **Radical**: informa o significado básico do verbo e geralmente se mantém igual em todas as suas formas.
- **Vogal temática**: aparece depois do radical e indica a qual conjugação o verbo pertence.
- **Desinência**: indica a pessoa, o modo, o tempo e o número do verbo. Ex.: joga**rei**.
- Os verbos estão divididos em três conjugações: 1ª (terminados em **-ar**), 2ª (terminados em **-er**) e 3ª (terminados em **-ir**). Os verbos variam a sua forma conforme o número, a pessoa, o modo, o tempo e a voz.
- Os verbos podem ser **regulares** (seguem um mesmo padrão de flexão) ou **irregulares** (apresentam modificações na terminação e/ou no radical).

Modo imperativo

- O **imperativo** expressa uma **ordem**, um **conselho**, um **convite**, um **pedido**.
- O imperativo pode ser **afirmativo** ou **negativo**.
- Não existe a primeira pessoa do singular no imperativo.

Autoavaliação ●●●

Para fazer a autoavaliação, releia o quadro *O que você aprendeu neste capítulo*.

- Qual foi o tema de reportagem que você mais gostou de produzir? Por quê?
- Como você avalia sua participação no debate sobre o *bullying*? Você conseguiu se posicionar a respeito desse tema? Explique.
- Você conseguiu reescrever seus textos de maneira satisfatória depois da avaliação? Comente sua resposta.
- Comente sua participação na atividade para a seleção das reportagens para o mural.

Entrevista oral

1. Você já passou pela experiência da entrevista? Alguma vez precisou entrevistar alguém ou já foi entrevistado? Já assistiu a alguma entrevista pela televisão ou internet?

Você vai entrevistar um colega e ser entrevistado também. Para que a entrevista seja bem aproveitada, vamos estudar suas características e a melhor forma de realizá-la.

A entrevista faz parte do universo da oralidade, pois sua natureza contempla o contato direto entre entrevistador e entrevistado. Vejamos dois exemplos:

Texto I:

Assista ao vídeo, disponível na internet, em que Mauricio de Sousa é entrevistado com sua Turma da Mônica em programa de televisão.

Disponível em: <http://www.cultura.gov.br>. Acesso em 14 dez. 2011.

Texto II:

Agora você vai ler uma entrevista concedida por Mauricio de Sousa ao *site* Universo HQ.

Mauricio de Sousa. Fotografia de 1999, São Paulo (SP).

> **Universo HQ:** Mauricio, você foi convidado para um festival no qual se celebra a Mulher. Como se sente sabendo que, aqui em Portugal, a maioria do público que consome suas revistas pertence ao sexo feminino?
>
> **Mauricio:** Nossa! Verdade? Bem, isso me enche de orgulho e de emoção. Afinal, pertenço a uma linhagem de matriarcas, todas elas mulheres com personalidade forte, líderes e responsáveis por uma família inteira; e isso é algo que tento transmitir nas minhas personagens também, criando protagonistas fortes e corajosas. [...]
>
> **UHQ:** Como é continuar a conviver com os mesmos personagens após tantos anos? Ainda mais por saber que eles foram responsáveis por influenciar gerações durante as três últimas décadas?
>
> **Mauricio:** Bem, como meus personagens são baseados nos meus filhos, e, partindo do princípio que nunca nos fartamos dos filhos, eu não me canso deles jamais (*risos*). E essa responsabilidade é muito grande, mas dá uma satisfação enorme. É bom saber que muita gente cresceu lendo e se divertindo com meus personagens, já que eles foram criados com essa intenção.
>
> **UHQ:** A certa altura de sua carreira, você decidiu deixar a prancheta e delegar os trabalhos a uma equipe de profissionais que hoje constituem a Mauricio de Sousa Produções. O que o levou a esse "afastamento"?
>
> **Mauricio:** Olha, chegou uma altura em que precisei decidir se queria ser apenas "mais um" autor ou se pretendia dar um passo à frente em relação ao meu trabalho, criando, para isso, uma "linha de montagem".
>
> Hugo Silva. Disponível em: <http://www.universohq.com>. Acesso em: 12 jan. 2011.

Agora, converse com seus colegas sobre os seguintes aspectos:

a) Considera que as perguntas foram adequadas? Por quê?

b) Que perguntas você faria, se fosse o entrevistador?

c) Os entrevistadores fizeram alguma pesquisa sobre Mauricio de Sousa e sua obra antes da entrevista? Explique sua resposta.

d) Acha que alguma pergunta foi elaborada no momento da entrevista? Considera que isso pode eventualmente acontecer? Por quê?

Produção de texto: entrevista

O que você vai fazer

Organize uma entrevista cujo tema é "A Educação Física na escola". Entreviste seus colegas de classe a fim de conhecer a opinião deles a respeito dessa prática no ambiente escolar e saber se os jovens valorizam essas aulas. Note que, em algum momento, você ocupará o papel de entrevistado nesta atividade.

Preparação

2. Um bom entrevistador é aquele que sabe fazer boas perguntas e conhece o tema proposto. Então, vá à biblioteca da escola e procure livros sobre o assunto.

3. Procure o professor de Educação Física e peça que ele discorra sobre o tema. Pergunte por que há Educação Física na escola, quais são os objetivos, as modalidades praticadas, as regras das aulas, como são tratados os alunos com necessidades especiais e, ainda, se os alunos têm interesse pelas aulas. Anote em seu caderno tudo que você pesquisou ou ouviu de seu professor.

4. Planeje a entrevista:

   a) Considere os aspectos mais interessantes que você pesquisou. Lembre-se de que você é o entrevistador e deve ter clareza sobre o que trata cada questão.

   b) Observe se há perguntas sobre aspectos diferentes do tema.

   c) Planeje como vai abordar o entrevistado, ou seja, como vai apresentá-lo, como fará as perguntas e como vai encerrar a entrevista.

   d) Esteja preparado para a surpresa: às vezes o entrevistado fala de algo que não está em sua lista de perguntas, mas você considerou interessante. Aproveite e faça novas perguntas no momento da entrevista.

   e) Ensaie o tom mais adequado de sua voz, a entonação mais adequada para a situação e o grau de formalidade que dará ao evento.

O dia da entrevista

5. Depois que seu professor organizar a ordem das entrevistas, siga seu planejamento e concretize a entrevista. E, ao ser entrevistado, esteja preparado:

   a) Ouça com atenção as perguntas para dizer sobre o que foi perguntado.

   b) Procure evitar vícios de linguagem, como *tipo* ou *né*.

   c) Use de formalidade adequada à situação escolar.

Andréa Vilela/ID/BR

Avaliação

- Depois que a entrevista terminou, considere:

  Como entrevistador:

  a) Fez uma boa apresentação e finalização da entrevista?

  b) O número de perguntas foi adequado?

  c) As perguntas apresentaram diversidade de aspectos abordados?

  d) Esperou o entrevistado acabar de falar para fazer nova pergunta?

  e) Usou nível de linguagem adequado à situação?

  f) Considerou as respostas a fim de melhorar suas perguntas?

  Como entrevistado:

  g) Esperou o término da pergunta para começar a responder?

  h) Respondeu ao que foi perguntado em cada questão feita?

  i) Usou nível de linguagem adequado à situação?

> As entrevistas são boas fontes de conhecimento. Muitas vezes, por meio delas, pode-se aprender com os outros o que ainda não sabemos ou vivemos.

Artigo de divulgação científica e artigo expositivo de livro didático

Detalhe de um mapa de constelações em *Harmonica macrocosmica*, de Andreas Cellarius, 1660-1661.

O QUE VOCÊ VAI APRENDER

- Características principais do artigo de divulgação científica e do artigo expositivo de livro didático
- Estruturas do texto expositivo
- Frase, oração e período
- Sujeito e predicado

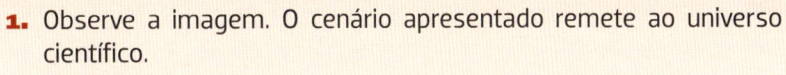

CONVERSE COM OS COLEGAS

1. Observe a imagem. O cenário apresentado remete ao universo científico.

   a) Que elementos da imagem fazem parte desse universo?

   b) O que faz cada uma das figuras humanas representadas na imagem?

   c) Considerando o contexto (astrônomos olhando por um telescópio), o que você pode supor que a personagem de roupa vermelha registra em suas folhas?

2. Procure imaginar as características do texto produzido na situação apresentada.

   a) Qual é, provavelmente, a linguagem utilizada?

   b) Onde esse tipo de texto pode ser publicado?

   c) Com que finalidade as pessoas leem textos como esse?

3. Os textos que divulgam os conhecimentos científicos podem vir acompanhados de ilustrações.

   a) A imagem ao lado poderia ilustrar um livro didático. Explique essa afirmação com elementos do cenário.

   b) Esse tipo de ilustração estaria provavelmente em um livro didático de que disciplina?

Todo conhecimento é resultado do interesse do ser humano em compreender os fenômenos que o cercam. Por meio da observação, um pesquisador registra dados, analisa-os e pode chegar a novas descobertas.

Os conhecimentos adquiridos pelo homem podem ser divulgados em livros, revistas, aulas, conferências, na internet, etc. Neste capítulo, estudaremos as características de dois gêneros textuais que têm como função divulgar os conhecimentos humanos: o **artigo de divulgação científica** e o **artigo expositivo de livro didático**.

Artigo de divulgação científica

O QUE VOCÊ VAI LER

O artigo a seguir foi publicado na revista *Amazonas Faz Ciência* e apresenta diversas informações e dados científicos.

Ao longo do texto, são divulgados resultados de pesquisas e há falas de especialistas da área. Ao apresentar tudo isso para um público não especializado – os leitores da revista –, a autora produziu um texto de divulgação científica.

Antes de iniciar a leitura, leia o título do artigo.

- Imagine quais informações você vai encontrar no texto a seguir.

Bichos asquerosos? Para a ciência, nem tanto...

Quando tinha 6 anos, Rosemíria Cardoso de Moura recebeu das mãos de um primo um embrulho e a recomendação: – guarda aí no teu bolso e não mexe. Alguns minutos depois, ela deu entrada no posto de saúde do município de Maués, no Amazonas, em estado de choque, sem conseguir abrir os olhos e as mãos.

O que Rosemíria não queria ver? Ratos, muitos ratos pequenos embrulhados no papel que o menino havia lhe dado...

Hoje, essa manicure de 47 anos sabe falar em detalhes das consequências dessa brincadeira de criança, porém, sem sequer pronunciar a palavra rato. Ela se refere ao bichinho como "o imundo...".

"Basta eu ver a imagem do imundo que eu grito [...], foi por causa de um panfleto de propaganda de dedetização com a foto dele que eu acabei tendo minha filha prematura; o médico me

Andréa Vilela/ID/BR

explicou que eu adquiri um trauma com esse bicho", relata.

Contudo, insetos, anfíbios e outros animais que causam pavor, asco e repulsa em crianças e adultos podem ser vistos por meio de outras lentes – as da ciência... A bióloga da Ufam e doutora em Zoologia pela PUC do Rio Grande do Sul, Cristina Bührnheim, acredita que até mesmo para mantê-los distantes do homem, se for esse o caso, é preciso, antes, conhecê-los. Então vamos colocar as lentes da História para saber se ela pode ajudar dona Rosemíria a pelo menos olhar a foto do roedor.

Os ratos, de fato, são apontados como os grandes responsáveis pela maior e mais terrível epidemia de peste bubônica da Europa, na Idade Média. Setenta e cinco milhões de pessoas morreram – um terço da população na época. Há quem encontre outro culpado. A Associação Protetora de Animais São Francisco de Assis (Apasfa), em São Paulo, filiada à World Society for the Protection of Animals (WSPA), divulga na Internet um extenso documento no qual destaca as qualidades dos ratos e pede: "seja amigo dos ratos e camundongos!".

Segundo o informativo "O pacote rato", a peste bubônica não é causada diretamente pelos ratos, mas sim por pulgas, que andam, sim, grudadas nos ratos, mas também estão em outros animais.

A explicação poderia tornar esses roedores mais simpáticos, porém o pesquisador José Albertino Rafael, doutor em entomologia pela Universidade Federal do Paraná, assevera que as pulgas são apenas as transmissoras do agente patogênico que causa a doença. "Os ratos têm o agente patogênico que é transmitido ao homem através das pulgas, portanto eles são os reservatórios e são os que devem ser exterminados em caso de surto de doença. Claro, se as pulgas fossem exterminadas não haveria transmissão, mas isso é quase impossível de acontecer", esclarece.

[…]

O grande mérito de ratos e camundongos, para a ciência, reside mesmo na utilização desses animais em laboratórios. [...]

Guardiões da floresta

Engrossando a fila dos sinantrópicos há também os morcegos, pombos e mosquitos […].

José Albertino Rafael vem se dedicando ao estudo das baratas urbanas e silvestres. A principal diferença entre elas? O que cada uma come. "As silvestres alimentam-se de folhagens, flores e frutos em decomposição na floresta e as urbanas ingerem qualquer alimento disponível numa cidade, desde farelo de pão até carnes suculentas e excrementos dos animais", observa.

Ele lembra que há mais de 40 anos o "super intestino" das baratas urbanas, capaz de digerir qualquer coisa que elas ingerem, motiva estudos tanto fora como dentro do Brasil. […]

Apesar de sua repulsa pela população humana, principalmente do sexo feminino, são importantes para o desenvolvimento de medicamentos que vão melhorar a qualidade de vida do ser humano. Além disso, no ambiente natural, na floresta, a barata auxilia a reciclar nutrientes e manter o equilíbrio do ecossistema.

[…]

O veneno que mata, salva. [...]

A zoóloga Cristina Bührnheim cresceu convivendo com cobras e possuiu uma de estimação. "A 'Vermelha' era uma jiboia que jamais abria a boca para um ser humano, ela era completamente confiável, limpa e dava muito menos trabalho que um cachorro".

Andrea Vilela, D/BF

[...] "As cobras só picam ou mordem se ameaçadas e são extremamente importantes na cadeia alimentar. As jiboias, como são predadoras de roedores, ajudam a manter o equilíbrio ecológico das populações destes animais", acrescenta.

De fato, a cobra que injeta veneno, mata e deforma um ser humano é a mesma que poderá vir a salvá-lo. Até hoje não existe tratamento mais eficaz contra a picada de uma cobra que a aplicação do soro antiofídico, feito a partir do veneno da cobra peçonhenta, com uma grande ajuda do sangue do cavalo. [...]

É um processo trabalhoso, e que elevou o nome de um grande cientista brasileiro nas primeiras décadas do século XX – Vital Brazil Mineiro da Campana. Ele trabalhou na França com Calmette, o descobridor do soro antiofídico, e, no Brasil, produziu soros que reduziram pela metade a mortalidade por picada de cobra.

[…]

E.C. Bichos asquerosos? Para a ciência, nem tanto... Revista *Amazonas Faz Ciência*, n. 7, ano 3, p. 44-46. Disponível em: <http://www.fapeam.am.gov.br>. Acesso em 28 out. 2011.

GLOSSÁRIO

Agente patogênico: o que causa ou que pode causar uma doença.

Asco: nojo, repulsa por algo.

Asseverar: afirmar, assegurar.

Entomologia: ciência que estuda os insetos

Peste bubônica: doença contagiosa transmitida por pulga de ratos.

Predador: animal que mata animais de outra espécie para se alimentar.

Sinantrópico: animal que está adaptado a viver próximo ou dentro de habitações humanas.

Soro antiofídico: substância que combate os efeitos de veneno de cobra.

Ufam: Universidade Federal do Amazonas.

World Society for the Protection of Animals: termo em inglês que significa "Sociedade Mundial de Proteção aos Animais".

Zoologia: ciência que estuda os animais.

●●● Para entender o texto

1. No início do texto, é apresentada uma história vivenciada por Rosemíria Cardoso de Moura.
   a) De forma resumida, explique o que aconteceu com ela.
   b) Qual a relação entre a história de Rosemíria e o assunto tratado no texto?

2. A suposição que você fez antes de ler o texto se confirmou depois da leitura?

3. Após contar a história de Rosemíria, o texto apresenta um outro ponto de vista sobre esses animais. Copie em seu caderno a frase em que se anuncia a mudança de enfoque no texto.

   - "Contudo, insetos, anfíbios e outros animais que causam pavor, asco e repulsa em crianças e adultos podem ser vistos por meio de outras lentes – as da ciência...".

   - "Os ratos, de fato, são apontados como os grandes responsáveis pela maior e mais terrível epidemia de peste bubônica da Europa, na Idade Média."

   - "Segundo o informativo 'O pacote rato', a peste bubônica não é causada diretamente pelos ratos, mas sim por pulgas, que andam, sim, grudadas nos ratos, mas também estão em outros animais."

4. Na parte em que trata dos ratos, são apresentadas diversas informações sobre esses animais.
   a) De acordo com o texto, a qual epidemia os ratos estão relacionados?
   b) Qual é a informação divulgada por "O pacote rato" sobre a participação dos ratos na propagação dessa epidemia?
   c) Após a divulgação da informação apresentada em "O pacote rato", são relacionados dados que apontam a importância dos ratos na epidemia. Quem fornece essas informações?
   d) De acordo com as informações apresentadas, por que o rato é importante na propagação da doença?
   e) Caso o artigo de divulgação científica mostrasse somente os dados do informativo "O pacote rato", qual seria a provável impressão do leitor sobre a importância dos ratos na epidemia da peste bubônica?

5. Ao longo do texto, são apresentados dois subtítulos: "Guardiões da floresta" e "O veneno que mata, salva". Copie o quadro a seguir e complete-o, relacionando o subtítulo ao conteúdo de cada parte.

Guardiões da floresta	
O veneno que mata, salva	

6. Quais fontes de pesquisa foram utilizadas para escrever o texto "Bichos asquerosos? Para a ciência, nem tanto..."?

ANOTE

O jornalista escolheu um assunto, fez uma pesquisa a respeito dele e, depois, expôs em redação as informações que selecionou de sua pesquisa.

O texto que tem como função **informar o leitor sobre um tema** de determinada área é chamado de **artigo de divulgação científica**.

A estrutura do texto expositivo

1. A primeira parte do texto está dividida em oito parágrafos. Copie e complete a tabela a seguir com a ideia principal de cada um.

Parágrafo	Ideia principal		Parágrafo	Ideia principal
1º			5º	
2º			6º	
3º			7º	
4º			8º	

2. Das alternativas a seguir, copie em seu caderno a que melhor apresenta a estrutura do texto.
   - Cada parágrafo mostra as causas do que será tratado no parágrafo seguinte.
   - Os parágrafos são organizados seguindo a ordem dos acontecimentos no tempo.
   - Após a apresentação de um problema nos parágrafos iniciais, são expostos diferentes pontos de vista sobre um determinado animal.

3. O texto tem mais duas partes, separadas por subtítulos.
   a) Releia o parágrafo que introduz a segunda parte do texto "Guardiões da floresta". Que tipo de informação é apresentada nesse parágrafo?
   b) Nos três parágrafos seguintes, que informações são oferecidas ao leitor?
   c) Copie a alternativa correta em relação à informação apresentada no último parágrafo dessa parte do texto.
      - São apresentados os benefícios que as baratas trazem para a ciência e a natureza.
      - São descritos os problemas ambientais referentes à propagação das baratas.
      - São expostos os resultados de pesquisas relacionando baratas e medicamentos.

4. Releia a última parte do artigo de divulgação científica "O veneno que mata, salva" e responda:
   a) De acordo com a bióloga Cristina Bührnheim, qual a importância das cobras para o meio ambiente?
   b) No terceiro parágrafo dessa parte do texto, são apresentadas as informações sobre qual descoberta científica?
   c) O texto é concluído com que tipo de informação?

INSTITUTO BUTANTAN

Localizado na cidade de São Paulo e conhecido por sua vasta área verde, seus museus e corpontário, o Instituto Butantan é um dos mais importantes centros de pesquisa biomédica do mundo, responsável pela produção de mais de 90% dos soros e vacinas produzidos no Brasil, entre elas contra tétano, coqueluche e hepatite C.

A origem do Instituto se relaciona com o surto de peste bubônica ocorrida em 1899, no porto de Santos. A situação levou o governo a adquirir a Fazenda Butantan e ali instalar um laboratório para a produção de soro para combater a doença.

Em 1901, o Instituto tornou-se uma instituição autônoma, sendo designado como diretor Vital Brazil, médico voltado para questões de saúde pública. Unindo pesquisa e produção, alcançou reconhecimento internacional, tornando-se referência na área da saúde.

Instituto Butantan, São Paulo (SP), 2011.

Nos **artigos de divulgação científica**, assim como em outros gêneros expositivos, as informações podem ser organizadas de diferentes maneiras.

O artigo lido apresenta um problema nos parágrafos iniciais; ao longo do texto expõem-se situações, exemplos, comparações, depoimentos, resultados de pesquisa, entre outros, a fim de propor uma mudança de ponto de vista sobre os animais considerados asquerosos.

●●● O contexto de produção

1. Leia o texto a seguir, relativo à publicação *Amazonas Faz Ciência*, de onde foi retirado o artigo de divulgação científica "Bichos asquerosos? Para a ciência, nem tanto...".

> *Amazonas Faz Ciência*
>
> Faz parte da competência da Fundação de Amparo à Pesquisa do Estado do Amazonas (FAPEAM) promover ou subsidiar a publicação dos resultados de pesquisas desenvolvidas no estado. É a primeira revista de divulgação científica do Departamento de Difusão do Conhecimento (Decon) da FAPEAM e conta com o apoio de bolsistas vinculados ao Programa de Apoio à Divulgação da Ciência – Comunicação Científica. A *Amazonas Faz Ciência* tem uma tiragem média de 5 mil exemplares, é distribuída gratuitamente, com circulação local e, no âmbito nacional, disponibilizada às agências de fomento e órgãos públicos.
>
> Disponível em: <http://www.fapeam.am.gov.br>. Acesso em: 25 out. 2011.

Com que finalidade essa revista científica é publicada?

2. Volte ao artigo e releia o primeiro e o quarto parágrafos.

Pode-se deduzir o objetivo da publicação *Amazonas Faz Ciência* pelo local onde ocorreu o fato contado no início do artigo e pela instituição para a qual trabalha a bióloga consultada?

3. Leia o trecho a seguir, retirado de um catálogo sobre as publicações da Fundação de Amparo à Pesquisa do Estado do Amazonas (Fapeam) e responda ao que se pede.

> *Amazonas Faz Ciência*
>
> É uma publicação trimestral da Fundação de Amparo à Pesquisa do Estado do Amazonas (FAPEAM), que visa incentivar a divulgação científica junto à sociedade. [...]
>
> Disponível em: <http://www.fapeam.am.gov.br>. Acesso em: 25 out. 2011.

Copie a alternativa em que são listados alguns recursos presentes no artigo lido que contribuam para essa finalidade.

- Apresentação de situação cotidiana relacionada ao tema; explicações por meio de fala de especialistas e da própria jornalista; separação, por subtítulos, dos assuntos tratados.
- Apresentação de termos científicos; explicação detalhada das pesquisas realizadas; separação, por subtítulos, dos assuntos tratados no artigo.
- Explicações realizadas pela própria jornalista; utilização de dados de pesquisa; explicação sobre os experimentos realizados com os animais e sobre a trajetória profissional de cada pesquisador.

4. Com base no que você estudou até aqui sobre o artigo de divulgação científica, complete em seu caderno a frase a seguir, utilizando o verbo que julgar mais adequado.

> O artigo de divulgação científica tem a função principal de ★ o leitor sobre conhecimentos científicos.

ANOTE

Os artigos de divulgação científica devem apresentar as informações de forma clara e objetiva, utilizando **linguagem** e **recursos** que tornem o texto **acessível** ao público ao qual se destina.

●●● A linguagem do texto

1. Releia o primeiro parágrafo da segunda parte do texto "Guardiões da floresta" e responda:
   a) Com qual expressão esse parágrafo é iniciado?
   b) No contexto utilizado, qual o significado dessa expressão?
   c) Essa expressão representa um registro formal ou informal da língua?
   d) Por que você acha que no artigo foi utilizado esse tipo de registro?

2. Releia.

> "A explicação poderia tornar esses roedores mais simpáticos, porém o pesquisador José Albertino Rafael, doutor em entomologia pela Universidade Federal do Paraná, assevera que as pulgas são apenas as transmissoras do agente patogênico que causa a doença. 'Os ratos têm o agente patogênico que é transmitido ao homem através das pulgas, **portanto** eles são os reservatórios e são os que devem ser exterminados em caso de surto de doença. Claro, se as pulgas fossem exterminadas não haveria transmissão, **mas** isso é quase impossível de acontecer', esclarece".

   a) Identifique no quadro abaixo as palavras que têm o mesmo sentido das destacadas no texto.

   > assim – porém – logo – entretanto – embora – por isso – porque – contudo

   b) De que modo as palavras em destaque contribuem para a conclusão apresentada pelo pesquisador?
   c) Que sentido as palavras *portanto* e *mas* estabelecem no texto?

> Algumas palavras ou expressões, como **mas**, **porque**, **portanto**, **pois**, **logo**, **por outro lado**, etc., indicam o modo como as ideias do texto estão relacionadas entre si.

3. No título do artigo, no segundo parágrafo da primeira parte do texto e no segundo parágrafo da segunda parte, são utilizadas perguntas. Que efeito produz esse recurso?

4. Outro recurso presente no texto é a apresentação de falas de algumas pessoas.
   a) De quem são essas falas?
   b) Qual a importância dessas falas para a construção do artigo de divulgação científica?

Andréa Vilela/ID/BR

Convívio com os animais

Em uma das partes do texto lido, a zoóloga Cristina Bührnheim narra a relação de confiança estabelecida entre ela e uma jiboia. Em muitas situações, é possível observar o quanto pode ser saudável o convívio entre animais e seres humanos.

Discuta com seus colegas e o professor as seguintes questões:

I. Os animais, mesmo os considerados de estimação, são sempre bem tratados pelos donos?

II. De que modo os animais podem auxiliar o ser humano?

III. Por que é importante termos conhecimento sobre os animais, sobre os riscos que oferecem e sobre as qualidades de cada um deles?

Artigo de divulgação científica

- O texto a seguir tem como tema a história do futebol, mas os parágrafos não estão na ordem em que foram escritos. Copie os parágrafos, reorganizando-os de modo a dar ao texto um sentido mais exato.

(A) O torneio mundial mais famoso é a Copa do Mundo, que se realiza a cada quatro anos. O único pentacampeão da competição, criada em 1930, é o Brasil, que venceu os torneios da Suécia (1958), do Chile (1962), do México (1970), dos Estados Unidos (1994) e da Coreia do Sul e Japão (2002).

(B) De início restrito às camadas mais altas da sociedade, rapidamente espalhou-se pelo mundo e em 1904 foi criada a FIFA, que reúne hoje mais de 150 nações e representa cerca de 20 milhões de praticantes.

(C) O futebol foi criado pelos ingleses, em 1863, quando já se previam duas equipes num campo retangular, cada qual com 11 jogadores.

(D) No Brasil, o futebol foi introduzido em 1894, pelo paulistano Charles Miller, que, de volta dos estudos na Inglaterra, trouxe as regras e os uniformes daquela modalidade que acabou por desbancar o críquete, então o esporte mais popular entre os ingleses.

Charles Miller trouxe o futebol para o Brasil.

●●● Proposta

Agora você vai escrever um artigo de divulgação científica sobre o tema "A história das histórias em quadrinhos". Seu artigo deverá ser dirigido ao público infantil. Ele será lido por colegas de sua classe e poderá integrar um *fanzine* elaborado em grupo. Depois de pronto, o *fanzine* será distribuído aos alunos do 4º ano da escola.

O que é um *fanzine*?

O termo *fanzine* se originou da junção das palavras inglesas *fan* (fã) e *magazine* (revista). Ele é uma publicação amadora, de tiragem pequena, feita por fãs e destinada a fãs. Os *fanzines* tratam principalmente de música e quadrinhos.

Leia abaixo algumas informações úteis para a produção de seu texto.

- Já na Pré-história, os seres humanos desenhavam nas pedras, em sequência, os acontecimentos do seu dia a dia.

- A Coluna de Trajano conta, por meio de imagens em relevo, a história das batalhas travadas por esse imperador romano.

- Em 1895, a tira de *Yellow Kid* foi publicada com o formato e os recursos gráficos que ainda hoje são utilizados. Seu autor foi o primeiro a inserir falas em seus desenhos utilizando "balões".

- No Brasil, os quadrinhos surgiram em 1869, com *As Aventuras de Nhô-Quim* e *Zé Caipora*.

Yellow Kid (o Garoto Amarelo), de Charlie Baker, personagem de uma das primeiras tiras impressas em cores (1897).

●●● Planejamento e elaboração do texto

1. Ao planejar sua produção, observe as seguintes orientações.
   a) O tema proposto sugere que a estrutura de seu texto esteja na sequência cronológica. Assim, antes de escrever, você deve definir a ordem em que vai apresentar as informações do quadro anterior.
   b) Você pode complementar seu texto com informações sobre autores e personagens atuais. O esquema a seguir é uma sugestão para a organização de seu artigo.

A história das histórias em quadrinhos			
Primórdios das histórias em quadrinhos. ||||||||||||||||||||	Evolução dos quadrinhos ao longo do tempo. |||||||||||||||||||	Situação atual dos quadrinhos, com exemplos de autores e personagens mais importantes. ||||||||||||||||||||	Conclusão. ||||||||||||| ||||||||||||| |||||||||||||

2. Ao escrever seu texto, considere os aspectos abaixo.
   a) No artigo de divulgação científica, muitas vezes o título é seguido por um subtítulo. O título expõe sinteticamente o tema do texto; o subtítulo, um pouco mais extenso, especifica o assunto que será abordado.
   b) A introdução apresenta o assunto e motiva o leitor a prosseguir sua leitura. Uma das estratégias para isso é lançar perguntas como você observou no texto "Hora de brincar!".
   c) Quando você fizer referência a uma informação obtida em um livro, deve citar o título e o nome do autor. Se usar um fragmento de entrevista, deve citar o nome do entrevistado e colocar sua fala entre aspas.
   d) Seu artigo precisa ter uma conclusão. Ela pode ser uma síntese das ideias apresentadas, um convite para que o leitor descubra o mundo das histórias em quadrinhos ou mesmo uma opinião sobre o futuro delas.

●●● Avaliação e reescrita do texto

1. Forme um grupo com dois colegas e leia o texto deles.

2. Proponha mudanças que tornem os textos que você leu mais claros e organizados. Ouça as propostas de seus colegas em relação ao seu texto e, se necessário, reescreva-o.

3. Copie e preencha esta tabela.

Aspectos a avaliar	Sim	Não
A estrutura baseada na sequência cronológica foi utilizada?		
Os dados da pesquisa foram enriquecidos com o uso de fontes diversificadas?		
O texto é predominantemente informativo?		

Dica de como fazer um *fanzine*

- Sua classe pode fazer um *fanzine* sobre quadrinhos reunindo os artigos de divulgação científica.
- Tradicionalmente, o "zine" é feito com folhas de papel sulfite dobradas ao meio e grampeadas ao lado. Os textos são recortados e colados de forma a aproveitar as páginas da melhor forma possível. A elaboração de uma capa caprichada, com o nome da publicação, pode ficar por conta de um voluntário.

Frase, oração e período

●●● Frase e oração

1. Observe as placas ao lado.
   a) Qual é a função delas?
   b) A quem elas se dirigem?
   c) Qual das placas indica uma ação a ser realizada?

RUA SEM SAÍDA

USE O CINTO DE SEGURANÇA

Ilustrações: ID/BR

> Recebe o nome de **frase** qualquer palavra ou conjunto de palavras ordenadas que, em determinado contexto, apresenta **sentido completo**.

Nos exemplos das placas de trânsito, há dois tipos de frase. Na primeira placa, embora a frase não apresente verbo, é possível compreendê-la. Já a segunda placa apresenta uma frase em que há verbo.

> **Frase:** enunciado com sentido completo. Pode conter verbo ou não.
> **Frase nominal:** frase em que não há verbo.
> **Frase verbal:** frase em que há, pelo menos, um verbo.
> **Oração:** é a frase que se organiza em torno de um único verbo ou locução verbal.

●●● Período

Leia as frases a seguir.

> **Proteja seu filho**
>
> Quando seu filho estiver no bebê-conforto ou no carrinho, use o cinto de segurança.
>
> Disponível em: <www2.uol.com.br>. Acesso em: 12 jul. 2011.

Andréa Vilela/ID/BR

Observe que a primeira frase é uma oração, pois há um verbo, *proteja*. Na segunda, existe mais de uma oração, pois há nessa frase mais de um verbo: *estiver* e *use*.

> Dá-se o nome de **período** à frase organizada por uma ou mais orações.
> O período se inicia com letra maiúscula e termina com a pontuação adequada ao que se pretende expressar (ponto-final, de exclamação, de interrogação, reticências). Há duas formas de se estruturar um período.
> **Período simples:** formado por uma oração.
> Ex.: O pai colocou a criança no carro.
> **Período composto:** formado por mais de uma oração.
> Ex.: O cinto de segurança protege a criança e salva muitas vidas.

1. A piada a seguir chama-se "Habilidade musical". Leia-a.

> Joãozinho quebrou o braço e teve que usar uma tipoia. Preocupado, pergunta ao médico:
>
> – Doutor, o senhor acha que depois que eu tirar o gesso vou conseguir tocar piano?
>
> – Claro, meu filho.
>
> – Que bom! Antes eu não conseguia de jeito nenhum.
>
> Disponível em: <http://www.almanaquebrasil.com.br>. Acesso em: 16 jul. 2014.

a) O que o leitor pode pensar a respeito da preocupação inicial do menino?

b) O que causa o humor do texto?

c) O primeiro período do texto é simples ou composto? Por quê?

d) Toda frase é uma oração? Justifique sua resposta com frases do texto.

2. Leia a tira.

Charlie Brown, de Charles Schulz.

a) Qual o significado de *bom* no último quadrinho? Você concorda com a opinião sobre o ser humano expressa nesse quadrinho? Por quê?

b) Transforme a frase nominal que aparece na tira em uma oração, mantendo seu sentido. Compare sua frase com a original: qual é a mais sintética?

3. Observe a imagem ao lado.

a) Crie três orações que descrevam a cena retratada.

b) Imagine o que as personagens estão falando enquanto se divertem. Crie três frases sem a presença de verbo que expressem como essas personagens estão se sentindo.

Dalvan da Silva Filho.
Crianças na praça. 2002.
Acrílica sobre chapa de fibra de eucalipto, 40 cm × 60 cm.
Coleção Lucien Finkelstein, RJ.

O uso de frases nominais na construção de títulos

1. Leia os cartazes de filmes.

Observando os títulos dos filmes e as imagens que os acompanham, relacione o nome de cada obra à caracterização que lhe corresponde.

> A. Trata de um estabelecimento especial, onde brinquedos ganham vida e situações que parecem impossíveis acontecem.

> I. *Lisbela e o prisioneiro*

> II. *A loja mágica de brinquedos*

> III. *A família do futuro*

> B. Um jovem responsável por invenções brilhantes desenvolve uma máquina que poderá ajudá-lo a encontrar sua mãe biológica. Porém, a máquina é misteriosamente roubada. Para recuperá-la, o menino faz uma reveladora viagem no tempo.

> C. Narra o romance de um homem aventureiro e conquistador e de uma mocinha sonhadora, fascinada por filmes americanos, que espera um dia conhecer seu verdadeiro amor.

2. É comum que cada obra confira mais destaque a um dos elementos da narrativa do que a outros. Considere o título para relacionar cada um dos filmes ao elemento da narrativa que ele parece privilegiar.

> I. *Lisbela e o prisioneiro*

> A. Destaca as personagens.

> II. *A loja mágica de brinquedos*

> B. Destaca o tempo.

> III. *A família do futuro*

> C. Destaca o espaço.

3. Qual função exercem os títulos em relação ao conteúdo das obras?

4. *Lisbela e o prisioneiro*, *A loja mágica de brinquedos* e *A família do futu-ro* são enunciados que possuem sentido completo. São, portanto, frases. Classifique-as como verbais ou nominais e justifique sua resposta.

5. As informações abaixo resumem o enredo de três filmes. Imagine que caiba a você atribuir título a eles. Use, para isso, apenas frases nominais.

    a) Documentário que mostra os desastres ambientais causados pela humani-dade e questiona o que pode ser feito para reverter esses problemas.

    b) O solitário dono de um antiquário enfrenta um desafio imposto por sua sócia: apresentar seu melhor amigo em dez dias. Como ele é absoluta-mente solitário, arranja alguém para representar o papel. O escolhido é um taxista.

    c) À procura de um tesouro que ajudaria sua avó a manter a casa onde moram, o menino Arthur toma contato com os *minimoys*, elfos peque-ninos que vivem em seu jardim.

6. Faça uma lista com títulos de filmes e livros que você conhece representa-dos por frases nominais.

7. Os títulos devem despertar o interesse do leitor e ajudá-lo a fazer suposi-ções a respeito do assunto ou mesmo da área do conhecimento abordado pelo texto. Leia os títulos de alguns artigos de divulgação científica da revista *Ciência Hoje* e levante hipóteses sobre o conteúdo de cada um.

I. Para o bem e para o mal

II. Combate à criminalidade 2.0

III. O desabrochar para a morte

IV. A fundamental beleza da natureza

V. Novos padrões de envelhecimento

Disponíveis em: <http://cienciahoje.uol.com.br>. Acesso em: 12 jul. 2011.

8. Os títulos usados na pergunta anterior são frases nominais que, às vezes, conseguem comunicar o assunto de maneira clara e objetiva e, outras ve-zes, de forma indireta, por meio de uma aproximação de sentido. Já os subtítulos apresentam o tema central do artigo e transmitem informações sobre seu conteúdo. Leia os subtítulos a seguir e relacione-os aos títulos do exercício anterior.

    a) Palmeira surpreendente descoberta em Madagascar morre logo após florescer e dar frutos.

    b) Iniciativa mapeia pontos mais violentos das cidades com a ajuda dos internautas.

    c) Pesquisadores criam indicadores para melhor avaliar a longevidade da população.

    d) Colunista discute o papel essencial da simetria na formulação das leis da física.

    e) Vídeo mostra como a nanotecnologia pode ajudar ou prejudicar o ser humano e o meio ambiente.

ANOTE

As **frases nominais** frequentemente são utilizadas em **títulos**, graças ao seu poder de comunicação: elas permitem condensar uma grande quantidade de ideias em um pequeno número de palavras.

Artigo expositivo de livro didático

O QUE VOCÊ VAI LER

O texto a seguir integra um livro didático de História, destinado ao 5º ano do Ensino Fundamental. Sendo um texto didático, o conteúdo é organizado de modo a promover o aprendizado dos alunos sobre o assunto tratado.

- Leia o título do texto. Considerando as informações apresentadas acima, sobre o que você supõe que ele tratará?

A República oligárquica

Após a proclamação da República, em 15 de novembro, estabeleceu-se um governo provisório que permaneceria no poder até que fosse eleito um presidente.

Teve início, então, o processo de organização do Estado republicano e de suas instituições. Era preciso definir a distribuição de poderes, o processo eleitoral, a participação política, direitos e deveres dos cidadãos. Para isso, a primeira tarefa teria de ser a elaboração de uma nova Constituição.

A Constituição de 1891

Uma Assembleia Constituinte foi convocada para elaborar a nova Carta Magna, que foi promulgada em 1891. Havia várias mudanças em relação à Constituição do Império, como:

- Forma de governo – República de regime representativo.

- Poderes – Executivo, Legislativo e Judiciário.

- Divisão política – As antigas províncias passavam a ser estados, formando os Estados Unidos do Brasil (nome oficial). Embora continuassem ligados ao poder central, os estados teriam mais autonomia.

- Capital – Passava a ser chamada de Distrito Federal e continuava a ser o Rio de Janeiro.

- Eleições – A escolha de deputados, senadores e presidente da República seria direta, por meio do voto.

- Voto – Era aberto. Tinham direito ao voto todos os homens maiores de 21 anos alfabetizados, exceto o baixo escalão do Exército e membros do clero.

Angelo Agostini/in. *Revista Ilustrada*, n. 594, junho de 1890

Na imagem, feita por Angelo Agostini em 1890, uma mulher (símbolo da República) entrega a Constituição a Deodoro da Fonseca e a Rui Barbosa, que participou ativamente da elaboração do documento.

GLOSSÁRIO

Direta: é a eleição na qual o eleitor vota diretamente, sem intermediários, no candidato que escolheu.

Estado: conjunto de instituições (governo, forças armadas, funcionalismo público, etc.) que controla e administra um país ou uma área territorial.

O poder das elites

Ao longo da Primeira República (1009 a 1930), o poder político continuou nas mãos da elite. Mas era então comandado por uma **oligarquia**, ou seja, o governo era controlado por um grupo de pessoas que faziam parte do mesmo setor da sociedade, partido político ou mesma família.

Na época, São Paulo e Minas Gerais eram os estados mais ricos do país. São Paulo, por causa da produção de café e da industrialização; Minas Gerais, pela grande produção de leite e de café.

Assim, o poder econômico e também o grande número de eleitores garantiram que a elite desses estados dominasse a política do país, elegendo alternadamente os presidentes. Em uma eleição, quem vencia era o candidato indicado pelos paulistas, e na seguinte vencia o candidato indicado pelos mineiros.

Essa manobra, conhecida como **política do café com leite**, certamente desagradava às elites dos demais estados, que uniam forças para se opor ao governo.

O Brasil rural

Durante os anos iniciais da Primeira República, o Brasil ainda era um país predominantemente agrário, ou seja, ligado à agricultura, com a maioria da população vivendo na zona rural, em povoados ou em pequenas cidades no interior do país.

A zona rural brasileira da época era dominada pelas grandes propriedades, os latifúndios, pertencentes aos coronéis e afastadas das grandes cidades pela distância e pela dificuldade de comunicação.

As populações rurais eram extremamente pobres e dependentes dos grandes proprietários de terra. Além disso, a maior parte das pessoas só sabia escrever o próprio nome, suficiente apenas para votar.

Raquel dos Santos Funari e Mônica Lungov Bugelli. *Aprender juntos história*, 5º ano: Ensino Fundamental. 3. ed. São Paulo: SM, 2010. p. 79-81.

Storni/Biblioteca Nacional, Rio de Janeiro

Charge de Storni, publicada na revista *Careta*, em 1925.

Estudo do texto

●●● Para entender o texto

1. Leia uma parte do sumário do livro didático de História de onde foi extraído o texto que você leu.

   a) Que informações você supõe que serão apresentadas nesse módulo do livro didático de História?

   b) Justifique sua resposta com palavras que aparecem no sumário.

   c) Além do conteúdo que será apresentado, que outra informação pode ser encontrada no sumário?

2. O texto que você leu trata da situação política do Brasil após a Proclamação da República, ocorrida no fim do século XIX.

   a) O que era preciso definir para que fosse organizado um Estado republicano?

   b) O que precisou ser feito, primeiramente, para que essa organização fosse estabelecida?

   c) Cite duas transformações promovidas, em relação ao Império, por essa nova organização política.

3. O subtítulo da seção é "O poder das elites".

   a) A que se refere esse subtítulo?

   b) Identifique nessa parte do texto o significado da palavra "oligarquia" e elabore uma definição para ela.

   c) Qual a relação entre esse subtítulo e o título principal: "A República Oligárquica"?

4. Na parte do texto intitulada "O poder das elites" há informações sobre uma manobra conhecida como "política do café com leite".

   a) No que consistia essa manobra?

   b) Com base nas informações apresentadas, deduza a quem se referem os termos "café" e "leite". Justifique sua resposta.

   c) Em linguagem informal, o que significa dizer que alguém é "café com leite"?

5. O esquema a seguir representa o modo como o texto está estruturado. Copie-o em seu caderno e, de acordo com as informações presentes no texto "A República oligárquica", liste o fato, as causas e as consequências mencionados no esquema.

> Apresentação de um determinado fato histórico. ▶ Causas que levaram a um determinado efeito ▶ Efeitos, consequências de uma determinada situação.

> **ANOTE**
>
> Os gêneros expositivos, como os artigos de divulgação científica e os artigos expositivos de livro didático, podem ser organizados de vários modos. Um mesmo texto expositivo pode apresentar mais de uma estrutura, mas em geral uma delas é predominante.
>
> Pode-se organizar os textos expositivos de **forma cronológica**; outra possibilidade é a **relação causa-efeito**, em que os parágrafos são organizados de modo a apresentar um encadeamento de causas e efeitos de um fato.

●●● O texto e o leitor

1. Na primeira parte do texto lido, há palavras em destaque.
   a) Qual é a função dos destaques nesse texto?
   b) Que relação há entre os destaques e o boxe lateral?

2. A parte do texto seguinte ao subtítulo "A Constituição de 1891" é organizada, prioritariamente, em tópicos. Por que essa parte do texto foi organizada dessa forma?

3. O texto é ilustrado com duas imagens.
   a) Qual a relação das imagens com o conteúdo do texto?
   b) As imagens são acompanhadas por legendas. Qual a importância das legendas no contexto apresentado?

4. Na terceira parte do texto, intitulada "O poder das elites", dois termos são destacados. Por quê?

5. Por que esses recursos (imagens, boxe, destaques) são importantes em textos expositivos publicados em livros didáticos?

> **ANOTE**
>
> Algumas **características dos artigos expositivos**, muito comuns naqueles publicados em livros didáticos, são:
>
> • Além do título, há subtítulos que introduzem e organizam as várias partes do texto.
>
> • São utilizados quadros, tópicos, esquemas, ilustrações, fotografias para ampliar ou especificar as informações apresentadas no texto principal.
>
> • As palavras com os conceitos mais importantes no contexto aparecem em destaque.

●●● Comparação entre os textos

1. Copie o quadro a seguir e complete-o, comparando os dois textos principais estudados nesta unidade.

Texto	Gênero	Função	Tema	Público	Espaço de circulação
"Bichos asquerosos? Para a ciência, nem tanto..."					
"A República oligárquica"					

ID/BR

a) Cite diferenças de linguagem entre os dois textos.
b) Observando os espaços de circulação desses dois gêneros, o que poderia justificar essa diferença de linguagem?

●●● Sua opinião

1. Os dois textos que você leu foram escritos com propósitos específicos. Em qual dos dois textos você pôde identificar mais explicitamente o uso de recursos que auxiliam a leitura? Por que você acha que isso ocorre?

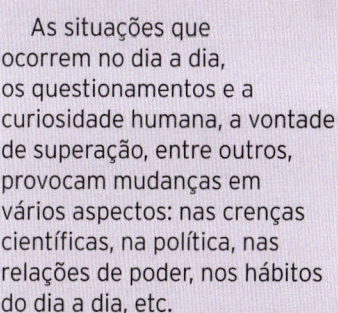

Mudanças no dia a dia

As situações que ocorrem no dia a dia, os questionamentos e a curiosidade humana, a vontade de superação, entre outros, provocam mudanças em vários aspectos: nas crenças científicas, na política, nas relações de poder, nos hábitos do dia a dia, etc.

Nos dois textos lidos neste capítulo, é possível notar como determinadas situações impulsionaram os seres humanos a buscar soluções, seja na área da saúde, seja no campo político.

I. De que forma as mudanças podem auxiliar a vida em sociedade?

II. Quais mudanças – na política, na saúde, nos hábitos das pessoas, etc. – você tem observado recentemente? Como essas mudanças alteram o seu dia?

Artigo expositivo de livro didático

Uma das possibilidades de organizar as informações em um artigo expositivo de livro didático é apresentar as causas e os efeitos de um fato.

A seguir, são expostos dois fatos que são problemas muito atuais. Converse com um colega e faça uma lista de possíveis causas para esses problemas. Em seguida, elabore um parágrafo com as ideias discutidas.

- Hoje em dia, um dos maiores males das grandes cidades é a poluição. Por mais que se tente manter um controle, temos problemas com a poluição do ar e das águas, entre outros.

- A devastação das florestas é uma questão muito séria. Mesmo com vigilância e leis rígidas, o homem ainda não percebeu como a sua interferência na natureza pode alterar completamente a vida no planeta.

●●● Proposta

Você vai escrever um artigo expositivo que poderia ser publicado no livro didático de Ciências dos alunos do 6º ano de sua escola; portanto, eles seriam seus leitores. O título será: "O futuro da água". Antes de escrevê-lo, você deve fazer uma pesquisa sobre o consumo de água.

Leia as informações a seguir. Elas poderão ser utilizadas na produção de seu artigo expositivo.

A água, esse bem tão precioso

- Somos o país mais rico do mundo em reservas hídricas, com 13,7% da água doce disponível na Terra.
- Hoje, mais de 1 bilhão de pessoas não têm acesso a água limpa e, com o aumento da população, isso pode piorar.
- O índice de desperdício de água no Brasil chega a 40%, contando o setor de produção e as residências.
- A poluição, a destruição da vegetação e o aquecimento global alteram o clima, causando secas e inundações.
- É bem conhecida a poluição da água provocada pelos usos domésticos, públicos e industriais.
- No futuro, a água poderá ser motivo de guerras.

Automóvel em enchente, 2007.

●●● Planejamento e elaboração do texto

Em seu artigo, você deve levantar as causas da diminuição da água no planeta, apresentar as consequências do uso inadequado da água e propor soluções para esse problema.

1. Ao planejar seu texto, observe as seguintes orientações.
   a) O texto deve ter um subtítulo que destaque um aspecto importante do consumo da água.
   b) Ele deve ser organizado de acordo com a estrutura que você acabou de estudar e que está sintetizada no esquema abaixo.

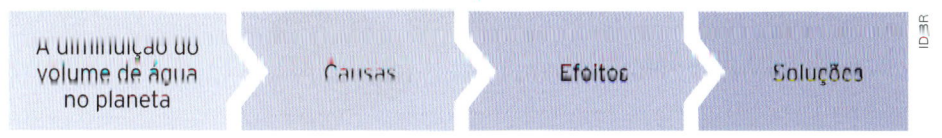

A diminuição do volume de água no planeta → Causas → Efeitos → Soluções

   c) Para escrever seu texto, você pode consultar as informações dadas na página anterior e complementá-las com outros dados. Pesquise o consumo de água em *sites*, livros, jornais e revistas. Os livros didáticos de Geografia e Ciências também tratam desse tema.
   d) Lembre-se de consultar o sumário para localizar as informações que você está procurando.
   e) Anote em seu caderno, de modo organizado, cada um dos pontos pesquisados. Por exemplo: a poluição como causa do problema. Não se esqueça de citar as fontes consultadas.

2. Ao escrever a primeira versão do texto, leve em conta as orientações abaixo.
   a) Como seu artigo expositivo tem finalidade didática, ele deve ter, além de um título, subtítulos que tornem mais fácil a compreensão do que está sendo exposto.
   b) A introdução tem a função de apresentar o tema ao leitor, motivando-o a continuar a leitura. Você pode pensar em uma estratégia original para escrevê-la ou pode experimentar a estratégia apresentada neste capítulo (perguntas diretas ao leitor).
   c) O texto principal deve ser enriquecido com imagens e boxes. Você pode destacar as palavras importantes para o leitor, um aluno do 6º ano.
   d) A conclusão do texto, apontando algumas soluções para a questão do consumo excessivo de água, deve ser específica. Procure apresentar soluções concretas que possam ser adotadas pela sociedade como um todo.

●●● Avaliação e reescrita do texto

1. O quadro a seguir vai ajudar você na avaliação do seu texto.

	Sim	Não
O texto tem uma introdução para apresentar o tema ao leitor?		
O texto apresenta as causas da diminuição do volume de água? Apresenta os efeitos dessa diminuição?		
Há soluções para o problema?		
Foram utilizados títulos, subtítulos, destaques, boxes e imagens, de modo a tornar o texto representativo do gênero mais adequado para os alunos do 6º ano?		

2. Reescreva o que for necessário.

3. Forme um grupo com cinco colegas. Coloquem-se no lugar de seus leitores (alunos do 6º ano) e selecionem um dos textos produzidos por vocês. Com a orientação do professor, ofereçam ao professor de Ciências do 6º ano os artigos selecionados pelo grupo, para serem lidos quando for feito um estudo relacionado ao tema (água, ecologia ou poluição, por exemplo).

Sujeito e predicado

1. Leia o trava-língua em voz alta e rapidamente.

> Três tigres tristes trituraram trezentas e trinta e três travessas de trigo no trilho do trem três trimestres atrás.
>
> Domínio público.

a) Quais palavras do trava-língua nomeiam quem exerceu a ação indicada pelo verbo *trituraram*?

b) O que foi declarado no trava-língua em relação aos seres que executaram tal ação?

Ao responder às perguntas, você pôde perceber que a oração é formada por dois termos: o sujeito e o predicado.

Sujeito e **predicado** são denominados **termos essenciais** da oração, pois com base na relação entre esses dois termos se organiza a maioria das orações.

No trava-língua estudado, "três tigres tristes" é o sujeito, e "trituraram trezentas e trinta e três travessas de trigo no trilho do trem três trimestres atrás" é o predicado da oração.

> **ANOTE**
>
> **Sujeito** é o ser sobre o qual se faz uma declaração.
> **Predicado** é tudo o que se diz a respeito do sujeito.
> **Sujeito** e **predicado** são os termos essenciais da oração.

●●● Núcleo

Leia o título da notícia, tirado do *site* do Comitê Olímpico Brasileiro.

> **Meninas da vela ampliam domínio brasileiro**
>
> Disponível em: <http://www.cob.org.br> Acesso em: 5 jan. 2012.

O sujeito desse título é "meninas da vela". Mas uma das palavras concentra o significado desse bloco – *meninas* –, pois é a respeito dessa palavra que se declara a saída da lista de ameaçados. Essa palavra é, portanto, o **núcleo do sujeito**.

O **núcleo do predicado** dessa oração é a palavra que define a ação atribuída ao sujeito: o verbo *ampliam*.

> **ANOTE**
>
> Entre as palavras que compõem o sujeito e o predicado de uma oração, há uma que é a principal, pois concentra o significado desses termos. Essa palavra recebe o nome de **núcleo**.
>
> O sujeito pode apresentar como núcleo um **substantivo**, um **pronome**, um **numeral** ou uma **palavra substantivada**.
>
> O predicado pode apresentar como núcleo um **verbo** ou um **adjetivo**, um **substantivo**, um **pronome**, um **numeral** ou uma **palavra substantivada**.

1. Leia o texto.

> ### O disfarce
>
> Cansado da sua beleza angélica, o Anjo vivia ensaiando caretas diante do espelho. Até que conseguiu a obra-prima do horror. Veio, assim, dar uma volta pela Terra. E Lili, a primeira meninazinha que o avistou, põe-se a gritar da porta para dentro de casa: "Mamãe! Mamãe! Vem ver como o Frankenstein está bonito hoje!".
>
> Mario Quintana. *80 anos de poesia*. São Paulo: Globo, 2008.

a) Por que, segundo o texto, o Anjo ensaiava caretas em frente do espelho?

b) Qual é o sentido da expressão *obra-prima do horror* nesse texto?

c) A reação da menina confirma a ideia que o Anjo fez de sua careta? Explique.

d) Explique a relação que há entre o título e a história.

2. Releia.

> "[...] o Anjo vivia ensaiando caretas diante do espelho."

a) Sobre quem se declara algo nessa oração?

b) Qual é a declaração que se faz sobre ele?

c) Qual o núcleo do sujeito dessa oração?

3. Releia a frase.

> "Até que conseguiu a obra-prima do horror."

a) Qual é o sujeito de *conseguiu*?

b) O que permite identificar esse sujeito?

c) Que outro predicado nessa narrativa, não mencionado nos exercícios anteriores, se refere ao mesmo sujeito?

4. Releia.

> "[...] o Frankenstein está bonito hoje!"

a) Qual é o sujeito da oração?

b) E o predicado?

c) O predicado da oração narra uma ação do sujeito ou apresenta uma declaração sobre ele? Explique.

5. Releia.

> "[...] E Lili, a primeira meninazinha que o avistou, põe-se a gritar da porta para dentro de casa [...]"

Qual é o sujeito da oração "põe-se a gritar da porta para dentro de casa"?

6. Leia o texto a seguir.

Nas histórias mais famosas sobre baleias, incluindo *Moby Dick*, escrita por Herman Melville, os escritores destacam uma coisa em particular: o incrível tamanho das baleias. Muitas espécies, como por exemplo a baleia-azul, podem pesar até 150 toneladas e medir até 30 metros, o que corresponde à altura de um prédio de 10 andares. O coração de uma baleia é do tamanho de um carro pequeno e na sua língua existe espaço suficiente para acomodar 50 pessoas. É o maior animal da história da Terra.

Disponível em: <http://ciencia.hsw.uol.com.br>. Acesso em: 16 jul. 2014.

A jubarte é conhecida por sua inteligência, pela habilidade de brincar e por suas complexas vocalizações. Havaí (EUA).

a) Por que o autor citou *Moby Dick*?

b) O texto apresenta algumas comparações. Quais são elas?

c) Que função essas comparações têm no texto?

7. Releia.

"[...] os escritores destacam uma coisa em particular: o incrível tamanho das baleias."

a) Quantas orações compõem essa frase? Justifique.

b) Indique o sujeito e o predicado dessa oração.

c) Qual o núcleo do sujeito dessa oração?

8. Releia.

"Muitas espécies, como por exemplo a baleia-azul, podem pesar até 150 toneladas e medir até 30 metros [...]"

a) No trecho acima, há duas orações. Identifique-as.

b) Qual o sujeito das orações?

c) O predicado das orações é formado por locuções verbais. Aponte-as.

9. A fotografia da baleia jubarte traz como legenda algumas características do animal. Com base nessas informações, crie, em seu caderno, uma frase que incentive a preservação dessa espécie.

10. Identifique o núcleo do sujeito e do predicado dos provérbios a seguir.

a) "Um pequeno vazamento eventualmente afunda um grande navio." (Provérbio chinês)

b) "Um dia do sábio vale mais que a vida do ignorante." (Provérbio árabe)

c) "Águas mansas não fazem bons marinheiros." (Provérbio africano)

d) "As boas contas fazem os bons amigos." (Provérbio turco)

e) "Um grama de exemplos vale mais que uma tonelada de conselhos." (Provérbio popular)

Recursos de coesão

1. Leia o texto e identifique o tema tratado.

> Os australianos têm bons motivos para temer o poder destrutivo dos ciclones tropicais. **Essas depressões móveis** se alimentam da umidade quente dos oceanos durante o verão e podem ser totalmente imprevisíveis, até morrerem nas águas geladas. **Esses sistemas** também trazem o tipo de ondas que os surfistas comentam por anos.
>
> Notícias de ciclones trazem preocupações à comunidade em geral, mas também dão coceira nos pés dos surfistas.
>
> Para as ondas, os melhores ciclones são **aqueles** que nascem longe das costas, no meio do oceano. Assim, a ondulação gerada por **eles** viaja longas distâncias e se torna *clean* e uniforme antes de chegar à costa. Quando **tais condições** coincidem com o terral, o resultado geralmente são ondas dos sonhos.
>
> Revista *Alma Surf*. Cosmmos Produção Editorial. Edição especial de aniversário, nov./dez. 2001, p. 62.

Havaí (EUA), cerca de 2000.

GLOSSÁRIO

Terral: vento que sopra da terra para o mar.

2. Observe as expressões destacadas no primeiro parágrafo.

   a) Elas se referem a um termo mencionado anteriormente no texto. Identifique esse termo e diga a que classe gramatical pertence seu núcleo.

   b) Quais são os núcleos das expressões destacadas? A que classe de palavras eles pertencem?

   c) Observe os pronomes nas expressões destacadas. Qual a função deles nessas expressões?

3. Releia o terceiro parágrafo. A quem se refere o pronome *aqueles*? E o pronome *eles*?

Existem diversos recursos para garantir que um texto seja **coeso**, isto é, que haja uma ligação lógica entre suas partes.

Um desses recursos é, ao longo do texto, fazer referência a um mesmo fato ou a uma mesma informação por meio de **expressões diferentes**, mas de **sentidos equivalentes**, cujo núcleo são substantivos.

Os **pronomes** também têm um papel importante na construção da coesão, pois indicam a qual termo já mencionado uma expressão se refere ou substituem termos já mencionados.

4. Observe que, nos dois primeiros parágrafos do texto, há algumas palavras que indicam uma avaliação negativa sobre os ciclones tropicais.

   a) Quais são essas palavras?

   b) Quem faz essa avaliação negativa são os australianos. Encontre no texto uma expressão que retome e substitua "os australianos".

5. Releia o segundo parágrafo.

   a) A comunidade australiana e os surfistas têm a mesma opinião sobre os ciclones? Justifique sua resposta.

   b) Qual o significado da expressão "coceira nos pés" no texto?

Mau ou mal; a gente ou agente

1. Leia a tira.

Fernando Gonsales. *Folha de S.Paulo*, 12 ago. 2007.

a) Qual o problema que se apresenta no primeiro quadrinho?

b) Qual foi a causa desse problema?

c) Identifique, no último quadrinho, as palavras de sentidos opostos e escreva o significado de cada uma delas no contexto apresentado.

Observe a frase.

> Bem me quer, mal me quer
>
> Domínio público.

A frase acima remete a uma conhecida brincadeira, feita normalmente com as pétalas da margarida. Veja que foi usada a palavra *mal* em oposição a *bem*.

> **Mau** significa de má índole, ruim, de má qualidade. Apresenta a forma feminina *má*. Opõe-se a **bom**.
>
> A palavra **mal**, dependendo do contexto, pode ter vários significados, como erradamente, maldade, irregularmente. Opõe-se a **bem**.
>
> **Dica:** Escreva **mau** somente quando for possível trocá-lo por **bom.**

2. Complete as orações com *bom / boa*, *mau / má*, *bem* ou *mal*.

a) Ele não teve um ★ dia, por isso dormiu ★ a noite inteira.

b) Ela foi ★ na prova, por isso sua nota foi muito ★.

c) Ele não é um ★ atleta, mas naquele dia saltou muito ★.

d) Seu ★ desempenho pode prejudicá-la no fim do período letivo.

e) As ★ situações são ★ oportunidades de fazermos o ★, mesmo que muitos estejam fazendo o ★.

3. Leia o provérbio.

> Amor é a gente querendo achar o que é da gente.
>
> Domínio público.

a) Nesse provérbio, que desejo é expresso?

b) O que a expressão "a gente" significa?

4. Agora leia a notícia.

> ### Agentes do FBI retornam a Brasília
>
> Depois de 24 horas no Recife, os agentes da polícia federal dos EUA voltam para o escritório do órgão
>
> Disponível em: <http://jconline.ne10.uol.com.br>. Acesso em: 3 nov. 2011.

Explique com suas próprias palavras o significado de *agente* nessa notícia.

ANOTE

A gente é uma expressão muito utilizada na linguagem informal e equivale ao pronome *nós*. É importante observar que o verbo que acompanha essa expressão deve ficar na terceira pessoa do singular.

Agente designa a pessoa que exerce cargo ou função como representante de uma instituição ou organismo.

5. Complete as frases com *agente* ou *a gente*.

a) ★ vai à praia no sábado?

b) O ★ da polícia federal encontrou vestígios do crime.

c) Você fará parte do grupo de estudos com ★?

d) Ele é o ★ responsável pela segurança da loja.

Entreletras

Neste capítulo, você viu algumas placas de trânsito. Agora você vai brincar de "Jogo das placas" com seus colegas. Para isso, pesquise outras placas úteis em lugares como obras públicas, hospitais, escolas, cinemas, museus, parques, templos religiosos, entre outros.

Você vai desenhar, em fichas, as placas de que mais gostou e levá-las para a classe. O jogo consiste em chamar um colega para sortear uma das placas que você desenhou. Em seguida, ele deve observar que mensagem essa placa está transmitindo e, por meio de mímica, passar essa mensagem à classe.

Vencerá o jogo o aluno que acertar o maior número de placas.

Andréa Vilela/ID/BR

PARA SABER MAIS

Livros

Albert Einstein e seu universo inflável, de Mike Goldsmith. Companhia das Letras.

Edison e a lâmpada elétrica, de Steven Parker. Scipione.

Revistas

Superinteressante. Editora Abril.

História Viva. Duetto Editorial.

Ciência Hoje das Crianças. Instituto Ciência Hoje e SBPC.

Scipione/Arquivo da editora
Companhia das Letras/Arquivo da editora
Duetto Editorial/Arquivo da editora
Instituto Ciência Hoje/Arquivo do instituto
Editora Abril/Arquivo da editora

1. Leia o texto.

O segredo do biscoito

Cientistas britânicos descobriram por que as bolachas quebram na embalagem. Utilizando raios *laser*, eles perceberam que o frio faz surgir pequenas rachaduras. Elas se formam porque um fluxo de umidade contrai o interior e expande as bordas, criando uma tensão. Cai mais um grande mistério da ciência.

Rafael Kenski. Revista *Superinteressante*. São Paulo: Abril, ed. 194, nov. 2003, p. 28.

a) O que faz as bolachas quebrarem na embalagem, segundo os cientistas britânicos?

b) Copie do texto uma frase nominal e explique o seu uso.

c) Qual é o único período simples que aparece no texto?

d) Identifique o núcleo do sujeito de cada oração do texto.

e) O que se diz a respeito do sujeito "um fluxo de umidade"? Quantos predicados ele tem?

f) A última frase apresenta uma ironia. Explique essa afirmação.

2. Leia a notícia a seguir.

Robinho: artilheiro e melhor jogador

Atacante brasileiro marcou seis gols e se uniu à seleta lista de goleadores da Copa América

O atacante Robinho marcou seis gols nesta edição da Copa América e ficou com a artilharia da competição. O bom desempenho colocou o brasileiro em uma seleta lista de grandes goleadores da história do torneio continental, que completou 91 anos de vida.

O jogador do Real Madrid tomou o lugar de seu compatriota Adriano, atacante mais eficiente da edição passada da Copa América, quando o Brasil também foi campeão em cima da rival Argentina. Além do título de principal matador da competição, Robinho também foi eleito o melhor atleta desta edição do torneio. [...]

A bola na rede, uma das marcas de Robinho.

Disponível em: <http://globoesporte.globo.com>. Acesso em: 12 jul. 2011.

a) Qual é o principal assunto tratado na notícia?

b) O título do texto é formado por uma frase nominal. Que informações ela antecipa sobre o fato que será exposto no texto?

c) Qual é a palavra do texto que aparece mais vezes com a função de sujeito nas orações?

d) Escreva as palavras e expressões que, ao longo do texto, se referem ao jogador.

e) Além de evitarem a repetição excessiva do nome do jogador, que outra função essas palavras e expressões adquirem no texto?

f) Os termos que foram utilizados para se referir ao jogador são comuns quando se fala sobre futebol. Que outras palavras do texto são próprias do mundo do futebol?

g) Em textos sobre quais outros assuntos se esperaria encontrar os termos *artilheiro*, *artilharia*, *rival* e *matador*?

Artigo de divulgação científica	▪ Gênero que tem como função informar o leitor sobre o resultado de uma pesquisa científica a respeito de determinado assunto, de forma clara e objetiva.
Artigo expositivo de livro didático	▪ Gênero em que se expõem informações sobre determinado assunto de tal forma que elas possam ser objeto de estudo na escola. Utiliza recursos comuns a outros gêneros expositivos, como boxes, ilustrações, fotografias, etc.
Principais estruturas dos textos expositivos	▪ **Sequência temporal**: o texto apresenta informações sobre determinado tema, observando-se uma sequência cronológica. ▪ **Causa-efeito**: o texto trata de determinado tema, apresentando de modo organizado causas e efeitos.
Frase, oração e período	▪ **Frase**: qualquer palavra ou conjunto de palavras ordenadas que, em determinado contexto, apresenta **sentido completo**. Classifica-se em: ▪ **Frase nominal**: quando não há verbo. ▪ **Frase verbal**: quando há, pelo menos, um verbo. ▪ **Oração**: frase ou parte de uma frase que se organiza em torno de um único verbo ou locução verbal. ▪ **Período**: frase organizada por uma ou mais orações. Classifica-se em: ▪ **Período simples**: formado por apenas uma oração. ▪ **Período composto**: formado por mais de uma oração.
Sujeito e predicado	▪ Termos essenciais da oração. ▪ **Sujeito** é o ser sobre o qual se faz uma declaração. ▪ **Predicado** é tudo o que se diz a respeito do sujeito. ▪ **Núcleo do sujeito e núcleo do predicado**: palavra que concentra o significado desses termos.

Autoavaliação ●●●

Para fazer a autoavaliação, releia o quadro *O que você aprendeu neste capítulo*.

▪ Qual dos assuntos estudados neste capítulo você considera mais importante? Por quê?

▪ Qual(is) assunto(s) visto(s) neste capítulo você acha que precisa estudar mais?

▪ Como você avalia sua participação no trabalho em grupo para produzir o *fanzine* e no artigo para integrar o livro de Ciências?

Negociação de compra e venda

1. Situações de compra e venda são rotineiras. Por isso, é provável que você, ou alguém de sua família, já tenha sido abordado por algum vendedor. Procure lembrar se algo já foi oferecido a você ou a alguém que estivesse com você:

   a) Numa loja de sapatos

   b) Numa loja de roupas

   c) Durante uma ligação telefônica

As negociações são constantes na sociedade em que vivemos, por isso é preciso que saibamos nos comportar, seja no papel de consumidor, seja no papel de vendedor. A linguagem utilizada nesse momento revela nosso poder de argumentação e o domínio que temos da linguagem oral.

Produção de texto: negociação de compra e venda

O que você vai fazer

Em duplas, você e seus colegas vão representar para sua sala uma situação de compra e venda que você ou alguém de sua família tenha vivenciado ou observado. O objetivo da atividade é apresentar a todos como são as estratégias usadas pelos vendedores e como os consumidores utilizam a linguagem em tais situações.

Preparação

2. Acompanhe um de seus familiares a um local de grande concentração de lojas. Durante o passeio, observe como os vendedores oferecem seus produtos e como os consumidores respondem a essa abordagem. Anote expressões importantes que são recorrentemente usadas no ato de compra e venda. Por exemplo:

   "Procura algo?", "Posso ajudá-lo(a)?", "Se precisar, meu nome é...". Ou ainda: "Estou apenas olhando, obrigado(a)", "Sim, há tamanho M?", "Obrigado pela atenção".

3. Em duplas, releiam as anotações e ensaiem uma cena vivenciada no passeio que cada um fez anteriormente. A dupla deve escolher:

   a) O cenário para a situação de compra e venda. Pode ser, por exemplo, loja de sapato, de brinquedos, de roupas ou uma livraria. Para o dia da apresentação, use somente um detalhe para representar esse cenário, pois a simplicidade é mais adequada às cenas curtas como a que será feita pela dupla.

   b) Quem fará o papel do comprador. Este deve:

   Comunicar educadamente se pode ou não ser atendido naquele momento. Perguntar sobre o produto: como foi feito, materiais utilizados para a confecção, durabilidade e preço. Nesse momento, é importante utilizar vocabulário e nível de linguagem adequados: evite palavras vulgares e argumentos irônicos ou jocosos. Ao aceitar ou negar o produto, lembre-se de despedir-se de forma educada.

   O comprador deve definir como será a linguagem usada pelo seu personagem, como ele vai reagir à situação de venda e também como vai responder ao que lhe for perguntado. Entretanto, fique atento: evite linguagem inadequada ao ambiente escolar!

   c) Quem fará o papel do vendedor. Este deve:

   Ser educado e gentil ao pedir que seu colega ouça o que você vai oferecer. Use "por favor", "com licença", "posso conversar um minuto com você? ", "Obrigado(a)".

   Usar vocabulário e nível de linguagem adequados à situação: seja um pouco mais formal que o hábito, mas não tanto que afaste o comprador.

Mostrar os aspectos positivos do produto: a beleza, a durabilidade, o bom preço e as garantias de qualidade.

Despedir-se de forma educada, breve e gentil, independentemente do resultado da negociação, agradecendo a atenção de seu colega.

- Os homens sempre devem responder "Obrigado", e as mulheres, "Obrigada".
- Ao retribuir um agradecimento, devemos dizer "Por nada", "Não há de quê", "Não seja por isso" ou "De nada".

4. Em casa, peça que alguém de sua confiança ouça o que você pretende dizer ao oferecer o produto ou ao ser abordado durante a venda. Nesse momento, peça que essa pessoa observe:

Sua postura

a) Você foi educado no momento da aproximação?

b) Portou-se de forma adequada?

c) Despediu-se educadamente?

Uso formal da linguagem

d) Utilizou linguagem adequada na argumentação?

e) Evitou linguagem irônica?

f) Foi claro ao argumentar?

g) Evitou vícios de linguagem tais como "né", "tipo", ou gerundismos?

CLARO, POSSO FALAR POR UM MINUTO!

POIS NÃO?

COMO ELE FOI FEITO?

QUAL É O PREÇO DO LIVRO?

Andréa Vilela/ID/BR

O uso do gerundismo é um erro recorrente em situações de venda. Isso acontece principalmente no *telemarketing*, mas já ocorre também em vendas diretas. Por isso, saiba:

O uso do **gerúndio** é legítimo em nosso idioma: é a formação verbal que indica uma ação contínua que ocorre no momento da fala. Essa forma verbal apresenta as terminações **ando, endo, indo**.

Ex.:

"Estou envi**ando** um *e-mail* agora a você."

"Estou escrev**endo** uma carta."

"O avião está part**indo** neste momento."

O chamado **gerundismo** é diferente. Ele ocorre quando são usados desnecessariamente três verbos na mesma construção como em "vou estar ligando", "vou estar mostrando", "vou estar pagando". Na maioria das vezes, refere-se a uma ação futura. Cuidado, esse uso é considerado inadequado!

O dia da apresentação

5. No dia e horário combinados, siga as instruções de seu professor e inicie a apresentação. Observe a seriedade da situação e procure colaborar em todos os momentos: quando se apresenta e quando assiste aos seus colegas!

Avaliação

- Depois das apresentações, reflita sobre os seguintes aspectos:

a) Você tratou a atividade com seriedade?

b) Usou de linguagem adequada à situação?

c) Seu discurso esteve livre de vícios de linguagem, gírias ou repetições?

d) Respeitou seu colega no momento da negociação?

e) Valorizou as principais informações sobre o produto?

f) Argumentou adequadamente para vender ou aceitar/negar o produto?

g) O volume da voz e a entonação estavam adequados?

h) Você conseguiu atrair e manter a atenção de seu interlocutor?

Poema

Vincent van Gogh. *A noite estrelada*, 1889.
Óleo sobre tela, 73,7 cm x 92,1 cm.

O QUE VOCÊ VAI APRENDER

- Características principais do poema
- A arte do poema: versificação, o uso do espaço
- Tipos de sujeito
- Emprego de **c, ç, s e ss**

CAPÍTULO
6

1. Após observar atentamente a pintura ao lado, leia este poema de Manoel de Barros.

> As coisas,
> muito claras
> me noturnam.
>
> Manoel de Barros. *O fazedor de amanhecer.*
> Rio de Janeiro: Salamandra, 2001.

Tanto a pintura como o poema apresentam uma oposição entre claro e escuro. Que palavras do poema e elementos da imagem indicam essa oposição?

2. O adjetivo *noturno* tem os seguintes significados: aquilo que pertence à noite; sombrio, escuro. A partir desse adjetivo, o poeta criou uma nova palavra: *noturnam*.

a) A qual classe gramatical pertence essa nova palavra?

b) Quais significados da palavra *noturno* podem estar relacionados com o *noturnar*, criado pelo poeta?

3. Os versos do poema foram reorganizados. Leia-os.

> As coisas, muito claras me noturnam.

A leitura do poema é a mesma? O que muda e o que permanece igual?

4. Na sua opinião, a imagem ao lado é uma boa ilustração para o poema de Manoel de Barros? Por quê?

Os **poemas** são escritos para expressar ideias e sentimentos a respeito de diversos temas.

A divisão do poema em versos e as possibilidades de organização das palavras no espaço são recursos expressivos muito importantes na criação poética.

Poemas

José Paulo Paes
(1926-1998), poeta.
Fotografia de 1995,
São Paulo.

Você vai ler poemas de dois poetas brasileiros.

O primeiro foi escrito por José Paulo Paes.

Em seus poemas, ele mostra que as palavras podem se renovar sempre, conforme redescobrimos seus significados por meio da poesia.

José Paulo Paes declarou que, "para realizar a sua vocação, todo e qualquer poeta deve preservar o menino que todos trazemos dentro de nós".

Convite

Poesia
é brincar com palavras
como se brinca
com bola, papagaio, pião.

Só que
bola, papagaio, pião
de tanto brincar
se gastam.

As palavras não:
quanto mais se brinca
com elas
mais novas ficam.

Como a água do rio
que é água sempre nova.

Como cada dia
que é sempre um novo dia.

Vamos brincar de poesia?

José Paulo Paes. *Poemas para brincar.*
16. ed. São Paulo: Ática, 2000.

Este segundo poema é de Carlos Drummond de Andrade.

Sua poesia é muito diversificada: fala de Minas Gerais e de sua infância em Itabira; fala de questões sociais, da existência humana e, principalmente, do cuidado que o poeta deve ter com as palavras, preocupando-se em explorá-las ao máximo. São dele os versos: "Chega mais perto e contempla as palavras / Cada uma / Tem mil faces secretas sob a face neutra".

Lagoa

Eu não vi o mar.
Não sei se o mar é bonito,
não sei se ele é bravo.
O mar não me importa.

Eu vi a lagoa.
A lagoa, sim.
A lagoa é grande
e calma também.

Na chuva de cores
da tarde que explode,
a lagoa brilha
a lagoa se pinta
de todas as cores.
Eu não vi o mar.
Eu vi a lagoa...

Carlos Drummond de Andrade. *Poesia completa*. Rio de Janeiro: Nova Aguilar, 2002. p. 14.

João Lin/ID/BR

●●● Para entender o texto

1. O poema de José Paulo Paes intitula-se "Convite".
   a) Qual convite é feito no poema?
   b) A quem é dirigido esse convite?

2. No poema, há uma comparação entre a arte de fazer poesia e algumas brincadeiras de criança.
   a) Quais objetos de brincadeiras infantis são citados no poema?
   b) O que é dito sobre esses objetos?
   c) Segundo o poema, a poesia também é uma brincadeira. Com que elementos ela brinca?
   d) Que vantagem levam os elementos com os quais a poesia brinca em relação aos brinquedos citados?
   e) Como você explicaria o fato de que, ao brincar com as palavras, elas se renovam?

3. O eu lírico do poema também compara as palavras com alguns elementos da natureza.
   a) Quais são esses elementos?
   b) Que característica esses elementos da natureza têm em comum?

4. Releia o poema de Carlos Drummond de Andrade.
   a) Em quantas estrofes está dividido o poema?
   b) Numere os versos do poema e indique os que compõem cada estrofe.

5. O eu lírico fala do mar e de uma lagoa.
   a) Como parece ser a relação do eu lírico com o mar?
   b) Que atributos da lagoa o eu lírico destaca na segunda estrofe?

6. Na terceira estrofe, a lagoa é vista pelo eu lírico em determinado período do dia.
   a) Que período do dia é esse?
   b) Como ela é vista pelo eu lírico?
   c) Que relação o eu lírico do poema demonstra ter com a lagoa nesse momento?

ANOTE

As **situações cotidianas** adquirem novo sentido ao se tornar **tema** para a composição de um poema.

No poema de Drummond, uma simples lagoa tornou-se objeto de atenção especial do eu lírico, que compartilha com ela um momento de intensa inspiração poética. Isso mostra que não existe tema mais próprio ou menos próprio para um poema. O que importa é como esse assunto é tratado e o modo como a linguagem é elaborada.

O verso

1. Os versos das duas primeiras estrofes do poema "Convite" foram reorganizados. Leia-os.

> Poesia é brincar com palavras
> como se brinca com bola, papagaio, pião.
> Só que bola, papagaio, pião
> de tanto brincar se gastam.

a) Releia o poema original e compare. Que efeitos de sentido essa nova organização provoca?

b) Reorganize os versos do poema "Lagoa". Para isso, considere os sentidos ou as ideias que você quer destacar.

2. Leia este poema de Ferreira Gullar.

> ### Poema brasileiro
>
> No Piauí de cada 100 crianças que nascem
> 78 morrem antes de completar 8 anos de idade
>
> No Piauí
> de cada 100 crianças que nascem
> 78 morrem antes de completar 8 anos de idade
>
> No Piauí
> de cada 100 crianças
> que nascem
> 78 morrem
> antes
> de completar
> 8 anos de idade
>
> antes de completar 8 anos de idade
> antes de completar 8 anos de idade
> antes de completar 8 anos de idade
> antes de completar 8 anos de idade

Ferreira Gullar. *Toda poesia*. Rio de Janeiro: Civilização Brasileira, 1981. p. 221.

a) Os versos da primeira estrofe se repetem no poema, mas eles estão distribuídos de maneiras diferentes ao longo do texto. Descreva o que acontece com a divisão dos versos.

b) Que efeitos de sentido esse recurso produz na leitura?

3. No "Poema brasileiro", há versos que se repetem. Qual é o efeito dessa repetição no sentido do poema?

4. Observe a organização do poema "Lagoa", relendo o início da primeira e da segunda estrofes e o final do poema.

a) O que se repete nesses versos?

b) As expressões "Eu não vi" e "Eu vi" estão em um verso no início das estrofes. Que efeito tem essa colocação no poema?

c) Os dois últimos versos resumem o poema. Você concorda com essa afirmação? Por quê?

FERREIRA GULLAR

O poeta Ferreira Gullar. Fotografia de 2005, Rio de Janeiro.

O poeta Ferreira Gullar nasceu na cidade de São Luís do Maranhão, em 10 de setembro de 1930. A partir dos anos 1960, ele passou a escrever poemas engajados com temas sociais e políticos. É considerado uma das vozes mais expressivas da poesia brasileira.

Ana Carolina Fernandes/Folhapress

5. Observe agora estes versos do poema "Convite", de José Paulo Paes.

> "Como a água do rio
> que é água sempre nova.
>
> Como cada dia
> que é sempre um novo dia."

a) O que se mantém e o que muda nessas estrofes?

b) Que efeito tem a repetição nesses versos?

> **ANOTE**
>
> A repetição de versos ou de partes de um verso é um recurso expressivo muito utilizado em poemas. Por meio desse recurso, certas palavras ou expressões são destacadas e criam-se novos sentidos.
>
> Esse recurso expressivo é denominado **paralelismo**.

●●● O contexto de produção

1. Releia a primeira estrofe do poema de Drummond. Considerando o lugar em que Drummond nasceu, como podemos interpretar esses versos?

2. Observe a capa do livro no qual foi publicado o poema "Convite", de José Paulo Paes.

a) Essa obra é dirigida a que público?

b) Na sua opinião, o poema de fato atende a esse público? Justifique com elementos do texto.

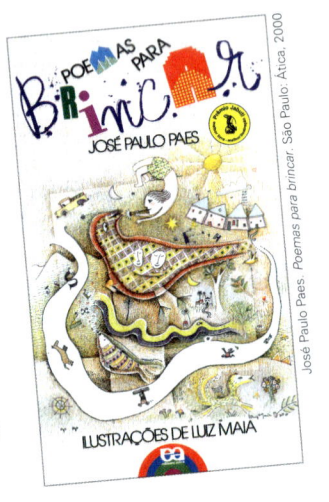

José Paulo Paes. *Poemas para brincar*. São Paulo: Ática, 2000.

3. Leia a seguir um trecho de um poema de Alberto de Oliveira (1859-1937), publicado no final do século XIX.

> ### Aspiração
>
> Ser palmeira! existir num píncaro azulado,
> Vendo as nuvens mais perto e as estrelas em bando;
> Dar ao sopro do mar o seio perfumado,
> Ora os leques abrindo, ora os leques fechando;
>
> Só de meu cimo, só de meu trono, os rumores
> Do dia ouvir, nascendo o primeiro arrebol,
> E no azul dialogar com o espírito das flores,
> Que invisível ascende e vai falar ao sol;
> [...]
>
> Alberto de Oliveira. Disponível em:
> <www.revista.agulha.nom.br>. Acesso em: 16 jul. 2014.

GLOSSÁRIO

Arrebol: cor avermelhada do céu ao amanhecer.

Ascender: subir; elevar-se.

Cimo: parte mais alta de um lugar.

Píncaro: ponto mais alto de um monte.

a) Que características da palmeira o poeta deseja ter?

b) Quais são as ações humanas que os elementos da natureza realizam?

c) Explique como o poema trabalha os sons e o ritmo. Há rimas? Há repetição de outros sons? O ritmo é regular?

d) Observe a linguagem do poema: as palavras empregadas, o modo como as frases foram escritas. Como você caracterizaria essa linguagem?

4. Essas características que você identificou no poema de Alberto de Oliveira também podem ser percebidas nos poemas "Convite", de José Paulo Paes, e "Lagoa", de Carlos Drummond de Andrade? Justifique sua resposta.

Antigamente, ao compor seus poemas, os poetas precisavam seguir uma série de regras. Havia regras relacionadas ao número de versos em cada estrofe, ao tamanho dos versos, à presença e à organização das rimas, etc.

Essas regras variaram muito ao longo do tempo. O poema "Aspiração", de Alberto de Oliveira, que acabamos de estudar, por exemplo, é uma mostra de poema que segue algumas regras bastante específicas.

A partir do século XX, muitos poetas passaram a utilizar **versos livres**, ou seja, versos sem ritmo nem rimas padronizados e com divisão irregular nas estrofes.

Os poemas com rimas, ritmo e versos regulares continuaram sendo produzidos, mas **outras possibilidades** passaram a fazer parte do repertório expressivo do fazer poético.

●●● A linguagem do texto

1. Releia o poema "Convite", de José Paulo Paes.

a) O poeta retrata no texto o universo infantil. Que palavras do poema representam esse universo?

b) Por que o poeta selecionou essas palavras para compor o seu poema?

c) Se você escrevesse um poema sobre o universo da poesia, que palavras poderia usar para compor seu texto?

2. Releia a segunda estrofe do poema "Lagoa", de Carlos Drummond de Andrade.

> "Eu vi a lagoa.
> A lagoa, sim.
> A lagoa é grande
> e calma também."

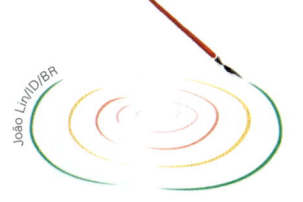

João Lird/ID/BR

a) Que palavras o eu lírico utilizou para caracterizar a lagoa?

b) Essa caracterização da lagoa se modifica na estrofe seguinte. Quais palavras foram utilizadas pelo poeta para expressar essa mudança?

c) Compare o ritmo dos versos que compõem a segunda e a terceira estrofes do poema. O que é possível observar?

Ao escrever um poema, o autor **seleciona** as palavras que o compõem, tendo em vista os **efeitos expressivos** que pretende produzir. Muitas vezes, o significado e a sonoridade das palavras estão relacionados.

Palavras que unem as pessoas

A poesia fala de universos muito diferentes: da relação com a natureza, dos sentimentos, da relação entre as pessoas e de muitos outros assuntos.

Pensando nisso, discuta com seus colegas e o professor as seguintes questões.

I. Como a leitura de poemas pode ajudar as pessoas a se conhecerem?

II. Que espaços as pessoas podem usar para expressar ideias, sentimentos e sensações por meio da palavra poética?

Poema

AQUECIMENTO

Você viu que a distribuição das palavras no verso pode criar novos sentidos para o poema.

O texto a seguir é um poema de António Ferra que não apresenta divisão em versos. A proposta é você organizá-los de acordo com as ideias que deseja destacar.

Uma árvore

Nunca uma árvore pode ser derrubada, quando a melodia da tarde envolve o tronco, a copa, as folhas dispersas pelo céu, recortando nuvens, e um rasto de luz fica preso à sombra projetada no solo, pouco antes de o sol desaparecer completamente.

António Ferra. Disponível em: <http://bibliotecariodebabel.com>. Acesso em: 16 jul. 2014.

Andréa Vilela/ID/BR

●●● Proposta

Imagine que uma galeria de arte fará uma exposição e pediu a você que escreva um poema que acompanhará uma obra específica. Escolha uma figura para a qual você escreveria esse poema. Ou, se preferir, considere a imagem abaixo.

Jim Vecchi/Corbis/Latinstock

Jim Vecchi. *Uvas sobre um muro de tijolos*. Arezzo (Itália). 2006.

●●● Planejamento e elaboração do texto

1. Observe a imagem e escreva as palavras que ela lhe sugere.

2. Agora você vai selecionar algumas palavras dentre aquelas que escreveu. Essas palavras serão a base a partir da qual você criará seu poema.

   a) Agora que você tem a base, elabore os versos de seu poema.

   b) Trabalhe o texto. Lembre-se de alguns recursos da linguagem poética: a sonoridade das palavras, o ritmo, o paralelismo e outras possibilidades expressivas que você estudou.

   c) Lembre-se de dividir os versos conforme os sentidos e as ideias que você pretende destacar.

   d) Decida se você vai organizar os versos do poema em estrofes.

3. Escreva a versão final do seu poema. Não se esqueça de lhe dar um título.

●●● Avaliação e reescrita do texto

1. Releia o seu poema e utilize as questões abaixo para avaliá-lo.

   a) O poema destaca os versos ou as ideias que você queria enfatizar?

   b) Que recursos da linguagem poética você utilizou na elaboração do texto?

   c) Seu poema usa versos regulares ou versos livres? Por que fez essa escolha?

2. Reúna-se com mais dois colegas. Cada um deverá ler para os demais o seu poema.

3. Ao fim da leitura, os outros membros do grupo deverão comentar o poema com o objetivo de encaminhar a reescrita do texto. Cada um deve apresentar:

   a) um aspecto positivo do texto (um elemento de que gostou);

   b) um aspecto que precisa ser melhorado;

   c) uma dica sobre como melhorar esse aspecto.

4. Anote as observações dos seus colegas as quais você julgar pertinentes e, em seguida, faça as últimas alterações em seu texto, caso seja necessário.

5. Depois que seu texto ficar pronto, você vai preparar um cartaz com o poema e a imagem que escolheu.

6. Combine com o professor um dia para a exposição dos cartazes.

Dicas de como preparar o cartaz

   É importante pensar na disposição do texto e da imagem no cartaz.

· Você vai passar a limpo seu poema em uma folha de cartolina.

· No cartaz, você deverá colocar: o poema, o título do trabalho, a imagem que acompanha o texto e seu nome.

· Como todos esses elementos vão ser distribuídos no cartaz? Faça um esboço em seu caderno, imaginando como ficará o cartaz.

· Preste atenção no tamanho da letra, pois o texto do cartaz deve ficar bem legível.

Fabiana Salomão/ID/BR

Sujeito simples, composto e desinencial

1. Leia os poemas a seguir.

> ## Happy end
>
> o meu amor e eu
> nascemos um para o outro
>
> agora só falta quem nos apresente
>
> Cacaso. *Poesia marginal*. São Paulo: Ática, 2006. (Coleção Para Gostar de Ler). v. 39. p. 16.

> ## Os poemas
>
> Os poemas são pássaros que chegam
> não se sabe de onde e pousam
> no livro que lês.
> Quando fechas o livro, eles alçam voo
> como de um alçapão.
> Eles não têm pouso
> nem porto
> alimentam-se um instante em cada par de mãos
> e partem.
> E olhas, então, essas tuas mãos vazias,
> no maravilhoso espanto de saberes
> que o alimento deles já estava em ti...
>
> Mario Quintana. *Esconderijos do tempo*. São Paulo: Globo, 2005. p. 27.

A respeito do poema de Cacaso, responda.

a) Em sua opinião, por que o poema é intitulado "Happy end"?

b) O poema fala de duas pessoas. Copie as palavras que são usadas para se referir a elas.

c) Copie a palavra que exprime a ação realizada por essas duas pessoas.

2. Identifique o assunto tratado em "Os poemas".

a) A que os poemas são comparados no texto?

b) Explique com suas palavras como essa comparação é apresentada ao longo do poema.

c) O texto fala de uma determinada impressão que o leitor pode ter após a leitura de um poema. Explique que impressão é essa. Você já a experimentou após ler algum texto?

3. Releia.

> "Eles não têm pouso
> nem porto
> **alimentam-se** um instante em cada par de mãos
> e **partem**."

A quem se referem as ações dos verbos em destaque?

Ao analisarmos algumas orações desses poemas, podemos observar que são compostas de diferentes **tipos de sujeito**, os quais estudaremos agora.

CACASO

O poeta Cacaso. Fotografia de 1981.

O autor integrou o grupo dos poetas marginais, de produção marcada pela crítica social, linguagem coloquial e humor. *Beijo na boca* (1975), *Segunda classe* (1975) e *Mar de mineiro* (1982) são seus livros mais conhecidos. Nascido em Uberaba (MG), em 1944, morreu em 1987 no Rio de Janeiro.

Antonio Augusto Fontes/Editora Abril

MARIO QUINTANA

O poeta Mario Quintana. Fotografia de 1986.

A poesia de Mario Quintana sempre despertou a admiração dos maiores poetas brasileiros pela sensibilidade, sonoridade dos versos e pela riqueza de imagens. O poeta nasceu em Alegrete (RS), em 1906, e faleceu em 1994.

Adolfo Gerchmann/Editora Abril

●●● Sujeito simples e sujeito composto

Observe o seguinte verso do poema de Mario Quintana.

> "**Eles** não têm pouso"
> sujeito   predicado

Agora releia os primeiros versos do poema "Happy end".

> "o meu **amor e eu**"   "nascemos um para o outro"
>   sujeito   predicado

Como você pôde perceber nesses exemplos, o sujeito de uma oração pode ter um ou mais **núcleos.** No verso de Mario Quintana, o pronome *eles* é o núcleo do sujeito. Já no verso de Cacaso, o substantivo *amor* e o pronome *eu* são os núcleos do sujeito da oração formada pelos dois versos.

Os sujeitos podem ser classificados em simples ou compostos.
- **Sujeito simples**: quando apresenta um só núcleo.
- **Sujeito composto**: quando apresenta mais de um núcleo.

●●● Sujeito desinencial

Em "Os poemas", os versos 6 a 9 apresentam estas orações.

1ª oração: Eles não *têm* pouso nem porto

2ª oração: (eles) *alimentam-se* um instante em cada par de mãos

3ª oração: e (eles) *partem*

Na primeira oração, fica evidente que o sujeito é *eles* (os pássaros), pois é a essa palavra que o restante da frase faz referência.

Na segunda e terceira orações, o verbo aparece sozinho, mas, mesmo assim, é possível identificarmos o sujeito *eles*. O que nos auxilia na identificação do sujeito dessas orações é a **desinência do verbo**, que remete ao sujeito *eles*.

Como os verbos dessas orações apresentam a mesma desinência do verbo da primeira oração (terceira pessoa do plural), associamos as duas ao mesmo sujeito. Dizemos que, nesse caso, o sujeito está oculto, ou seja, ele não aparece na frase, mas pode ser identificado pela desinência verbal.

Veja outro exemplo extraído do poema de Mario Quintana.

> "Quando fechas o livro, eles alçam voo"

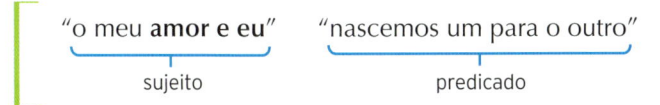

Andréa Vilela/ID/BR

Observe que nos demais versos do poema não há nenhuma palavra que possa ser identificada como o sujeito dessa oração. Mesmo assim, é possível saber que o pronome *tu* (oculto) é o sujeito da oração, pois a desinência do verbo se refere à segunda pessoa do singular.

Quando o sujeito da oração não está explícito, mas pode ser identificado por meio da **desinência verbal**, ele recebe o nome de **sujeito oculto** ou **sujeito desinencial**.

1. Leia este trecho de uma entrevista concedida pelo poeta José Paulo Paes.

> *Se algum jovem candidato a escritor o procurasse, em busca de conselhos, você lhe diria o quê?*
>
> *J. P. P.*: Diria que ninguém precisa de conselho, que todo mundo sabe errar sozinho... em princípio. Depois diria que ele precisa assumir a poesia como um risco [...] A prática da literatura é um risco que o sujeito tem que assumir como único responsável. A única forma de conselho e aprendizagem a que ele deve recorrer é a dos livros. Todo jovem tem certos poetas a quem admire; ele que procure comparar o que faz ao que esses poetas fizeram. [...] Se você precisar de mestres, vá procurá-los nos livros: são mestres mudos e não chateiam a gente.
>
> Disponível em: <www.revista.agulha.nom.br>. Acesso em: 16 jul. 2014.

a) Na sua opinião, o conselho do poeta aos jovens que desejam ser escritores também vale para quem quer seguir outras profissões? Por quê?

b) Em "Depois diria que *ele* precisa assumir a poesia como um risco [...]", a quem o pronome *ele* se refere?

c) Que outros verbos ou locuções verbais têm esse mesmo sujeito, desinencial ou não?

d) Na última frase, o sujeito de *precisar* e *vá* é *você*. No contexto, a quem esse pronome se refere?

e) No decorrer da sua fala, o poeta muda o sujeito *ele* para *você*. Que efeito de sentido isso provoca no leitor da entrevista?

2. Leia a fábula "O urso e as abelhas", de Esopo, observando o sujeito das orações.

> Um urso topou com uma árvore caída que servia de depósito de mel para um enxame de abelhas. Começou a farejar o tronco quando uma das abelhas do enxame voltou do campo de trevos. Adivinhando o que ele queria, deu uma picada daquelas no urso e depois desapareceu no buraco do tronco. O urso ficou louco de raiva e se pôs a arranhar o tronco com as garras na esperança de destruir o ninho. A única coisa que conseguiu foi fazer o enxame inteiro sair atrás dele. O urso fugiu a toda a velocidade e só se salvou porque mergulhou de cabeça num lago.
>
> **Moral: Mais vale suportar um só ferimento em silêncio que perder o controle e acabar todo machucado.**
>
> Esopo. *Fábulas de Esopo*. Compilação de Russel Ash e Bernard Higton. São Paulo: Companhia das Letrinhas, 2005. p. 24.

a) Observe os sujeitos das orações desse texto. O que é possível identificar?

b) Reescreva a fábula no caderno empregando o sujeito desinencial para evitar as repetições do mesmo termo.

3. Identifique o sujeito das frases a seguir e indique seus núcleos. Depois, classifique os sujeitos em simples, composto ou desinencial.

a) A opinião de poetas experientes influencia muito o principiante.

b) Peçam ajuda aos livros!

c) São decisivas para um poeta suas primeiras influências.

d) Surgiram palpites e conselhos absurdos de todos os lados.

e) Vocês, poetas, podem sempre se refugiar nas palavras.

Alguns casos de concordância

1. Leia os títulos de notícias apresentados a seguir.

> **Grupo de roqueiros brasilienses lança o filme O cavaleiro do além**
>
> Disponível em: <www.correiobraziliense.com.br>. Acesso em: 5 jan. 2012.

> **Multidão celebra primeiro dia do mais novo país do mundo, o Sudão do Sul**
>
> Disponível em: <www.correiodopovo.com.br>. Acesso em: 26 out. 2011.

a) Qual é o sujeito dessas orações?

b) Qual é a classificação desses sujeitos?

c) Observe os verbos dessas orações. Por que eles estão no singular?

2. Leia a letra de música a seguir.

> **Inútil**
>
> [...]
> A gente faz carro e não sabe guiar
> A gente faz trilho e não tem trem pra botar
> A gente faz filho e não consegue criar
> A gente pede grana e não consegue pagar
>
> Inútil
> A gente somos inútil
>
> A gente faz música e não consegue gravar
> A gente escreve livro e não consegue publicar
> A gente escreve peça e não consegue encenar
> A gente joga bola e não consegue ganhar
>
> [...]
>
> Roger Rocha Moreira. Inútil. Intérprete: Ultrage a Rigor. Em: *Nós vamos invadir sua praia*. WEA, 1985.

Andréa Vilela/ID/BR

a) Na sua opinião, o que impede que as situações apresentadas na letra se realizem?

b) A quem se refere a expressão "a gente"? Que efeito o uso dessa expressão causa no ouvinte?

c) Segundo a norma-padrão, em que número e pessoa deve ser flexionado o verbo que acompanha a expressão "a gente"?

d) Explique a concordância na oração "A gente somos inútil" e o sentido que esse uso acrescenta à letra de música.

ANOTE

De acordo com a norma-padrão, o **verbo** de uma oração deve **concordar com o núcleo do sujeito** em número e pessoa. Assim, quando o núcleo é um **substantivo coletivo**, o verbo fica na terceira pessoa do singular. Em gêneros que exigem o emprego da norma padrão, essa é a concordância obrigatória.

Já em letras de canção, poemas e outros textos literários, pode-se fugir à regra de concordância para obter maior expressividade.

Poemas visuais

O QUE VOCÊ VAI LER

Carmen Salazar,
(1962-), artista plástica.

Você vai ler dois poemas visuais que foram escritos por poetas brasileiros. Além das palavras, os autores usaram outros recursos para expressar suas ideias, sensações e emoções.

Este primeiro poema é de Carmen Salazar, uma artista plástica autora de poemas visuais nascida em Porto Alegre, no Rio Grande do Sul.

EU

Carmem Salazar/Acervo do artista

Carmen Salazar. Disponível em: <www.poemavisual.com.br>. Acesso em: 16 jul. 2014.

Sérgio Capparelli
(1947-). Escritor. Fotografia de cerca de 1990.

O segundo poema, de autoria de Sérgio Capparelli, nascido em 1947, em Uberlândia (MG), foi publicado no livro *Poesia visual*, no ano de 2001.

■ Observe os dois poemas visuais e reflita sobre os assuntos tratados nesses textos.

Sérgio Capparelli. Acervo do artista

Sérgio Capparelli. *Poesia visual*. 3. ed. São Paulo: Global, 2001. p. 6.

●●● Para entender o texto

1. Observe o poema de Carmen Salazar.

   a) No que o poema de Carmen Salazar difere em relação aos outros que você leu?

   b) Qual desenho os versos do poema formam?

   c) No texto do poema aparece uma ideia de movimento. Que movimento é esse?

   d) Observe o segundo período do texto: "É mais um que eu saio". Qual o sentido que o advérbio *mais* acrescenta ao texto?

   e) Como a mudança no tamanho da letra do poema contribui para a sua interpretação? O que ela nos permite identificar?

2. O poema de Sérgio Capparelli trata da relação entre duas pessoas.

   a) Como essa ideia é expressa no poema?

   b) O eu lírico parece estar muito interessado na outra pessoa. Que verso do poema confirma essa afirmação?

   c) No poema aparecem as palavras "bem me quer, mal me quer". O que elas sugerem sobre os sentimentos do eu lírico?

   d) O que significa a frase "A primavera endoideceu" no contexto do poema?

3. Os dois poemas lidos não estão organizados em versos.

   a) Que recursos os poetas usaram para expressar suas ideias?

   b) O que esses recursos acrescentam aos sentidos dos poemas?

ANOTE

Os **poemas visuais** combinam o significado das palavras com a expressividade da imagem. As letras formam um desenho no papel e ampliam os sentidos das palavras.

●●● O texto e o leitor

1. No poema de Carmen Salazar, que relação se pode fazer entre o texto e o modo como ele está distribuído no papel?

2. A respeito do poema de Sérgio Capparelli, responda.

   a) O poema foi escrito no formato de uma flor. Por que essa imagem foi escolhida?

   b) Relacione as cores utilizadas no poema com o título.

ANOTE

Na poesia visual, os poetas utilizam uma variedade de recursos expressivos, combinando-os de diferentes modos a fim de proporcionar ao leitor não só o entendimento do **significado** das palavras, mas também **impressões** e **sensações** que estão associadas às imagens formadas.

3. Em relação aos possíveis leitores dos poemas, responda: qual deles é dirigido originalmente ao público jovem? Justifique sua resposta.

   a) Quanto aos recursos visuais.

   b) Quanto aos assuntos tratados nos poemas.

●●● Comparação entre os textos

1. Nos poemas que você estudou neste capítulo foram utilizados diferentes recursos expressivos. Copie a tabela abaixo e complete-a, identificando os poemas que utilizaram os seguintes recursos.

	Versos divididos em estrofes	Versos com rimas	Letras formando imagens	Uso de cores
Convite				
Lagoa				
Eu				
Primavera				

2. O poema de José Paulo Paes fala sobre o trabalho com as palavras; na terceira estrofe o eu lírico comenta que as palavras, ao contrário de alguns brinquedos, não se gastam. Releia os versos:

Carmem Salazar/Acervo do artista

> "quanto mais se brinca
> com elas
> mais novas ficam."

a) Que tipo de brincadeira com as palavras o poema "Eu", de Carmen Salazar, apresenta?

b) A ideia apresentada nos versos de José Paulo Paes surpreende o leitor porque propõe uma inversão. Que inversão é essa?

c) O poema de Carmen Salazar também propõe uma inversão, que inversão é essa?

3. Observe que, tanto no poema "Lagoa" como no poema "A primavera endoideceu", as cores têm um papel muito importante.

a) Que influência as cores exercem sobre o eu lírico no poema "Lagoa"?

b) Qual é o papel das cores no poema "A primavera endoideceu"?

●●● Sua opinião

1. José Paulo Paes afirma em seu poema que fazer poesia é brincar com palavras. Para você, o que significa brincar com palavras?

2. Você concorda com a afirmação do poeta? Justifique sua resposta com exemplos de poemas que leu no capítulo.

Palavras e imagens que renovam o mundo

Neste capítulo, você aprendeu que os poemas visuais utilizam palavras e imagens combinadas de modo a produzir determinado efeito poético, levando, assim, o leitor a observar o mundo de uma maneira diferente da habitual.

Com seus colegas de classe e o professor, discuta as seguintes questões.

I. Como os poemas visuais podem contribuir para redescobrirmos e tornarmos mais poético o nosso cotidiano?

II. Observe a cidade em que você vive. Que lugares ou situações poderiam ser motivo para a criação de um poema visual?

Poema visual

Fabiana Salomão/ID/BR

AQUECIMENTO

Você estudou que, na produção de poemas visuais, palavras e imagens são utilizadas de um modo bastante criativo. Como você viu, Sérgio Capparelli representou o amor por meio da imagem de uma flor.

- Que imagem você desenharia para representar esse sentimento? Desenhe-a no caderno.

- Agora, pense em imagens que possam representar os sentimentos do quadro.

surpresa	raiva	saudade	medo

- Escolha um deles e represente-o em seu caderno. Use cores e formas diferentes para expressar suas ideias.

●●● Proposta

Usando os seus conhecimentos sobre poesia visual, você vai criar um poema em que palavras serão combinadas com uma das imagens abaixo.

Com os poemas produzidos pela classe, você e seus colegas vão organizar um varal de poesia na escola em que vocês estudam.

Observe as imagens abaixo. Elas mostram várias possibilidades de organização das palavras no papel.

ID/BR

●●● Planejamento e elaboração do texto

1. Leia com atenção as palavras da lista abaixo. Escolha uma delas e anote-a em seu caderno.

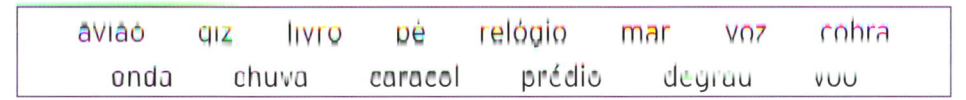

avião	giz	livro	pé	relógio	mar	voz	cobra
onda	chuva	caracol	prédio	degrau	voo		

2. Agora faça uma lista de, no mínimo, dez palavras que se relacionem com a que você escolheu.

3. Escolha uma das imagens apresentadas na página anterior para produzir seu poema. Você pode criar outros desenhos, se considerar necessário. Registre o desenho em seu caderno.

4. Pense no modo como as palavras de sua lista podem compor um poema visual com o desenho que você fez no seu caderno. Nesse momento, é importante colocar no papel todas as ideias, mesmo aquelas que, inicialmente, não pareçam boas.

5. Elabore mais de uma versão para o seu poema visual.

6. Seguindo o planejamento, escreva a versão final do seu poema. Lembre-se de que as palavras e a imagem devem estar integradas de forma original e criativa.

7. Dê um título a seu poema.

●●● Avaliação e reescrita do texto

1. Releia o seu poema, observando os seguintes aspectos.

Características do poema	Sim	Não
As palavras e os versos do poema formam uma imagem que pode ser reconhecida pelos leitores?		
As palavras estão relacionadas com essa imagem?		
As palavras escolhidas expressam um sentimento ou uma crítica?		

ID/BR

2. Caso você tenha marcado *não* para algum desses itens, faça os ajustes necessários em seu texto.

3. Troque de poema com um colega. Cada um deve fazer ao menos uma sugestão ou apontar um aspecto positivo no trabalho do outro.

4. Leia o comentário de seu colega e faça as modificações necessárias.

5. Copie com bastante capricho a última versão do seu poema em uma folha de papel. Utilize canetas e lápis coloridos.

Dicas de como organizar um varal de poesia

Para expor os poemas visuais, você vai organizar com o professor um varal de poesia em sua escola. Para montar esse varal, é necessário pensar em algumas etapas.

- Verifique quais espaços poderão ser utilizados em sua escola.
- Depois de escolher o lugar, estenda um ou mais barbantes, de modo que haja espaço para todos os poemas visuais produzidos pela classe.
- Combine com o professor um dia para a apresentação do varal.
- Convide os alunos de outras classes para visitarem a exposição.

Fabiana Salomão/ID/BR

Sujeito indeterminado e oração sem sujeito

●●● Sujeito indeterminado

1. Leia o texto abaixo.

> O curupira é um indiozinho peludo, com os [...] pés virados para trás, protetor das plantas e animais das florestas. Vive montado em um porco-do-mato e tem um cachorro chamado Papamel, de que não se separa; ao ver alguém na mata, avisa-o, cantando. Também dizem que se disfarça e ilude o caçador que o persegue, fazendo-o embrenhar-se na mata até se perder e morrer de fome.
>
> Os pés virados para trás servem para despistar os caçadores, que seguiriam rastros falsos até se perder na mata. Só os que caçam por necessidade são protegidos.
>
> [...]
>
> Disponível em: <www.ibge.gov.br>. Acesso em: 12 jul. 2011.

Fabiana Salomão/ID/BR

a) Qual o assunto principal desse texto?

b) O que o verbo *dizem* informa sobre quem faz a ação?

c) Por que foi usado o verbo *dizem* para falar sobre uma personagem do folclore brasileiro?

No trecho que você leu, é possível determinar o sujeito dos verbos relacionados à palavra *curupira*. Ele vive montado em um porco-do-mato, tem um cachorro chamado Papamel, etc.

Entretanto, não é possível identificar com exatidão quem executou a ação expressa pelo verbo *dizer*, ou seja, quem são as pessoas que "dizem" que o curupira se disfarça para enganar seu caçador. O sujeito não está presente na oração e não é possível identificá-lo pela desinência verbal, pois ela remete a um referente não apresentado no texto. Em orações como essa, o sujeito é classificado como **indeterminado**.

É o que ocorre também nos exemplos a seguir.

> **Telefonaram** para você ontem à noite.

> **Precisa-se** de motorista para início imediato.

> **Estão ligando** da escola desde o início da tarde.

Observe que em orações com sujeito indeterminado os verbos são sempre flexionados na terceira pessoa do plural ou na terceira pessoa do singular acompanhados do pronome *-se*.

ANOTE

> Quando o sujeito de uma oração não pode ser identificado pelo **contexto** em que a oração aparece nem pela **desinência verbal**, ele recebe o nome de **sujeito indeterminado**. Ele é usado porque não se conhece quem executa a ação verbal ou porque não se quer revelar quem a executa.

●●● Oração sem sujeito

1. Observe as manchetes abaixo:

> ### Neva em pelo menos nove cidades de Santa Catarina
>
> Disponível em: <www.correiobraziliense.com.br>. Acesso em: 26 out. 2011.

> ### Chove forte neste domingo em grande parte do país
>
> Disponível em: <www.correiodoestado.com.br>. Acesso em: 16 jul. 2014.

a) Identifique os verbos das manchetes.

b) É possível determinar o sujeito dessas orações?

Chamamos de **oração sem sujeito** ou com **sujeito inexistente** a oração em que a ação apresentada pelo predicado não pode ser atribuída a nenhum ser. Essas ações são indicadas por verbos que não admitem sujeito.

> **ANOTE**
>
> Os verbos que não admitem sujeito são chamados **impessoais**. As **orações sem sujeito** apresentam verbos impessoais.

Os principais casos de oração sem sujeito ocorrem com os seguintes verbos.

a) Verbos que exprimem **fenômenos da natureza** (chover, trovejar, nevar, anoitecer, etc.).

> **Choveu** muito ontem à noite.
> Durante o horário de verão, **anoitece** mais tarde.
> **Amanheceu** às cinco e vinte.

b) Verbo **haver** utilizado com o sentido de **existir**.

> **Havia** uma porção de crianças na escola naquele horário.
> Não **há** razão para você se desesperar dessa forma.
> **Houve** muitos aplausos após a apresentação da orquestra.

c) Verbos **haver**, **fazer** e **ir** quando indicam **tempo transcorrido**.

> Trabalho nessa empresa **há** dez anos.
> **Faz** duas horas que espero para ser atendida!
> **Vai** para mais de um ano que ele não me visita.

d) Verbo **ser** quando indica **tempo em geral**.

> **Era** inverno e todos que andavam pelas ruas estavam bem agasalhados.
> **Era** bem tarde quando chegamos ao hotel.

HAVER E EXISTIR

Segundo a norma-padrão, o verbo *haver*, quando utilizado no sentido de *existir*, deverá sempre ser empregado no singular.

No entanto, isso não acontece com o verbo *existir*, que deve ser flexionado normalmente. Veja os exemplos.

Há muitos tipos de animais na floresta Amazônica.

Existem muitas garotas apaixonadas por Roberto.

1. Leia a tira.

Laerte. *Classificados*. São Paulo: Devir, 2004. v. 3. p. 4.

a) Apenas com as informações dos dois primeiros quadrinhos da tira, o que você imagina que pode ter ocorrido?

b) Essa expectativa se confirma no último quadrinho? Por quê?

c) Qual o sujeito da oração "Fui assaltado!!"?

d) Encontre na tira uma oração com sujeito indeterminado.

e) Por que o autor utilizou o sujeito indeterminado nesse caso?

f) Identifique na tira uma oração com sujeito simples que esclarece quem foi o verdadeiro responsável por aquela situação.

2. Leia o poema a seguir.

> ### Sem casa
>
> Tem gente que não tem casa,
> Mora ao léu, debaixo da ponte.
> No céu a lua espia
> Esse monte de gente
> Na rua
> Como se fosse papel.
> Gente tem que ter
> Onde morar,
>
> Um canto, um quarto,
> Uma cama,
> Para no fim do dia
> Guardar o corpo cansado,
> Com carinho, com cuidado,
> Que o corpo é a casa.
> Dos pensamentos.
>
> Roseana Murray. *Casas*. São Paulo: Formato, 1994.

a) Na primeira estrofe do poema, as pessoas são comparadas a papel. O que existe em comum para ser comparado?

b) Nesse mesmo verso, há uma personificação, isto é, um ser inanimado age como se fosse humano. Copie o verso em que isso ocorre.

c) Por que as pessoas têm que ter casa, segundo o poema?

d) Observe que a palavra *tem* se repete três vezes nesse poema com sentidos diferentes. Copie em seu caderno os versos em que ela aparece e substitua-a por outro verbo de significado semelhante.

e) Em quais desses casos o verbo *ter* pode ser substituído por um verbo impessoal? Por quê?

3. Explique por que nas orações abaixo o sujeito é inexistente.

a) Trovejou a tarde toda, mas não choveu.

b) Cuidado! Há muitos mosquitos transmissores da dengue nessa região!

c) Nossa! Já são dez e meia!

d) Faz meses que não vou ao cinema.

A linguagem poética e a expressão da subjetividade

1. No poema "Tempestade", a seguir, o eu lírico se manifesta no diálogo que se estabelece entre ele e outra pessoa.

> – Menino, vem para dentro,
> olha a chuva lá na serra,
> olha como vem o vento!
>
> – Ah! como a chuva é bonita
> e como o vento é valente!
>
> – Não sejas doido, menino,
> esse vento te carrega,
> essa chuva te derrete!
>
> – Eu não sou feito de açúcar
> para derreter na chuva.
> Eu tenho força nas pernas
> para lutar contra o vento!
>
> E enquanto o vento soprava
> e enquanto a chuva caía,
> que nem um pinto molhado,
> teimoso como ele só:
>
> – Gosto de chuva com vento,
> gosto de vento com chuva!

Henriqueta Lisboa. *Luz da lua*. São Paulo: Moderna, 2006. p. 30.

a) Quais são as palavras que indicam a presença das duas pessoas?

b) As duas pessoas têm a mesma opinião sobre a chuva e o vento? Justifique sua resposta.

c) Copie versos do poema em que as expressões e a pontuação utilizadas revelam envolvimento emocional do eu lírico com a tempestade.

d) Quais argumentos o eu lírico expressa para responder às advertências que lhe são feitas na primeira e terceira estrofes?

e) Escreva os versos que evidenciem a determinação do eu lírico em não atender às solicitações que lhe são feitas.

2. Leia um trecho da canção "Primeiros erros", de Kiko Zambianchi.

> Se um dia eu pudesse ver
> Meu passado inteiro
> E fizesse parar de chover
> Nos primeiros erros
>
> Meu corpo viraria sol
> Minha mente viraria sol
> Mas só chove e chove
> Chove e chove

Kiko Zambianchi. Primeiros erros. Intérprete: Kiko Zambianchi. Em: *Choque*. Emi/Odeon, 1985.

a) O que a letra da canção expressa sobre o sentimento do eu lírico?

b) Que palavra ou frase representa esse sentimento na canção?

c) Há um desejo não realizado pelo eu lírico. Qual é ele? Como ele aparece?

3. Quais marcas de subjetividade aparecem na letra?

4. Na canção, aparece a repetição do verbo *chove*. Que sentido essa repetição acrescenta ao sentimento expresso pelo eu lírico?

> **NOTE**
>
> Em poemas e letras de canção, diversos elementos evidenciam a **subjetividade**. Palavras e expressões que indicam noções de valor, a pontuação interrogativa e exclamativa, o verbo em primeira pessoa do singular e outros termos que se referem ao eu lírico do poema sinalizam essa subjetividade.

Emprego de c, ç, s e ss

1. Leia os trechos abaixo em voz alta.

> **Felicidade** é
> um agora que não tem
> pressa nenhuma.
>
> **Sucesso** é quando
> você faz o que sabe fazer
> só que todo mundo percebe.
>
> **Lembrança** é quando, mesmo sem autorização,
> o seu pensamento reapresenta um capítulo.
>
> **Exemplo** é quando a explicação
> não vai direto ao assunto.
>
> Adriana Falcão. *Mania de explicação*. São Paulo: Salamandra, 2006. p. 19, 29, 39 e 42.

EXPLICAÇÕES...

No livro *Mania de explicação*, a escritora Adriana Falcão conta a história de uma menina que gostava de inventar uma explicação para cada coisa.

Salamandra/Arquivo da editora

Preste atenção ao som do **c** em *felicidade*. Esse mesmo som aparece em outras palavras desse texto, porém representado por letras diferentes. Copie essas palavras em seu caderno.

ANOTE

O mesmo som que a letra **c** tem em *felicidade* pode ser representado, em outras palavras, pelas letras **ç**, **s**, **x**, **z** e pelos dígrafos **sc**, **sç**, **ss** e **xc**. Ex.: a**ç**aí, **s**ala, má**x**ima, infeli**z**, na**sc**er, na**sç**o, ru**ss**o, e**xc**elente.

Neste capítulo, será apresentado o emprego das letras **c**, **ç**, **s** e do dígrafo **ss** na representação desse som.

●●● Usos do c e do ç

- Em palavras de origem árabe, tupi ou africana. Ex.: a**ç**úcar (árabe), **c**etim (árabe), cai**ç**ara (tupi).
- Na terminação **-ção** dos substantivos que se originam de verbos terminados em **-ter**, **-tir**, **-der** e **-mir** e que mantêm essas terminações. Ex.: abs**te**n**ç**ão (abs**ter**), con**te**n**ç**ão (con**ter**).
- Na terminação **-ção** dos substantivos derivados de verbos que não são terminados em **-ter**, **-tir**, **-der** e **-mir**. Ex.: composi**ç**ão (compor), descri**ç**ão (descrever), prepara**ç**ão (preparar).
- Depois de ditongos como **ei**, **oi**, **ou**. Ex.: b**ei**ço, f**oi**ce, calab**ou**ço.

●●● Usos do ss

- Na terminação **-ssão** dos substantivos derivados de verbos terminados em **-der**, **-dir**, **-ter**, **-tir** e **-mir** quando tais terminações desaparecem na formação dos substantivos. Ex.: ce**ss**ão (ce**der**), agre**ss**ão (agre**dir**), intromi**ss**ão (introme**ter**), repercu**ss**ão (repercu**tir**), compre**ss**ão (compri**mir**).
- Antes de vogais e nunca depois de consoantes. Ex.: pa**ss**ar, nece**ss**idade (mas *cansadas*, *ensino*, *discurso*).

●●● Usos do s

- Em substantivos derivados de verbos terminados em **-ter**, **-tir**, **-der** e **-dir** quando tais terminações desaparecem na formação do substantivo e o som representado pelo **s** vem depois de **n** ou **r**. Ex.: diversão (divertir), pretensão (pretender), expansão (expandir).
- Na terminação **-ense**. Ex.: canad**ense**, para**ense**, rio-grand**ense**.
- Nos grupos **-ist-** e **-ust-**. Ex.: **just**apor, m**ist**o.

Observação: verificar a grafia de outras palavras da mesma família pode ajudar a decidir como grafar uma palavra. Ex.: *pressa* se escreve com **ss**, assim como *apressado* e *apressar*.

1. Nas palavras abaixo, justifique o emprego das letras e dígrafos que representam o mesmo som do **c** em *felicidade*.

   a) assunto   b) autorização   c) pensamento   d) complicação

2. Copie as palavras em seu caderno e complete-as adequadamente. Depois, justifique sua resposta.

   a) absor★ão   b) aten★ão   c) agre★ão   d) inver★ão

⌐ Entreletras

Brincar com letras

Leia um trecho do poema "Alfabeto".

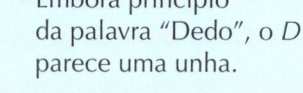

> O *A* é uma escada
> bem aberta, pela qual
> se sobe ou se desce.
>
> As duas barrigas
> do *B* nos ajudam
> a escrever "Balofo".
>
> O *C* é uma foice
> sem cabo, mas corta. Aliás,
> não há "corte" sem *c*.
>
> Embora princípio
> da palavra "Dedo", o *D*
> parece uma unha.
>
> [...]
>
> José Paulo Paes. Em: Ana Elvira Luciano Gebara. *A poesia na escola*. São Paulo: Cortez, 2002. p. 54-55.

Andréa Vilela/ID/BR

Prossiga com essa brincadeira, escrevendo versos que tratem das demais letras do alfabeto.

▌ PARA SABER MAIS ▌

Livros

O fazedor de amanhecer, de Manoel de Barros. Editora Salamandra.

Poesia visual, de Sérgio Capparelli e Ana Cláudia Gruszynski. Editora Global.

Meu coração é tua casa, de Federico García Lorca. Edições SM.

Sites

<www.poesiaconcreta.com.br>
<www.capparelli.com.br>
<www.arnaldoantunes.com.br>
<www.poemavisual.com.br>
Acessos em: 13 jan. 2012.

Salamandra/Arquivo da editora

Edições SM/Arquivo da editora

Global/Arquivo da editora

1. Leia o poema a seguir.

Catando marinheiros

Mamãe e eu
Entramos no mar
De grãos de arroz
Sobre a mesa.

Os marinheiros pedem ajuda
Com medo de serem salvos
Que bobões!
Eu os retiro, um por um,
E os ponho na gamela.

Sérgio Capparelli. Em: Ana Elvira Luciano Gebara. *A poesia na escola*. São Paulo: Cortez, 2002. p. 158.

Que situação está sendo retratada no poema?

2. Leia uma definição da palavra *marinheiro* que aparece no dicionário.

Marinheiro grão de cereal, esp. de arroz, que, por falha no processo de beneficiamento, conservou a casca ou a película.

Dicionário Houaiss da língua portuguesa. Rio de Janeiro: Objetiva, 2004. p. 1855.

No poema, a palavra *marinheiro* apresenta mais de uma possibilidade de leitura. Explique a afirmação.

3. Copie os versos do poema em que é possível identificar quem são as pessoas que estão apanhando os marinheiros. Classifique o sujeito dessa oração.

4. Há um verso do poema em que o sujeito *marinheiros* é desinencial. Copie-o.

5. Leia o texto.

São Pedro e São Paulo

São Pedro **foi** o primeiro papa. **Dizem** que é o porteiro do céu. Padroeiro dos pescadores, **foi**, ele mesmo, pescador. Quando **troveja dizem** que é a barriga do santo que ronca, ou então que São Pedro **está arrastando** os móveis no céu.

São Paulo **era** romano e judeu. Um dia ele viu uma luz tão forte que ficou cego, **caiu** do cavalo e ouviu uma voz dizendo: "Por que me persegues?". Então **converteu-se** ao cristianismo e **foi** um grande santo.

Ruth Rocha. *Almanaque Ruth Rocha*. São Paulo: Ática, 2005. p. 64.

Classifique os sujeitos dos verbos em destaque no texto em: simples, desinencial, indeterminado ou inexistente.

6. Escolha a forma verbal que esteja de acordo com a norma-padrão em cada um dos itens.

a) Naquela tarde, a fila estava enorme, (havia / haviam) aposentados e crianças, que ficaram em pé durante toda a tarde.

b) (Existem / existe) muitos livros de aventura com crianças como protagonistas.

c) Desculpe, minha senhora, (houve / houveram) um engano terrível.

d) (Houve / houveram) muitas reclamações sobre o atendimento aos clientes.

Poema

- Expressa a visão subjetiva do poeta para os fatos aparentemente banais.
- As situações cotidianas, aquilo que é comum, adquirem novo sentido ao tornarem-se tema para a composição de um poema. O que importa é como esse assunto é tratado e o modo como a linguagem é elaborada.
- **Poemas visuais:** combinam o significado das palavras com a expressividade da imagem. As letras formam um desenho no papel e ampliam os significados das palavras.

Recursos expressivos

- **Repetição** de versos ou de partes de um verso. Por meio desse recurso, certas palavras ou expressões são destacadas e criam-se novos sentidos.
- **Seleção de palavras**, tendo em vista os efeitos expressivos que se pretende produzir.
- **Sonoridade:** muitas vezes, o significado e a sonoridade das palavras estão relacionados para causar determinado efeito.
- **Paralelismo:** todas as palavras de um verso ou uma determinada estrutura sintática que se repetem.
- **Versos livres:** versos sem ritmo nem rimas padronizados e com divisão irregular nas estrofes.

Tipos de sujeito

- **Sujeito simples:** contém somente um núcleo.
- **Sujeito composto:** contém mais de um núcleo.
- **Sujeito oculto ou desinencial:** não está explícito, mas pode ser identificado por meio da desinência verbal.
- **Sujeito indeterminado:** não está presente na oração e não é possível identificá-lo pela desinência verbal nem pelo contexto, porque intencionalmente não foi citado.
- **Oração sem sujeito (sujeito inexistente):** ocorre quando as ações expressas pelo verbo não podem ser atribuídas a ninguém. Por causa disso, os verbos de orações desse tipo recebem o nome de **verbos impessoais.**

Autoavaliação ●●●

Para fazer a autoavaliação, releia o quadro *O que você aprendeu neste capítulo.*

- Quais novos recursos poéticos você aprendeu neste capítulo?
- Sobre quais aspectos teóricos dos poemas você ainda tem dúvida?
- Você fez uma boa leitura de seus poemas e, depois de avaliá-los, fez modificações em seu texto?
- Você contribuiu com sua classe na montagem do varal de poesia?
- Qual atividade deste capítulo você mais gostou de realizar?

Programa de rádio: pelas ondas da notícia

O que você vai fazer

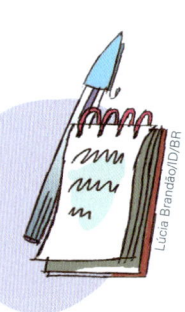

Lúcia Brandão/ID/BR

Você e seus colegas vão fazer um programa de rádio para ser apresentado à classe. Para isso será necessário escolher uma programação e produzir os textos que serão apresentados no programa.

Em um dia combinado com o professor, o programa de rádio irá ao ar e você e seus colegas poderão saber, entre outras coisas, das últimas notícias da escola.

Organização do trabalho

A classe será dividida em três grupos. Cada grupo elegerá o que vai apresentar no programa de rádio. Veja algumas sugestões para compor a programação.

- Notícias da escola.
- Entrevista.
- Avisos gerais.
- Seleção e crítica de músicas.

A busca das informações

Agora você é o repórter e sairá em busca de informações para fazer o roteiro do programa. Lembre-se de que é importante ter em mente quem serão os ouvintes do programa, para selecionar o conteúdo que será apresentado de acordo com o interesse desse público.

Notícias da escola

Para saber as notícias da escola, entreviste alunos, professores e funcionários.

- Faça uma lista de assuntos interessantes sobre os quais você pode fazer perguntas aos seus entrevistados, como eventos esportivos e culturais na escola, festas, algum acontecimento importante, campanhas, etc.
- Elabore cinco perguntas que serão úteis para você obter as informações necessárias para o programa.
- Converse com as pessoas e anote as informações dadas por elas. Esses dados serão usados quando você for preparar o programa.

Entrevista

Para fazer a entrevista, escolha uma pessoa que poderia dizer algo do interesse de seu público (os colegas de classe), como: relação entre pais e filhos, namoro e sexualidade na adolescência, a profissão do ator ou do cantor, profissões do futuro, etc.

- Convide o entrevistado com antecedência.
- Elabore um roteiro com as perguntas que serão feitas no momento da entrevista. Você pode perguntar inicialmente alguns dados mais pessoais (profissão, lugar de nascimento, áreas de interesse).
- Em seguida, as perguntas devem ser mais específicas, relacionadas ao assunto da entrevista.
- Evite fazer perguntas diretas, cujas respostas sejam apenas sim ou não. Pergunte as causas, peça exemplos e explicações.
- A entrevista pode ser feita ao vivo, no dia da apresentação do programa, ou pode ser gravada. Caso não seja possível nenhuma dessas possibilidades, registre as respostas em seu caderno e, no dia da apresentação, leia a entrevista para seus ouvintes.

Avisos gerais

Você poderá divulgar no programa de rádio informações de serviço (data, horário e local) sobre clube de leitura, troca de livros, CDs, gibis e outros dados acerca de atividades de interesse da comunidade escolar.

Seleção e crítica de músicas

Você vai fazer uma seleção de músicas para apresentar no programa de rádio.

- Escolha um gênero ou estilo de música que seja de interesse do público ouvinte.
- Na internet, faça uma pesquisa sobre letras de música que abordem temas interessantes para o público.
- Depois, busque as músicas em rádios, CDs, em sua casa ou com amigos.
- Leia com atenção as letras e ouça os ritmos. Para cada música escolhida, faça um breve comentário, como se você fosse um crítico de música.
- Você pode destacar aspectos ligados ao tema, ao cantor, à letra, ao gênero ou a outro ponto que mereça atenção especial.
- Dê sugestões de outros CDs do cantor, da banda ou do gênero escolhido.
- Escolha no máximo três canções para serem reproduzidas no programa e intercale-as com as falas.

Organização das informações

No dia combinado para a preparação do roteiro do programa, todos os alunos deverão ter o material pesquisado em mãos.

Os grupos vão preparar o roteiro do programa. Algumas questões podem ajudá-los no planejamento.

- Em que ordem os textos serão apresentados?
- Haverá um locutor principal?
- Qual será a sua fala?
- Quem apresentará os outros textos?
- Além das músicas que farão parte do programa, haverá outras músicas para introduzir e encerrar a apresentação?

É preciso estabelecer uma ordem para a apresentação das informações.

Depois de planejar cada etapa do programa, o grupo vai escrever o roteiro.

Apresentação do programa

No dia da apresentação, a classe deve providenciar um tecido preto que possa esconder os integrantes do grupo, para simular a audição de um programa ao vivo.

Cada grupo terá um tempo determinado para colocar o seu programa no ar.

Carta do leitor e carta de reclamação

O QUE VOCÊ VAI APRENDER

- Características principais da carta do leitor e da carta de reclamação
- Argumentação e ponto de vista
- Transitividade verbal: objeto direto e objeto indireto
- Questões de escrita: **há** ou **a**, **afim** e **a fim**, **mas** e **mais**

CAPÍTULO

7

Henriette Browne. *Menina escrevendo*, cerca de 1860-1880. Óleo sobre tela.

CONVERSE COM OS COLEGAS

1. Observe a imagem ao lado. Essa é uma tela da pintora francesa Henriette Browne (1829-1901), cujo título é *Menina escrevendo*. Descreva-a.

2. Imagine que a menina esteja escrevendo uma carta e formule hipóteses.
   - A quem é destinada a carta?
   - Qual é o seu assunto?
   - Por que ela decidiu escrever a carta?

3. Nos dias atuais, que formas de mensagem escrita as pessoas costumam enviar umas para as outras?

4. De que maneira essas mensagens escritas podem ser enviadas para as pessoas?

5. Por que motivos as pessoas escrevem essas mensagens?

6. Imagine que você tenha de escrever uma carta em cada uma das situações a seguir.
   a) Para seu melhor amigo, convencendo-o de que ele deve lhe emprestar a bicicleta por um fim de semana.
   b) Para o diretor da escola, para pedir a ele que libere a quadra no fim de semana, pois você e seus colegas querem fazer um campeonato de vôlei.

   Que argumentos você usaria em cada uma das situações para ser atendido?

Há diversas formas de comunicação entre as pessoas. Uma delas é a carta, que pode ser usada em diferentes situações: pode ser escrita para contar novidades aos amigos, fazer propaganda de algum produto, reclamar de alguma situação, entre outras possibilidades.

Neste capítulo, você vai conhecer as características e os espaços de circulação da **carta do leitor** e da **carta de reclamação**.

Carta do leitor

O QUE VOCÊ VAI LER

Você vai ler três cartas publicadas na revista *Superinteressante*. Elas foram escritas pelos leitores para comentar a reportagem "O vilão virou herói", publicada em julho de 2007 na revista.

Geralmente, nesse tipo de texto, os leitores de revistas e jornais fazem comentários positivos ou negativos sobre o que leram.

Você consegue imaginar de que assuntos essas cartas tratam?

DESABAFA
SOLTE O VERBO

Revista *Superinteressante*/ Editora Abril

Carta 1

Acho que a matéria acabou pecando por ser tendenciosa demais na defesa da energia nuclear. A energia nuclear é, sim, uma alternativa eficaz, teoricamente barata e segura, e nenhum ambientalista pode discutir isso. O grande problema se encontra, e continua existindo, nos resíduos nucleares. E esse é um problema que supera toda e qualquer vantagem que essa forma de energia ofereça. Enquanto a disposição dos resíduos não for algo tão eficaz e seguro quanto a energia não adianta muito, não?

T. S., Limeira, SP

Carta 2

Antes de ler a matéria ("O vilão virou herói", julho, pág. 60), não sabia de muita coisa sobre a energia nuclear e realmente a achava monstruosa. Talvez por causa do acidente em Chernobyl ou mesmo por causa das bombas atômicas. Mas hoje vejo que ela é muito mais segura, eficiente e limpa do que muitas outras fontes de energia.

J. V. M. B., Fortaleza, CE

GLOSSÁRIO

Minimizar: não dar o valor devido a alguma coisa ou a alguém.
Resíduo: resto de qualquer substância.
Tendencioso: em que há alguma intenção oculta.

Carta 3

Apesar de bastante esclarecedora, a reportagem minimiza a importância do lixo atômico, fazendo-o parecer um problema do tipo "faz parte", um mal necessário, quando, de fato, é um verdadeiro obstáculo para a expansão da energia nuclear.

D. C., Salvador, BA

Revista *Superinteressante*. São Paulo: Abril, ed. 242, ago. 2007. p. 8.

Editora Abril/Arquivo da editora

Capa da edição de julho de 2007, em que foi publicada a matéria "O vilão virou herói".

●●● Para entender o texto

1. Qual é o assunto principal abordado nas cartas?

2. Quem escreveu as cartas?

3. Em seu caderno, identifique as cartas que apresentam a posição do leitor em relação ao assunto tratado na reportagem de acordo com os itens a seguir. Justifique sua resposta.

   a) Carta com opiniões positivas a respeito da reportagem.

   b) Carta com opiniões negativas a respeito da reportagem.

   c) Carta com opiniões tanto negativas quanto positivas a respeito da reportagem.

4. Por que revistas e jornais publicam a opinião de seus leitores, mesmo que ela seja negativa?

5. Essas cartas não foram escritas exatamente como estão publicadas na revista. Elas foram editadas, ou seja, a revista publicou apenas o que lhe pareceu essencial na carta. Considere esse meio de circulação e responda: por que isso ocorre?

6. Depois de ler as três cartas dos leitores, quais informações você imagina que fazem parte da reportagem que deu origem às cartas dos leitores?

> **ANOTE**
>
> A **carta do leitor**, apesar de ter um destinatário específico – a pessoa que escreveu a matéria ou o responsável por sua publicação –, serve para divulgar conceitos e opiniões, dar voz ao público da revista ou do jornal, promover o debate de ideias e expressar respeito pelas posições do leitor.

Argumentação e ponto de vista

1. Leia o título e o subtítulo da reportagem publicada na revista que deu origem a essas cartas.

   ### O vilão virou herói

   O que pode nos salvar do aquecimento global, quem diria, é a energia nuclear

   Revista *Superinteressante*. São Paulo: Abril, ed. 241, jul. 2007.

   a) Com base nessas informações, qual será o ponto de vista defendido nesse texto?

   b) Quais são os aspectos da energia nuclear que inicialmente a teriam enquadrado no papel de "vilã"?

2. Releia a carta 1.

   a) Essa carta faz referência ao assunto exposto na reportagem?

   b) Como o leitor avalia a matéria?

   c) O leitor apresenta aspectos positivos e negativos da energia nuclear. Quais são eles?

3. Releia a carta 2.
   a) Nessa carta, o leitor afirma que tinha uma opinião sobre o uso da energia nuclear antes de ler a matéria. Qual era a opinião dele sobre o assunto?
   b) Que argumentos ele usou para justificar sua opinião?
   c) A opinião do leitor foi modificada depois da leitura da reportagem. Como isso aparece no texto?

4. Releia a carta 3.
   a) Qual é a posição manifestada pelo leitor em relação à energia nuclear?
   b) Como ele justifica essa posição na carta?
   c) Em relação à matéria publicada na revista, qual é a opinião do leitor?

5. Compare as três cartas.
   As informações dadas pela reportagem sobre energia nuclear influenciaram os leitores da mesma forma? Justifique sua resposta.

> **ANOTE**
>
> O **leitor** pode apresentar **argumentos** que **reforcem** o ponto de vista defendido no texto ou que sejam **contrários** a ele. A escolha desses argumentos dependerá da postura que ele assumirá diante do assunto exposto.

●●● O contexto de produção

1. Com base na situação de produção e no conteúdo das cartas, responda.
   a) Com que objetivo os leitores escreveram as cartas sobre a reportagem "O vilão virou herói"?
   b) Quem são os prováveis leitores das cartas publicadas na revista?
   c) Por que essas pessoas têm interesse em lê-las?

2. As cartas lidas foram publicadas na *Superinteressante*, revista que divulga informações científicas para o público em geral.
   a) Pensando nessa característica da revista, que tipo de linguagem você supõe que seja empregado em seus artigos?
   b) Que outros temas, além de energia nuclear, poderiam ser tratados em uma revista como essa?
   c) Pelo conteúdo das três cartas, é possível deduzir que os leitores dessa revista têm algum conhecimento científico?

> **ANOTE**
>
> Os jornais e revistas geralmente procuram atingir determinado **público leitor**. Por isso, mantêm um projeto editorial que atrai esse tipo de leitor.
>
> As cartas do leitor também seguem as características dos textos publicados nas revistas ou nos jornais, pois são escritas por quem tem interesse pelos mesmos assuntos.

O MAIOR ACIDENTE ATÔMICO

Chernobyl é uma cidade localizada no norte da Ucrânia, país da Europa oriental. Perto dessa cidade, na década de 1970, foi construída uma usina nuclear. Ali, no dia 26 de abril de 1986, ocorreu o maior acidente atômico da história, produzindo uma nuvem de radioatividade que atingiu 12 países. Há estimativas de que naquele período morreram cerca de 2 mil pessoas e que outras 4 mil morrerão de doenças decorrentes do acidente.

Revista *Superinteressante*/ Editora Abril

●●● A linguagem do texto

1. Observe as palavras destacadas nos trechos abaixo.

> "Antes de ler a matéria ('O vilão virou herói', julho, pág. 60), não sabia de muita coisa sobre a energia nuclear e realmente a achava monstruosa."

> "Apesar de bastante **esclarecedora**, a reportagem minimiza a importância do lixo atômico [...]."

> "Acho que a matéria acabou pecando por ser **tendenciosa** demais na defesa da energia nuclear. A energia nuclear é, sim, uma alternativa **eficaz**, teoricamente **barata** e **segura**, e nenhum ambientalista pode discutir isso."

Símbolo que indica a presença de radioatividade.

a) Qual a classe gramatical dessas palavras?

b) A que palavras ou expressões do texto cada uma delas se refere?

c) O emprego dessas palavras no texto é importante para o desenvolvimento da argumentação. Por quê? Explique sua resposta com um trecho do texto.

2. Observe as palavras *esclarecedora*, *tendenciosa* e *barata* nas frases acima. Elas são acompanhadas de termos que modificam seu sentido.

a) Quais são esses modificadores?

b) Qual a classe gramatical dessas palavras que funcionam como modificadores de sentido?

c) Que circunstâncias essas palavras indicam?

> Nas cartas do leitor, os **adjetivos** e os **advérbios** exercem papel importante na construção da **argumentação**, pois ajudam a esclarecer a postura assumida pelo leitor diante do ponto de vista defendido no texto.

3. As cartas do leitor que você leu usam argumentos objetivos ou subjetivos? Como isso aparece no texto?

4. Releia as cartas e copie os verbos que introduzem o ponto de vista do leitor.

5. O autor da carta 3 começa apontando uma qualidade da matéria "O vilão virou herói".

a) Qual é essa qualidade?

b) Que efeito o fato de a carta começar com um elogio à matéria pode ter sobre o leitor?

Respeito ao meio ambiente

A reportagem sobre a energia nuclear gerou polêmica e deu origem às cartas do leitor. A questão da energia e de sua manutenção é um tema controverso e muito presente no nosso cotidiano. Mas não é só o lixo atômico que se mostra um problema para a humanidade.

Discuta com seus colegas e o professor as questões a seguir.

I. Que outros resíduos poluem desastrosamente o meio ambiente?

II. Como as pessoas podem contribuir para preservar o meio ambiente?

III. O que você e seus colegas podem fazer para conscientizar as pessoas sobre esse tema?

Carta do leitor

AQUECIMENTO

Você viu que nas cartas do leitor podemos fazer comentários positivos ou negativos sobre determinada reportagem, ou notícia, ou artigo.

- Copie o texto a seguir e complete-o com alguns termos do quadro, de modo que fique clara uma opinião – positiva ou negativa – sobre a matéria "O vilão virou herói". Atenção à escolha das palavras do quadro, pois elas é que vão revelar ao leitor se a opinião expressa é favorável ou não.

> A reportagem "O vilão virou herói" é ★, pois explica de forma muito ★ todos os benefícios que a energia nuclear pode trazer ao ser humano. Além disso, ela é ★, pois o autor não ★ o perigo representado pelo lixo atômico.

revela	detalhada	imparcial	esconde
enfadonha e cansativa		tendenciosa	esclarecedora

●●● Proposta

Você vai ler uma reportagem sobre o descarte de pilhas e baterias e elaborar uma opinião sobre o assunto apresentado no texto. Depois escreverá uma carta supondo que ela será publicada em uma seção de cartas do leitor do *site* em que saiu a reportagem.

Descarte correto de pilhas e baterias usadas

As pilhas e baterias de uso doméstico apresentam um grande perigo quando descartadas incorretamente. Na composição dessas pilhas são encontrados metais pesados como: cádmio, chumbo, mercúrio, que são extremamente perigosos à saúde humana. Dentre os males provocados pela contaminação com metais pesados estão o câncer e mutações genéticas.

Só para esclarecer, as pilhas e baterias em funcionamento não oferecem riscos, uma vez que o perigo está contido no interior delas. O problema é quando elas são descartadas e passam por deformações nas cápsulas que as envolvem: amassam, estouram, e deixam vazar o líquido tóxico de seus interiores. Esse líquido se acumula na natureza, ele representa o lixo não biodegradável, ou seja, não é consumido com o passar dos anos. A contaminação envolve o solo e lençóis freáticos prejudicando a agricultura e a hidrografia.

Andréa Vilela/ID/BR

[...]

Como a própria ilustração já diz, o que não pode ser feito é o descarte desses materiais no lixo comum. Já existem leis que obrigam os fabricantes a receberem de volta pilhas e baterias, e desta forma dar a elas o destino adequado. Seria fundamental que também colocassem advertências na própria embalagem do produto, avisando dos eventuais perigos oferecidos pelo descarte incorreto do material.

O que você consumidor pode fazer? O ideal é separar o lixo tóxico do restante, dessa forma você facilita a coleta e posterior armazenagem em aterros especiais. Mas se optar pelo envio ao fabricante, estará alertando-o de sua preocupação e, quem sabe dessa forma, ele tome consciência de sua responsabilidade como produtor e dê destino correto ao seu produto após o uso.

Líria Alves de Souza. Disponível em: <http://mundoeducacao.uol.com.br>. Acesso em: 2 nov. 2011.

GLOSSÁRIO

Hidrografia: conjunto de rios, lagoas e mares de um local.

Lençol freático: depósito natural de água no subsolo.

Tóxico: venenoso.

●●● Planejamento e elaboração do texto

1. Antes de escrever a carta, responda no caderno às questões.
    a) Que posição é defendida no texto a respeito do descarte de pilhas e baterias usadas?

    b) O que a reportagem acrescenta ao que você já sabia sobre o assunto?

    c) Qual é a importância desse assunto para o seu cotidiano?

    d) Na reportagem, o problema foi bem explicado?

    e) A reportagem apresenta soluções para o problema?

    f) Qual é sua opinião sobre a reportagem?

2. Defina o ponto de vista que vai defender em sua carta.
    a) Você concorda com os aspectos apresentados no texto ou discorda deles?

    b) Você vai fazer comentários negativos ou positivos sobre o conteúdo da reportagem?

3. Complete o esquema a seguir com os argumentos que farão parte de sua carta.

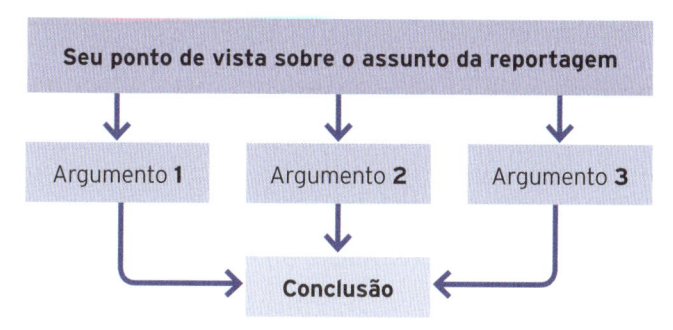

4. Inclua em seu texto estes elementos.
    a) Indicação de cidade, estado e data.

    b) A quem a carta será dirigida. Pode ser para o editor do *site*, a pessoa responsável pelo conteúdo publicado, ou para o *ombudsman*, profissional que atende os leitores e critica o material publicado.

5. Defina a linguagem da carta tendo em mente que os leitores são, no geral, jovens e adultos não especialistas em áreas científicas, mas com alguns conhecimentos sobre os assuntos tratados na publicação.

6. Lembre-se de que os adjetivos exprimem juízo de valor e podem reforçar as opiniões expressas na carta.

●●● Avaliação e reescrita do texto

1. Depois de escrita, troque a sua carta pela de um colega. Leia o texto dele e observe os itens a seguir.
    a) A carta expressa a opinião de seu colega sobre a reportagem?

    b) Há argumentos que sustentam a opinião dele sobre a matéria?

    c) O texto apresenta conclusão?

2. Escreva um breve comentário sobre o texto de seu colega. Dê sugestões e destaque os aspectos positivos do texto dele.

3. Você receberá a avaliação de sua carta. Considere os comentários de seu colega e reescreva sua carta.

Transitividade verbal

1. Leia o texto a seguir.

> Parece história de filme, mas aconteceu de verdade mesmo.
>
> Neilson Oliveira de Lima, 3, de Pupuaí, no Amazonas, passou um susto e tanto quando ficou 12 dias perdido na selva amazônica há algumas semanas, até ser encontrado por um caçador.
>
> Toda a história começou quando o menino resolveu seguir o pai, que foi trabalhar na roça. Depois, não sabia voltar para casa.
>
> Para sobreviver, ele teve que **beber** água da chuva e **comer** frutas que estavam caídas no chão. Estava acostumado com a vida na floresta. "Lá, eles andam descalços, sobem em árvore e aprendem a nadar ainda pequenos", diz Núbia Vasconcelos, psicóloga que **cuidou** dele no hospital.
>
> Talita Bedinelli. "Ih, qual é o caminho?" *Folhinha*, suplemento infantil do jornal *Folha de S.Paulo*, 3 nov. 2007.

a) Por que o autor afirma que o fato parece história de filme?

b) Suponha que a primeira frase do terceiro parágrafo fosse reformulada.

> *Toda a história começou quando o menino resolveu.*

A omissão da expressão "seguir o pai" seria prejudicial ao entendimento do trecho? Por quê?

> **ANOTE**
>
> O verbo que não precisa de complemento para ter seu sentido inteiramente compreendido em determinado contexto é chamado **intransitivo**.
>
> O verbo que precisa ser acompanhado de um complemento que complete seu sentido é chamado **transitivo**.

Observe as frases abaixo. Ambas fazem uso de **verbos transitivos**.

> O menino teve que **beber** água da chuva e **comer** frutas silvestres.

> Uma psicóloga **cuidou** dele no hospital.

Os três verbos destacados – *beber*, *comer* e *cuidar* – exigem, nas frases em que se encontram, a companhia de complementos ou **objetos**. A diferença entre esses verbos é o modo como o objeto se liga a eles.

Ao afirmarmos que o menino *bebeu* e *comeu* algo (no caso, "água da chuva" e "frutas silvestres"), ligamos os verbos *beber* e *comer* a seus respectivos objetos diretamente, ou seja, sem que nenhuma palavra precise se colocar entre eles.

Ao dizer que uma psicóloga *cuidou* de alguém (no caso, *dele*), ligamos o verbo *cuidar* ao objeto *ele* com o auxílio da preposição *de*. Vários verbos exigem preposições quando se ligam aos objetos. Ex.: assistir *a*, ir *a*, desconfiar *de*, confiar *em*, etc.

O complemento que se liga ao verbo diretamente é chamado **objeto direto**.

O complemento que se liga ao verbo por meio de uma preposição é chamado **objeto indireto**.

Observe a tira a seguir.

Fernando Gonsales. *Níquel Náusea. Folha de S.Paulo,* 12 maio 2005.

No primeiro quadrinho, o papagaio conta ao colega que seu avô falava muito, mas não menciona com quem ele falava nem sobre o que tratava nessas falas. É certo que quem fala fala *algo* para *alguém*, mas nesse contexto não parece ser importante esclarecer o que ele falava nem para quem; a ação de *falar* é que é importante (não sendo necessário complemento).

A transitividade verbal depende sempre da observação do **contexto** em que está o verbo. Um mesmo verbo pode ser empregado ora como intransitivo, ora como transitivo.

Ele quase não fala.

verbo intransitivo

Júlia falou com as amigas durante o intervalo.

verbo transitivo indireto   objeto indireto

Vários verbos solicitam dois objetos.

O professor ensinou a tabuada às crianças.

verbo transitivo direto e indireto   objeto direto   objeto indireto

O cliente exigiu do comerciante a nota fiscal.

verbo transitivo direto e indireto   objeto indireto   objeto direto

Os verbos que exigem dois complementos, ligando-se a um deles sem o auxílio de preposição e ao outro com o auxílio de preposição, são chamados verbos **transitivos diretos e indiretos** ou verbos **bitransitivos**.

> **LEMBRE-SE**
>
> São preposições: *a, ante, após, até, com, contra, de, desde, em, entre, para, perante, por, sem, sob, sobre, trás.*

1. Leia os textos a seguir.

> ## Minha pátria, minha língua
>
> Creio que a unificação do português tem um sentido político positivo. Aumenta o conceito da língua como nação. A adaptação talvez seja difícil. Mas a língua é um organismo vivo e vai seguir em frente. No meu trabalho de compositor, a ortografia repercute pouco. Nas letras de *rock*, a gente trabalha com a informalidade, com a fala da rua.
>
> Tony Bellotto. Revista *Veja*. São Paulo: Abril, 12 set. 2007.

> ## Meia-sola ortográfica
>
> Sou contra o acordo. Sei que isso é um tiro no próprio pé, pois, se o acordo passar, vou ser chamado para fazer muitas palestras. Mas não quero esse dinheiro, não. Com outro espírito, outra proposta, uma unificação talvez fosse possível. Mas esta é uma reforma meia-sola, que não unifica a escrita de fato e mexe mal em pontos como o acento diferencial. Vamos enterrar dinheiro em uma mudança que não trará efeitos positivos.
>
> Pasquale Cipro Neto. Revista *Veja*. São Paulo: Abril, 12 set. 2007.

a) Os textos apresentam a opinião de duas pessoas sobre o Acordo Ortográfico da Língua Portuguesa. Por que elas foram escolhidas para falar sobre o tema?

b) Quem é contra as mudanças na ortografia e quem é a favor delas?

c) Que argumentos Tony Bellotto e Pasquale Cipro Neto usam para defender suas ideias?

2. Releia o fragmento abaixo e responda ao que se pede.

> "Mas esta é uma reforma meia-sola, que não **unifica** a escrita de fato e **mexe** mal em pontos como o acento diferencial."

a) Os verbos *unificar* e *mexer* exigem complementos para ter seus sentidos inteiramente compreendidos. Classifique-os quanto à transitividade.

b) Identifique e classifique os objetos desses verbos.

3. O parágrafo abaixo sintetiza os textos do exercício anterior.

> Em setembro de 2007, dois especialistas opinaram ★ então anunciado. A revista *Veja* coletou ★ e os ofereceu ★. Na ocasião, o professor Pasquale criticou ★, apontando-lhe ★. Já o compositor Tony Bellotto mostrou-se comedido. Ele acentuou ★, mas previu ★ num primeiro momento.

a) Copie-o em seu caderno, preenchendo as lacunas com os termos do quadro abaixo.

dificuldades de adaptação		sobre o Acordo Ortográfico
seus depoimentos	a unificação ortográfica	aos seus leitores
as falhas	o valor político das mudanças ortográficas	

b) Classifique os termos do quadro de acordo com sua função nas frases.

Os objetos e a construção dos sentidos

1. Leia o texto abaixo, extraído de um livro paradidático.

> As transformações corporais e psíquicas impõem-se sobre o adolescente, deixando-o, muitas vezes, perplexo e, até mesmo, com dificuldade para compreender o que lhe está acontecendo. Em suas próprias palavras, "no começo a gente não **entende** nada e sofre muito".
>
> Lewis Carroll, o autor de *Alice no país das maravilhas*, **ilustra** muito bem essa sensação de estranheza, que a transitoriedade da puberdade produz, na personagem de Alice: "Ai meu Deus, como está tudo esquisito hoje! E ontem estava tudo tão normal. Será que eu mudei durante a noite? Deixe ver: eu era a mesma quando me levantei hoje de manhã? Estou quase jurando que me sentia um pouquinho diferente. Mas, se não sou a mesma, então quem é que eu sou?".
>
> Vera Wrobel e Clélia E. de Oliveira. *Os desafios na adolescência*. São Paulo: Moderna, 2005. p. 32-33.

Milo Winter. *Alice e o Coelho Branco*, 1916.

a) O texto trata de uma questão característica da adolescência. Qual é ela?

b) No texto, as autoras citam a personagem literária Alice. Que relação foi feita entre o assunto tratado no texto e a personagem?

2. Identifique os complementos que acompanham os verbos em destaque.
a) entende   b) ilustra

3. Qual é a função desses complementos nas frases?

4. Como ficaria o sentido da frase "Lewis Carroll *ilustra* muito bem" sem o complemento?

5. Leia o texto a seguir sobre a autora dos livros da série *Harry Potter*.

> Desempregada e em péssima situação financeira, Joanne Kathleen Rowling sobrevivia com seguro-desemprego. Quando a primeira filha nasceu, como sua casa não tinha ★, ela punha ★ num carrinho e ia para um café próximo à sua casa, aquecido. Foi nessa época que começou a escrever ★ sobre o bruxinho Harry Potter. O primeiro livro demorou cinco anos para ficar pronto. Todos foram escritos à mão. Inúmeras editoras recusaram ★ e quando a Bloomsbury aceitou, pagou muito pouco de adiantamento dos direitos autorais. Nigel Newton, diretor da editora, diz que Rowling teve ★, pois eles não editam livros infantis. Ele leu ★ só porque estava em cima da pilha. E adorou.
>
> Marcelo Duarte. *O guia dos curiosos*. São Paulo: Panda Books, 2005. p. 547.

Escritora J. K. Rowling, Los Angeles, 2007.

a) No texto, foram omitidas algumas informações. É possível entender o que aconteceu sem essas palavras?

b) Complete o texto com as palavras e expressões do quadro.

o original	uma história infantil	sorte
seus originais	sistema de aquecimento	o bebê

c) Que função essas palavras e expressões exercem dentro das orações?

Os **objetos** exercem uma função muito importante dentro da oração. Eles **complementam** e **ampliam** o sentido do verbo.

Carta de reclamação

O QUE VOCÊ VAI LER Os textos abaixo são duas cartas de reclamação endereçadas a uma empresa fabricante de bicicletas. Elas foram escritas por uma pessoa que comprou uma bicicleta e que não ficou satisfeita com o produto.

Bom dia, caros senhores,

Tenho uma bicicleta [modelo da bicicleta] comprada na bicicletaria [nome da bicicletaria] no dia 16/04/11. Em menos de um mês de uso a bicicleta apresentou o seguinte problema: a roda fixa girava em falso. Fui à bicicletaria e eles solucionaram temporariamente o problema.

Porém o problema voltou a ocorrer, ocasionando o espanamento do cubo. [...] A bicicleta foi deixada na bicicletaria no dia 31 de maio e a única resposta que obtive foi que o problema deveria ser resolvido pela [nome da empresa] em até trinta dias. [...]

Entro em contato com vocês porque até agora não recebi nenhum outro contato da bicicletaria. Gostaria de ter alguma previsão direto da [nome da empresa], visto que o prazo de 30 dias é mais tempo do que eu tenho utilizado a bicicleta [...],

Obrigado pela atenção,
Seguem as fotos da nota fiscal e do número do quadro.

D. G.

Prezados senhores,

Conforme solicitado ontem, explico por *e-mail* as razões que me levam a querer devolver a bicicleta. Eu queria uma bicicleta com roda fixa e paguei mais de 2.200 reais nesta bicicleta [modelo da bicicleta].

Ao comprar de uma marca conhecida e em que confiava, [marca da bicicleta], pensei estar comprando uma bicicleta de excelente qualidade. Lembro que quando comprei a bicicleta foi-me dito que, pelo fato de ela ser simples, dificilmente me traria problemas com pouco tempo de uso.

No entanto, logo na segunda semana, a bicicleta apresentou dois problemas de montagem que acabaram me levando à oficina. Na semana seguinte, quando efetivamente os cubos espanaram, percebemos (eu e a loja) que os cubos não são de boa qualidade.

Isso me deixou bastante irritado com a bicicleta e questionando a escolha que fiz ao comprá-la já montada (o que só fiz pela confiança na marca).

Além disso, começaram meus problemas com a troca. A [marca da bicicleta] é uma marca de elite que deveria possuir um sistema de substituição de peças adequado. [...]

A gota d'água, quando pensei que o problema seria resolvido, foi a solução apresentada pela [nome da empresa]. Um cubo de qualidade também duvidável [...] Inaceitável. Sinceramente, a solução apresentada com a compra do cubo pela [nome da empresa] não me satisfaz.

Fico bastante irritado pois com a minha outra [modelo de bicicleta da mesma marca] eu sempre cuidei para manter todas as peças originais, com o intuito de a bicicleta não perder suas características. É lamentável que não possa fazer isso com um produto que está sendo vendido pelo preço de uma bicicleta de elite [...]. Esse tipo de atendimento mata o mercado de bicicletas de roda fixa, crescente no cenário americano e europeu.

Por isso, a [nome da empresa] perdeu um cliente e eu estou devolvendo a bicicleta.

Atenciosamente,
D. G.

GLOSSÁRIO

Cubo: peça tubular central da roda onde são presas partes dos raios.

Espanamento: desgaste (de um parafuso ou de uma rosca); consumo pelo atrito.

Quadro: estrutura de metal de uma bicicleta.

Roda fixa: um tipo de bicicleta simples que não tem marchas nem freio.

Estudo do texto

●●● Para entender o texto

1. Qual é, resumidamente, a queixa do consumidor D. G.?

2. Releia as cartas.

   a) Como D. G. tentou, primeiro, resolver seu problema? Quais foram os resultados?

   b) O que faz D. G. na primeira carta para provar sua argumentação?

   c) Qual foi o apoio que a empresa fabricante da bicicleta lhe ofereceu?

   d) Quais são os contra-argumentos utilizados por D. G. para mostrar que a solução proposta pela empresa não é satisfatória?

3. O autor da carta expõe as causas e as consequências do mau serviço pós--venda que lhe presta a empresa.

   a) Quais são, de acordo com D. G., os problemas que a bicicleta apresentou?

   b) Enumere as razões que fazem com que D. G. esteja descontente com a situação.

ANOTE

No dia a dia, é comum os consumidores se sentirem prejudicados pelas empresas que lhes fornecem produtos e serviços. Um gênero textual que essas pessoas podem usar para pedir a reparação ou a indenização necessárias ou apenas para expressar suas queixas é a **carta de reclamação**. Em geral, o autor da carta de reclamação se dirige à empresa ou à instituição cujos produtos ou serviços o levaram a sentir-se lesado. As cartas de reclamação costumam iniciar com a **identificação das partes em conflito** e pela **exposição do fato que motivou a reclamação**.

Andréa Vilela/ID/BR

4. Releia a segunda carta e responda.

   a) Que cuidados D. G. tomou em relação ao conserto da outra bicicleta de mesma marca que teve?

   b) O que D. G. espera da empresa?

   c) Qual é a conclusão, expressa na carta, a que chega D. G.?

5. Coloque em ordem, numerando de 1 a 4, os movimentos argumentativos utilizados pelo autor das cartas.

ID/BR

Carta 1	Carta 2
( ) argumentos do cliente	( ) conclusão
( ) histórico de aquisição do produto e explicação do problema	( ) histórico de aquisição do produto e explicação do problema
( ) indicação de anexos que fornecem provas para a argumentação	( ) argumentos e razões que levam a desistir do produto
( ) solução temporária do problema	( ) argumentos finais e encaminhamento para a conclusão

ANOTE

No desenvolvimento de uma **carta de reclamação**, o autor tenta mostrar que tem razão por meio de **argumentos**. Assim, ele pode relatar o histórico do problema que o incomoda, levantar contra-argumentos em relação a soluções que lhe foram oferecidas; enumerar as causas e as consequências da situação que enfrenta; fazer referência a dados concretos, etc.

6. No trecho abaixo, a reclamação se intensifica quando D. G. mostra que é impossível aceitar a proposta da empresa e encaminha para a conclusão. Indique as expressões empregadas pelo autor que expõem a indignação dele.

> "A gota d'água, quando pensei que o problema seria resolvido, foi a solução apresentada pela [nome da empresa]. Um cubo de qualidade também duvidável [...]. Inaceitável. Sinceramente, a solução apresentada com a compra do cubo pela [nome da empresa] não me satisfaz."

7. Releia a carta 2. Em três momentos diferentes, o autor expõe seus sentimentos em relação à situação. Identifique as frases que expressam esses sentimentos.

8. Considere os dois fragmentos abaixo. Escreva no caderno o tipo de relação que as palavras em destaque estabelecem com a frase anterior.
- causa e consequência
- oposição e restrição

> "Fui à bicicletaria e eles solucionaram temporariamente o problema.
>
> **Porém** o problema voltou a ocorrer, ocasionando o espanamento do cubo.
>
> Lembro que quando comprei a bicicleta foi-me dito que, pelo fato de ela ser simples, dificilmente me traria problemas com pouco tempo de uso.
>
> **No entanto**, logo na segunda semana, a bicicleta apresentou dois problemas de montagem que acabaram me levando à oficina."

Andréa Vilela/ID/BR

●●● O texto e o leitor

1. Cite os momentos em que o autor se dirige diretamente ao leitor das cartas.

2. Considere os trechos I e II a seguir e responda no caderno. O conteúdo entre parênteses indica:
- uma explicação para o leitor sobre o que acaba de ser dito.
- uma série de alternativas.

> I. "Na semana seguinte, quando efetivamente os cubos espanaram, percebemos (eu e a loja) que os cubos não são de boa qualidade."
>
> II. "Isso me deixou bastante irritado com a bicicleta e questionando a escolha que fiz ao comprá-la já montada (o que só fiz pela confiança na marca)."

3. O autor da carta procura envolver seus leitores (representantes da empresa). Relacione cada fragmento a seguir à postura que ele exemplifica. Para isso, associe cada um dos fragmentos às letras que correspondem às intenções do autor da carta.

> I. "Ao comprar de uma marca conhecida e em que confiava, [marca da bicicleta], pensei estar comprando uma bicicleta de excelente qualidade. Lembro que quando comprei a bicicleta foi-me dito que, pelo fato de ela ser simples, dificilmente me traria problemas com pouco tempo de uso."

II. "Fico bastante irritado, pois com a minha outra [modelo de bicicleta da mesma marca] eu sempre cuidei para manter todas as peças originais, com o intuito de a bicicleta não perder suas características."

III. "Esse tipo de atendimento mata o mercado de bicicletas de roda fixa, crescente no cenário americano e europeu."

a) Intenção de mostrar que o autor cumpriu seu papel como cliente.

b) Intenção de mostrar à empresa que é preciso rever o atendimento se tiver pretensão de continuar seus negócios.

c) Intenção de fazer o leitor acompanhar uma linha de pensamento.

●●● Comparação entre os textos

1. Dentre as características listadas abaixo, quais estão presentes tanto na carta do leitor quanto na carta de reclamação?

   a) Apresenta argumentação.

   b) Apresenta, em sua formatação, data, destinatário, fórmula para começar e para terminar.

   c) O autor não conhece pessoalmente seu destinatário.

   d) Dá voz ao público leitor.

2. Na carta do leitor, é comum encontrarmos, lado a lado, argumentos favoráveis e argumentos contrários ao fato ou texto comentado. E na carta de reclamação, que tipo de argumento encontramos? Justifique.

3. Os jornais e as revistas publicam não só as cartas do leitor que lhes fazem elogios, mas também as que lhes fazem críticas. As empresas e as autoridades que recebem cartas de reclamação também têm interesse em divulgá-las? Por quê?

●●● Sua opinião

1. Você usa ou usaria cartas para manifestar suas opiniões?

2. Na sua opinião, cartas de reclamação são eficientes para que se alcance a solução de um problema ou servem apenas ao desabafo do remetente?

3. Que tipo de argumentos, para você, alcança melhores resultados nas reclamações contra empresas?

A argumentação e o exercício da cidadania

A argumentação que você viu nas cartas do leitor e de reclamação é um instrumento legítimo do exercício da cidadania: através dela, o leitor de determinado veículo de comunicação ou o consumidor de determinado produto podem expor suas opiniões ou necessidades.

- Discuta com seus colegas e o professor em que outras situações do seu cotidiano a argumentação pode ser usada para você interagir com as pessoas e as instituições que o cercam.

- Converse também sobre a maneira adequada de fazer a reclamação. Em qualquer situação, é sempre importante argumentar educadamente, sem ofender as pessoas. Será que um tom exaltado demais não depõe contra o próprio autor da reclamação?

Carta de reclamação

Imagine um consumidor descontente e ansioso para exprimir, por escrito, a diferença constatada entre o produto que imaginou comprar e o produto que efetivamente comprou.

- Para tornar o texto mais claro, copie-o e complete-o com as palavras ou expressões do quadro.

Porém	No entanto	Contudo	Apesar de

Comprei em sua loja, há dois meses, um canário belga com a garantia de que todas as manhãs eu seria acordado pelo melodioso canto do pássaro. ★, até hoje, o pequeno comedor de alpiste insiste em ficar mudo. ★ todos os esforços meus e de minha esposa, a ave continua de bico fechado. Fizemos de tudo: compramos gaiola maior, mudamos a comida, demos água mineral e até cantamos para ele! Nada adiantou! ★, não queremos devolvê-lo. Afeiçoamo-nos ao animalzinho. ★, solicito que o senhor contrate um professor de canto para ensiná-lo a gorjear. Só assim honrará o que prometeu.

●●● Proposta

Você vai escrever uma carta de reclamação. Para isso, escolha uma das situações abaixo.

· Compra de um par de tênis.

· Troca de mochila.

· Entrega de bicicleta.

· Compra de um celular.

Imagine que a carta produzida será encaminhada para um espaço de defesa do consumidor. Pode ser um *site* ou uma seção de jornal que trate dos direitos do consumidor.

Leia a seguir alguns incisos que fazem parte do Código de Defesa do Consumidor.

> **Capítulo III**
>
> **Dos Direitos Básicos do Consumidor**
>
> ART. 6º São direitos básicos do consumidor:
>
> [...]
>
> III – a informação adequada e clara sobre os diferentes produtos e serviços, com especificação correta de quantidade, características, composição, qualidade e preço, bem como sobre os riscos que apresentem;
>
> IV – a proteção contra a publicidade enganosa e abusiva, métodos comerciais coercitivos ou desleais, bem como contra práticas e cláusulas abusivas ou impostas no fornecimento de produtos e serviços;
>
> [...]
>
> VI – a efetiva prevenção e reparação de danos patrimoniais e morais, individuais, coletivos e difusos;
>
> [...]
>
> Disponível em: <http://www.planalto.gov.br>. Acesso em: 16 jul. 2014.

●●● Planejamento e elaboração do texto

1. Planeje a carta respondendo em seu caderno às questões a seguir.
   a) Qual dos incisos do artigo 6º do Código de Defesa do Consumidor não foi cumprido: o III ou o IV?
   b) Descreva o problema que você enfrentou para adquirir ou trocar o produto.

2. Lembre-se de que sua carta não será dirigida à empresa que fabricou ou vendeu o produto, mas às pessoas que consultam o *site* ou a seção do jornal que tratam dos direitos do consumidor. Empregue uma linguagem mais formal: use a norma-padrão, evite gírias e termos compreendidos apenas pelos adolescentes ou apenas na sua região.

3. Complete o esquema com os argumentos e a solicitação que você escreverá em sua carta.

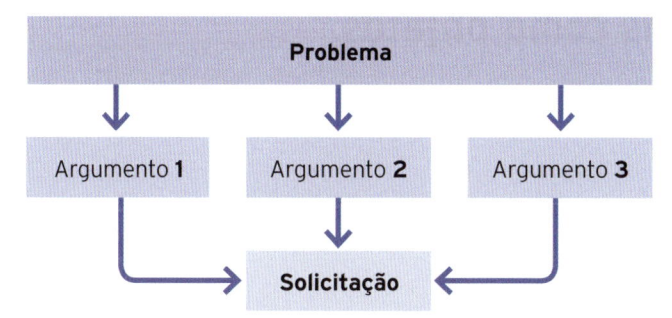

●●● Avaliação e reescrita do texto

1. Releia seu texto e avalie-o com base nas questões a seguir.
   a) É possível identificar a situação apresentada na carta?
   b) O problema com o produto ou serviço foi descrito com detalhes?
   c) Os argumentos conseguiriam convencer o destinatário dos motivos da reclamação?
   d) A solicitação feita está de acordo com os direitos do consumidor?
   e) A linguagem é adequada ao leitor do *site* ou da seção do jornal?

2. Depois de avaliar seu texto, reescreva aquilo que considerar necessário.

Objeto direto e objeto indireto

1. Leia esta tira.

Garfield, de Jim Davis.

a) O segundo quadrinho quebra uma expectativa do leitor. Qual é ela?

b) E no terceiro quadrinho, o que pode surpreender o leitor?

2. Analise as frases da tira.

a) Qual é o objeto direto do verbo *pegar* no primeiro quadrinho? A que classe gramatical essa palavra pertence?

b) Copie o objeto direto e o objeto indireto do verbo *mostrar* das duas orações do último quadrinho.

c) A que classe gramatical pertencem as palavras *me* e *te*?

As atividades acima chamam a atenção para o fato de que tanto os objetos diretos como os objetos indiretos podem ser representados por pronomes.

Porém, essas funções de objeto direto e indireto não podem ser desempenhadas por qualquer pronome, e sim pelos **pronomes oblíquos**.

Pronomes pessoais como objetos

Os **pronomes pessoais** são aqueles que indicam as três pessoas do discurso.

> Primeira pessoa: quem fala.
> Segunda pessoa: com quem se fala.
> Terceira pessoa: do que ou de quem se fala.

	Pronomes pessoais retos	**Pronomes pessoais oblíquos**
Primeira pessoa do singular	eu	me, mim, comigo
Segunda pessoa do singular	tu	te, ti, contigo
Terceira pessoa do singular	ele / ela	o, a, lhe, se, si, consigo
Primeira pessoa do plural	nós	nos, conosco
Segunda pessoa do plural	vós	vos, convosco
Terceira pessoa do plural	eles / elas	os, as, lhes, se, si, consigo

Os **pronomes pessoais retos** desempenham, na oração, a função de sujeito. Os **pronomes pessoais oblíquos** desempenham, na oração, a função de objeto.

Os pronomes o, os, a e as exercem exclusivamente a função de **objeto direto**. Veja os exemplos a seguir.

> Eu vendi **meu carro**.
> Eu **o** vendi.

> Quero encontrar **ele**.
> Quero encontrá-**lo**.

> As mães buscaram **elas** na escola.
> As mães buscaram-**nas** na escola.

Perceba que, quando o complemento *ele* ou *ela* segue o verbo no infinitivo, o **r** final do verbo é suprimido e o pronome oblíquo **o** ou **a** é acrescido de um **l** (encontrar *ela* / encontrá-*la*).

Já quando o complemento *ele* ou *ela* segue um verbo terminado em **m**, o pronome oblíquo é acrescido de um **n** (buscaram *elas* / buscaram-*nas*).

Os pronomes *lhe* e *lhes* desempenham sempre a função de **objeto indireto**. Veja os exemplos a seguir.

> Indiquei **ao meu colega** alterações que poderia fazer no texto.
> Indiquei-**lhe** alterações que poderia fazer no texto.

Os pronomes *me, te, se, nos* e *vos* podem exercer tanto a função de **objeto direto** quanto a de **objeto indireto**. Para determinar seu papel adequadamente, é importante uma observação atenta da transitividade verbal.

> Receberam-**nos** com simpatia.
>   objeto
>   direto

> Reservaram-**nos** uma boa mesa.
>   objeto   objeto
>   indireto   direto

Os **pronomes oblíquos** desempenham, nas orações, a função de complementos verbais.

O, os, a e as atuam como **objeto direto**. *Lhe* e *lhes* atuam como **objeto indireto**. Os demais pronomes só podem ter sua função determinada por um contexto.

O USO DOS PRONOMES OBLÍQUOS

Os pronomes oblíquos referentes à **segunda pessoa do plural raramente são usados no português do Brasil hoje**, apesar de terem sido importantes no passado.

Sua aplicação se restringe a situações muito formais ou a quando se deseja, pelo uso artístico da linguagem, reconstruir uma época ou mesmo produzir efeito de humor.

EU VI ELE OU *EU O VI*?

Quando os verbos têm como complemento os pronomes retos **ele(s)** ou **ela(s)**, sua substituição pelo pronome oblíquo é **obrigatória**.

Construções semelhantes a "Eu vi ele", comuns na conversação informal, não são admitidas na escrita.

1. Leia o texto de Mario Quintana.

> ### Tableau!
>
> Nunca se deve deixar um defunto sozinho.
>
> Ou, se o fizermos, é recomendável tossir discretamente antes de entrar de novo na sala. Uma noite em que eu estava a sós com uma dessas desconcertantes criaturas, acabei aborrecendo-me (pudera!) e fui beber qualquer coisa no bar mais próximo. Pois nem queira saber... Quando voltei, quando entrei inopinadamente na sala, estava ele sentado no caixão, comendo sofregamente uma das quatro velas que o ladeavam! E só Deus sabe o constrangimento em que nos vimos os dois, os nossos míseros gestos de desculpa e os sorrisos amarelos que trocamos...
>
> Mario Quintana. *Sapato furado*. São Paulo: FTD, 1998. p. 8.

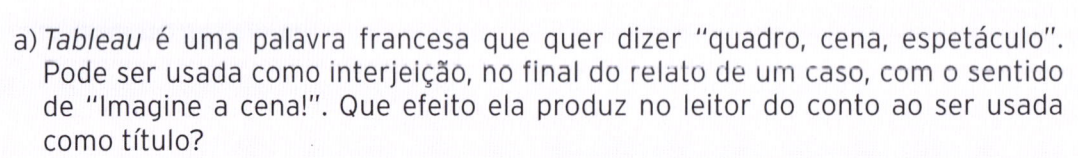

Andréa Vilela/ID/BR

a) *Tableau* é uma palavra francesa que quer dizer "quadro, cena, espetáculo". Pode ser usada como interjeição, no final do relato de um caso, com o sentido de "Imagine a cena!". Que efeito ela produz no leitor do conto ao ser usada como título?

b) O narrador utiliza o adjetivo *desconcertante* para se referir ao defunto. De que modo isso se relaciona ao fato de ele ter se sentido aborrecido?

c) Releia o início do texto. Na frase "Ou, se *o* fizermos, é recomendável tossir discretamente antes de entrar de novo na sala", qual elemento é retomado pelo pronome oblíquo *o*? Qual é a função desse pronome na oração?

d) Como o verbo *fazer* se classifica quanto à transitividade?

e) Qual destas frases está de acordo com a norma-padrão? Por quê?

> I. Quando voltei, o defunto estava sentado no caixão, devorando uma das velas que o ladeavam.

> II. Quando voltei, o defunto estava sentado no caixão, devorando uma das velas que ladeavam ele.

2. Substitua o símbolo ★ pelos pronomes oblíquos adequados.

> Mario Quintana nasceu em Alegrete. Também nasci lá, 34 anos depois e, quando menino, ouvia falar do poeta como de alguém tão importante que era impossível que já não tivesse morrido. Levei um susto no dia em que ★ vi bem vivo. E me tornei seu amigo.
>
> Durante certo tempo, Quintana trabalhou numa editora, como tradutor. Depois ele foi trabalhar num grande jornal de Porto Alegre. Como era poeta em tempo integral, desistiram de ★ dar serviço, e acho que foi a primeira vez que alguém teve um emprego e um salário para escrever poesia. Mais tarde, ele se aposentou e, nas sextas-feiras, eu ★ levava a passear de automóvel. Uma vez ★ levei à sede de um clube náutico. Havia muita gente, logo ele foi reconhecido e vieram muitas crianças para vê ★. Uma vovó beijou ★ a mão. Ele disse: "Não beije minha mão, não sou o Papa". E voltando-se para ★, acrescentou: "Sou o Papão".
>
> Sergio Faraco. Em: Mario Quintana. *Sapato furado*. São Paulo: FTD, 1998. p. 37-38.

Mario Quintana, Porto Alegre, 1991.

Transitividade e construção de sentidos

1. O trecho abaixo é um fragmento de um conto. Leia-o.

> Estêvão chegou a casa e atirou-se à cama. Ninguém o soube nunca, só as paredes do quarto foram testemunhas, mas a verdade é que Estêvão chorou lágrimas amargas.
>
> Enfim que lhe dissera Madalena e que exigira dele?

Machado de Assis. *A mulher de preto*. Disponível em: <http://www.dominiopublico.gov.br>. Acesso em: 16 jul. 2014.

Andréa Vilela/ID/BR

Mesmo sem conhecer o conto na íntegra, o leitor dessas quatro linhas pode saber bastante sobre Estêvão. Relacione as colunas abaixo, reconhecendo quais são os estados de espírito que as expressões do texto nos permitem reconhecer na personagem.

I. "atirou-se à cama"

II. "só as paredes do quarto foram testemunhas"

III. "chorou lágrimas amargas"

a. sofrimento profundo

b. solidão

c. abatimento

2. Observe as frases abaixo.

I. A verdade é que Estêvão chorou.

II. A verdade é que Estêvão chorou muito.

III. A verdade é que Estêvão chorou lágrimas amargas.

a) Qual é a diferença de sentido entre elas?

b) Como o verbo *chorar* se classifica quanto à transitividade em cada frase?

3. Compare as seguintes frases.

I. O rapaz **chorou** lágrimas amargas.

II. A mulher **dormiu** o sono dos anjos.

III. O coitado **viveu** uma vida de cão.

a) Que relação de sentido se percebe entre cada verbo e o núcleo de seu objeto direto?

b) Considere as frases: "O rapaz chorou lágrimas", "A mulher dormiu o sono" e "O coitado viveu uma vida". Elas lhe parecem completas?

c) Qual é a função dos termos *amargas*, *dos anjos* e *de cão* nessas frases?

> **ANOTE**
>
> Um verbo entendido como **intransitivo** pode, em determinado contexto, adquirir **transitividade**. Nesse caso, o **objeto direto** que o acompanha é composto de um núcleo semanticamente ligado a ele acrescido de um qualificativo.

Mas e mais; a e há; afim e a fim de

1. Observe o uso das palavras *mas* e *mais* na seguinte frase.

> Técnico vê melhoras, mas cobra mais dedicação do Santa Cruz.
>
> Disponível em: <http://esporte.uol.com.br>. Acesso em: 16 jul. 2014.

Explique a diferença de sentido entre o *mas* e o *mais* nessa frase.

Mas indica adversidade, oposição entre ideias. Equivale a *no entanto*, *porém*, *contudo*.
Ex.: O jogador fez um gol, *mas* seu time não venceu.
Mais indica quantidade ou intensidade, é o oposto de *menos*.
Ex.: Nas férias, preocupe-se menos e aproveite *mais*.

2. Nas frases a seguir, substitua ★ por *mas* ou *mais*.

a) Empregadores brasileiros ficam entre os ★ otimistas em relação às contratações para o próximo ano.

b) Há ★ petróleo, ★ não se sabe quanto.

c) Botafogo vence, ★ atletas brigam e são expulsos.

3. Leia.

Andréa Vilela/ID/BR

> Há 20 anos, o grande atleta entrava para a eternidade.

> Não há vagas.

> O que você vai ser daqui a 10 anos?

a) Retire a palavra *há* da expressão "há 20 anos", na primeira frase. Como ela poderia ser reescrita para manter o mesmo sentido?

b) Reescreva a frase "Não há vagas". Mantenha o significado original substituindo o verbo por outra palavra.

c) Compare as expressões "há 20 anos" e "daqui a 10 anos". Qual é a principal semelhança e qual é a principal diferença entre elas?

Há expressa tempo passado. Ex.: "Ele nada *há* muito tempo". É usado, também, com o sentido de *existir*. Ex.: "Não *há* queixas a fazer".
A refere-se a tempo futuro. Ex.: "Daqui *a* poucos meses viajaremos". É usado, também, para expressar distância. Ex.: "Eu moro *a* poucos metros da escola".

4. Compare estas frases.

> **A fim de** conter a inflação, China decide por novo aumento da taxa de juro.
>
> Disponível em: <http://noticias.uol.com.br>. Acesso em: 15 dez. 2011.

> Leia, no Caderno B, as notícias regionais e **afins**.

a) Explique a diferença de sentido entre *a fim de* e *afins* nas frases.

b) Selecione, no quadro abaixo, a palavra que melhor preencheria a lacuna da frase se quiséssemos preservar seu sentido original.

Com a ★ de conter a inflação, China decide por novo aumento de juro,

| esperança | ideia | finalidade | conversa | hipótese |

A fim de indica finalidade, objetivo, meta. Corresponde a *para*. Ex.: "Tomei notas da explicação *a fim de* poder relembrá-la mais tarde".

Afim indica semelhança, parentesco, afinidade. Ex.: "Para um bom trabalho em grupo, é importante que os membros tenham interesses *afins*".

Entreletras

Carta enigmática

Identifique as informações que aparecem nesta carta enigmática.

Numa  qualquer eu (-do +senho) um amarelo.

E com **5** ou **6** retas é fácil fazer um .

Corro um  em torno da e me dou uma 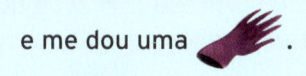 .

E se faço com **2** riscos tenho um  .

Se um (-o +uinho) de cai num (+dacinho)

azul do (+pel), num instante imagino uma linda 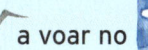 a voar no .

Toquinho, Maurizio Fabrizio, Guido Morra, Vinicius de Moraes. Aquarela. Intérprete: Toquinho. Em: *Pra gente miúda*, Universal Music, 1993.

Ilustrações: Andréa Vilela/ID/BR

PARA SABER MAIS

Livros

O Mundo de Sofia, de Jostein Gaarder. Companhia das Letras.

Quando eu voltei tive uma surpresa, de Joel Rufino dos Santos. Rocco.

Prezado Ronaldo, de Flávio Carneiro. Edições SM.

Filmes

Central do Brasil. Direção: Walter Salles. Brasil, 2000.

Mensagem para você. Direção: Nora Ephron. EUA, 1998.

Companhia das Letras/Arquivo da editora

Rocco/Arquivo da editora

Edições SM/Arquivo da editora

Fac-símile/Europa Filmes

Fac-símile/Warner Bros

1. Este texto é uma sinopse do livro *Ana e Pedro*, de Vivina de Assis Viana e Ronald Claver.

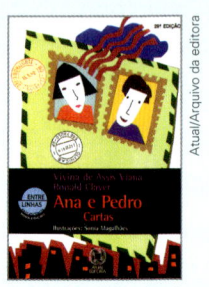

Atual/Arquivo da editora

> Ana mora em São Paulo, **gosta** de ler, de ir ao cinema, de estar à beira-mar. Pedro é de Belo Horizonte, **gosta** de futebol, **escreve** poesias, **ama** as montanhas. Durante um ano eles **trocam** cartas. E também livros, poesias, ternura. A relação desses dois adolescentes vai se estreitando, e a vontade de se conhecerem pessoalmente cresce. Como será o encontro de Ana e Pedro?
>
> Disponível em: <http://www.editorasaraiva.com.br>. Acesso em: 16 jul. 2014.

Capa de *Ana e Pedro*.
São Paulo: Atual, 2004.

a) Classifique os verbos destacados quanto à transitividade e indique seus respectivos objetos diretos ou indiretos.

b) Complete o texto abaixo preenchendo as lacunas com as palavras adequadas. Se necessário, você pode usar as palavras do quadro mais de uma vez.

a	há	a fim de	mas	mais	afins	os	-lo

★ muito tempo, Ana se corresponde com Pedro, apesar de não conhecê ★ pessoalmente. A espontaneidade na troca de ideias ★ faz acreditar que estarem ★ vários quilômetros de distância não ★ impede de terem uma amizade profunda, talvez até ★ significativa em sua vida do que as outras. ★ é provável que a transformação do afeto em amor ★ pegue de surpresa e ★ faça questionar os interesses ★, ★ descobrir se vale a pena seguir em frente.

2. Leia a tira e responda às questões a seguir.

Garfield, de Jim Davis.

a) Por que Garfield está bravo?

b) Qual é o fato cômico nessa tira? A cena engraçada aparece explicitamente ou é imaginada pelo leitor?

3. Releia a tira.
   a) Em relação à transitividade, o que os verbos *correr* e *chegar* têm em comum?
   b) Quais as palavras que completam o sentido dos verbos *ter* e *tocar*?
   c) Em relação à transitividade, como classificamos o verbo *ensinar*?

4. Escolha o complemento adequado à norma-padrão. Faça as alterações necessárias.
   a) Jon e sua garota vão assistir ★ (um filme / a uma peça de teatro).
   b) Garfield tinha de ensinar uma lição ★ (as crianças / a elas).

Carta do leitor

- Divulga conceitos e opiniões e dá voz ao leitor de revistas ou jornais.
- O **leitor** pode apresentar **argumentos** que **reforcem** o ponto de vista defendido no texto ou que sejam **contrários** a ele.

Carta de reclamação

- Expressa reclamações relativas aos direitos do consumidor ou aos direitos do cidadão.
- O autor da carta deve expor argumentos capazes de convencer seu destinatário de que ele tem razão.

Transitividade verbal

- Indica se um verbo precisa ou não ser acompanhado de complemento para ter seu sentido inteiramente compreendido dentro de determinado contexto.
- **Verbos intransitivos**: não precisam ser acompanhados de complemento para ter seu sentido compreendido.
- **Verbos transitivos**: precisam ser acompanhados de complemento para ter seu sentido compreendido.
- **Verbos transitivos diretos**: têm complemento diretamente ligado a eles (objeto direto).
- **Verbos transitivos indiretos**: têm complemento ligado a eles por preposição (objeto indireto).
- **Verbos transitivos diretos e indiretos (bitransitivos)**: exigem dois complementos (objeto direto e indireto).
- **Pronomes pessoais retos** (eu, tu, ele / ela, nós, vós, eles / elas): desempenham, na oração, a função de sujeito.
- **Pronomes pessoais oblíquos**: desempenham, na oração, a função de complementos verbais.

mas e mais

- **Mas** indica adversidade, contrariedade, oposição entre ideias. Equivale a *no entanto*, *entretanto*, *porém*, *contudo*.
- **Mais** indica quantidade ou intensidade, é o oposto de *menos*.

a e há

- **A** é usado para fazer referência a tempo futuro. É usado, também, para expressar distância.
- **Há** é usado para expressar tempo passado. É usado também com o sentido de **existir**.

afim e a fim de

- **Afim** indica semelhança, parentesco, afinidade.
- **A fim de** indica finalidade, objetivo, meta. Corresponde a *para*.

Autoavaliação ●●●

Para fazer a autoavaliação, releia o quadro *O que você aprendeu neste capítulo*.

- Dos assuntos tratados neste capítulo, o que você gostou de aprender?
- Você escreveu duas cartas. Qual delas está mais próxima do seu cotidiano?
- Como a reescrita das cartas pôde ajudá-lo a melhorar sua produção de texto?
- Quais dúvidas você tem sobre transitividade verbal?

Discurso de campanha eleitoral

1. Você vai ler dois trechos de discursos políticos de dois candidatos a prefeito presentes no filme *O Bem Amado*. Leia primeiramente as informações sobre o filme.

Título original: *O Bem Amado*
Lançamento: 2010 (Brasil)
Direção: Guel Arraes
Atores: Marco Nanini, Matheus Nachtergaele, José Wilker, Caio Blat.
Duração: 107 min
Gênero: Comédia

Cartaz do filme *O bem amado*, 2010. Direção de Guel Arraes.

Sinopse

Após o assassinato do prefeito de Sucupira por Zeca Diabo (José Wilker), uma disputa política entre Odorico Paraguaçu (Marco Nanini) e Vladimir (Tonico Pereira) pelo cargo vago tem início. Odorico vence a eleição e toma posse como prefeito, recebendo sempre o apoio das irmãs Doroteia (Zezé Polessa), Dulcineia (Andréa Beltrão) e Judiceia (Drica Moraes). Uma de suas promessas é construir o primeiro cemitério da cidade, para evitar a emigração dos habitantes após morrerem. Só que, após a obra ser concluída, há um problema: ninguém em Sucupira morre, o que impede que o cemitério enfim seja inaugurado. Sofrendo pressão devido a acusações de superfaturamento, Odorico precisa encontrar um meio para que o grande feito de seu mandato não se torne uma grande piada.

Candidato Odorico Paraguaçu

Precisamos de um cemitério em Sucupira! É incrível que nossa cidade, que é um orgulho de desenvolvimento para o nosso estado, até hoje ainda não tenha onde enterrar os seus mortos! É uma questão de vida ou morte! Ou melhor, é uma questão de morte ou morte! Uma cidade que não respeita os seus mortos não pode ser respeitada pelos vivos. Temos urgência urgentíssima de um campo santo!

Quem ama, quem gosta e por que não dizer quem idolatra a sua terra deseja nela descansar. Em nossa cidade infeliz ninguém pode realizar esse sonho, ninguém pode dormir o sono eterno no seio da terra em que nasceu!

Sucupira, até quando assistirá seus filhos emigrarem atrás do sono eterno?

O bem amado. Direção Guel Arraes. Produção Paula Lavigne. Brasil: Natasha Filmes/ Globo Filme, 2010. DVD.

Candidato Vladimir

Meus camaradas,

O que Sucupira precisa é de um prefeito novo que enterre de vez essa herança de miséria deixada pelo governo anterior. Uma galinha mesmo caipira está custando mil cruzeiros. Eu pergunto: quem é que pode comer uma galinha de mil cruzeiros?

O bem amado. Direção Guel Arraes. Produção Paula Lavigne. Brasil: Natasha Filmes/ Globo Filme, 2010. DVD.

2. Observe os trechos do discurso dos dois candidatos e responda.

   a) Para quem os candidatos estão discursando?

   b) Que objetivo os candidatos querem alcançar com seu discurso?

3. Quais argumentos os dois candidatos utilizam para dar força aos seus discursos e orientar suas candidaturas?

4. Os candidatos usam linguagem informal ou formal em seus discursos? Por quê?

5. Observe a frase que inicia o discurso de Odorico Paraguaçu.

  a) Em que pessoa o verbo está conjugado?

  b) Qual efeito isso tem sobre o público?

6. Observe o discurso do candidato Vladimir.

  a) No início, como ele se refere ao público? Que efeito isso tem sobre a população?

  b) Ele termina seu discurso com uma pergunta. Por quê?

Produção de texto: discurso de campanha eleitoral

O que você vai fazer

Você vai participar de uma eleição para representante de classe. A sala deverá ser dividida em grupos de três ou quatro alunos, cada grupo escolherá um integrante para se candidatar.

Preparação do discurso

Cena do filme *O bem amado*, de Guel Arraes.

7. Em grupo, vocês devem pensar primeiramente nos argumentos principais da campanha: o que o candidato se propõe a fazer pelos alunos da classe e da escola.

8. Enumerem os argumentos que fundamentem as propostas do candidato, mostrem a importância de um representante de classe e que o candidato será um ótimo representante. Esse material servirá de apoio no momento do discurso.

9. Elaborem a maneira de iniciar e terminar o discurso.

10. Utilize linguagem formal. Escolha palavras e expressões para dar força ao seu discurso e convencer os outros alunos.

11. O candidato deve treinar a entonação da voz, a velocidade e a altura da fala de acordo com os argumentos. Silêncios e pausas também ajudam na clareza da fala.

12. A postura é muito importante, assim como os gestos e as expressões faciais.

13. Ensaie com o grupo. A memorização do discurso ajudará no dia da apresentação.

14. No dia do discurso, o candidato poderá ter o texto à vista, porém deverá fazer uso dele o menos possível.

A exposição dos discursos

15. No dia e horário previamente combinado com a professora, cada candidato fará seu discurso para o restante da classe.

16. No momento do discurso, olhe para o seu público e tente, com suas palavras e seus gestos, prender a atenção dos colegas. Caso você não seja o candidato do seu grupo, apoie seu candidato, ficando ao lado dele, ajudando-o no que for necessário.

17. Quando outro candidato estiver falando, fique em silêncio e preste atenção no discurso dele.

Avaliação

  ▪ Avaliem a apresentação dos candidatos, sob a orientação do professor.

  a) Os argumentos utilizados foram fortes e convincentes?

  b) O volume de voz e a entonação estavam adequados?

  c) O candidato foi expressivo? Ele conseguiu atrair a atenção do público?

  d) O discurso foi claro, sem hesitações e esquecimentos?

  e) O candidato utilizou linguagem formal?

  f) Como foi o envolvimento dos componentes do grupo nos preparativos e na apresentação? Todos colaboraram?

Artigo de opinião

O QUE VOCÊ VAI APRENDER

- Características principais do artigo de opinião
- Tipos de argumento
- Tipos de predicado
- Predicativo do sujeito
- Emprego de **sc**, **sç** e **xc**

Leão em repouso com um cordeiro.

DLILLC/Corbis/Latinstock

CONVERSE COM OS COLEGAS

1. Observe a imagem ao lado. A fotografia apresenta, juntos, um leão e um cordeiro.

   a) Quais qualidades costumam ser associadas ao leão?

   b) E o cordeiro, que características possui?

   c) Levando em conta esses atributos, o que se poderia esperar de um encontro entre esses animais?

   d) A imagem mostra um encontro surpreendente dos dois animais. Por que o momento registrado na imagem é especial?

2. Imagine que você é responsável por organizar um catálogo de fotografias, entre as quais se encontra esta. Você deve separá-las por temas ou por palavras-chave. Quais palavras-chave poderiam se associar à imagem do encontro do leão com o cordeiro?

3. Suponha que a fotografia observada está a serviço de uma causa, uma ideia, uma bandeira, uma visão de mundo.

   a) Qual poderia ser essa causa?

   b) A quem poderia ser dirigida essa imagem?

   c) Admitindo que o fotógrafo quisesse propor determinado tipo de comportamento aos seres humanos, que motivo o teria levado a fotografar animais?

4. Imagine que você pretenda, por meio de um cartaz que acompanharia esta fotografia, convencer o maior número possível de pessoas da necessidade de combater a violência. O que você escreveria nesse cartaz?

Em diversas situações do cotidiano, expressamos ideias com a intenção de convencer outras pessoas de nosso ponto de vista.

Neste capítulo, você vai estudar o **artigo de opinião**, um gênero de texto em que o autor apresenta para os leitores uma questão polêmica e procura convencê-los da sua opinião, utilizando, para isso, estratégias variadas.

Artigo de opinião

José Eustáquio Diniz Alves (1953-), professor e pesquisador.

O texto a seguir foi publicado em um *site* dedicado à publicação de diferentes textos sobre questões socioambientais, chamado *EcoDebate*. Esse *site* sem fins lucrativos reúne textos produzidos por diferentes pesquisadores brasileiros preocupados com questões ambientais.

Este artigo, escrito pelo pesquisador e professor universitário José Eustáquio Diniz Alves, tratará de um assunto muito importante e atual: a reciclagem do lixo. Certamente você já ouviu falar sobre a importância de reciclar materiais, mas já parou para pensar o que torna esse tema tão relevante?

Antes de iniciar a leitura do texto, converse com seus colegas de classe: por que o lixo passou a ser um problema para as sociedades nos últimos tempos? Quais os riscos de não reciclar?

O aproveitamento e a reciclagem do lixo

[...] Muitas pessoas se preocupam com o impacto dos atuais quase 7 bilhões de habitantes do mundo. Evidentemente o elevado número de pessoas no planeta é um fator de pressão sobre o meio ambiente. Acontece que a população vai continuar crescendo até algo em torno de 9 bilhões de habitantes, pois o mundo ainda tem uma estrutura etária relativamente jovem. Somente com o aprofundamento da transição demográfica a população vai parar de crescer. Mas o meio ambiente não pode esperar a "inércia demográfica". O que fazer então?

Uma alternativa é diminuir o consumo. Mas, isto também não é simples, pois existem bilhões de habitantes que não possuem condições adequadas de sobrevivência e lutam por uma vida com mais conforto, com mais educação e saúde, com melhores condições de habitação e lazer, etc. A China, por exemplo, é um país que controlou o crescimento da população, mas liberou o crescimento do consumo e já é o maior mercado para alimentos, moradias, eletrodomésticos, motocicletas, automóveis, celulares, etc.

Uma população maior, com um consumo maior, gera uma montanha maior de lixo e resíduos. Desta forma, a produção e o consumo humanos agridem a natureza duplamente: primeiro sugam os recursos naturais, depois devolvem um volume imenso de lixo que volta para a natureza poluindo os rios, os oceanos, o ar, os terrenos e degradando o meio ambiente. Mesmo o lixo recolhido em aterros sanitários é fonte de poluição e ocupa terrenos e áreas cada vez maiores em torno das grandes cidades.

Sem dúvida precisamos reduzir o consumo supérfluo *per capita* da humanidade, em especial, daqueles e daquelas que têm alto padrão de consumo

conspícuo. Também precisa haver uma melhor distribuição do acesso aos bens materiais entre e intra os países. Mas uma forma de mitigar e reduzir os danos do consumo médio excessivo da humanidade é por meio de um adequado tratamento e aproveitamento do lixo.

As estatísticas mostram que, no Brasil, são geradas 240 mil toneladas de lixo urbano por dia. Pequena parte é reciclada e a maior parte (fora aquelas que são jogadas diretamente no mato, rios e oceanos) vai para aterros sanitários ou lixões. São mais de 200 mil toneladas de lixo e resíduos que ocupam espaço, degradam o ambiente, geram doenças. A decomposição do lixo produz metano (CH_4), gás carbônico (CO_2) e outros gases poluentes que reforçam o aquecimento global. O chorume, por exemplo, se infiltra no solo e contamina os lençóis freáticos, com o seu alto teor de acidez e bactérias.

Em alguns aterros, implantou-se um sistema de captação de gás metano para gerar energia. Existem usinas pilotos (Usinaverde) que são capazes de transformar 30 toneladas de lixo, por dia, em energia suficiente para atender 20 mil habitantes. Portanto, se todo o lixo produzido no país fosse transformado em energia, poderíamos economizar bilhões na queima de petróleo e carvão vegetal e mineral. Existem também biodigestores anaeróbicos capazes de processar o lixo em sua forma "natural", tal como é coletado pelos caminhões nas residências, em energia útil para as residências e as comunidades. Além de gerar energia, o reaproveitamento dos resíduos contribui para mitigar o impacto sobre o meio ambiente, possibilitando reciclar papéis, plásticos, vidros, metais, etc., o que gera empregos e minimiza problemas de saneamento e saúde pública.

Pessoa em local onde há lixo reciclável. Fotografia de 2009, Brasília (DF).

Estudo realizado pelo Instituto de Pesquisa Econômica Aplicada (IPEA, 2010) mostra que se a sociedade brasileira reciclasse todos os resíduos urbanos que são encaminhados aos lixões e aterros, poderíamos economizar cerca de R$ 8 bilhões ao ano. Hoje, a economia gerada com a atividade de reciclagem varia de R$ 1,3 a 3 bilhões anualmente. Apenas 14% da população brasileira conta com o serviço de coleta seletiva, e somente 3% dos resíduos sólidos urbanos gerados nas cidades são coletados nos municípios. Neste mês de julho, o Congresso aprovou a Política Nacional de Resíduos Sólidos, sendo obrigação da União, estados e municípios elaborar e executar planos para tratar os resíduos sólidos, com novas regras para o manejo desse tipo de lixo e a fixação de metas.

A própria coleta do lixo requer um investimento adequado. O modelo implementado na cidade de Barcelona tem servido de exemplo para diversas outras cidades. O esquema catalão de coleta de lixo evita as sujeiras das ruas, causadas por latas de lixo, e evita a circulação de caminhões e a queima de óleo diesel, deixando a cidade mais agradável, silenciosa, limpa e até cheirosa. O sistema é simples (mas não barato), a população recolhe o lixo e o coloca em tubos ligados a um sugador subterrâneo, que leva o lixo até um centro de coleta, onde passa por uma triagem e é transportado para uma usina de reciclagem, afastada da cidade.

Desta forma, o aproveitamento e tratamento do lixo, desde as residências até as usinas de reciclagem e produção de energia, são uma forma de mitigar o impacto das atividades humanas sobre o meio ambiente. Sem dúvida, a pegada ecológica humana pode ter uma redução considerável se o lixo deixar de ser tratado na velha acepção da palavra lixo (restos, entulhos, sujeira, imundície, coisa sem valor), e sim for tratado como insumo de materiais reciclados e como fonte de energia.

José Eustáquio Diniz Alves. O aproveitamento e a reciclagem do lixo. Disponível em: <http://www.ecodebate.com.br>. Acesso em: 11 set. 2011.

GLOSSÁRIO

Acepção: sentido de uma palavra ou frase de acordo com o contexto.

Anaeróbico: que não utiliza ar ou oxigênio.

Biodigestor: equipamento usado para produzir biogás.

Chorume: líquido escuro, produto da decomposição do lixo orgânico.

Conspícuo: bem visível, notável.

Demográfico: que está relacionado à quantidade de pessoas.

Etário: relativo a idade.

Inércia: paralisação.

Insumo: elemento usado para produzir mercadorias ou serviços.

Lençol freático: depósito natural de água no subsolo.

Mitigar: tornar mais suave; diminuir.

Per capita: para cada indivíduo.

Resíduo: resto, aquilo que sobra de algo.

Saneamento: série de medidas que oferece condições de vida sadia.

Supérfluo: que não é necessário.

Usina piloto: usina-modelo.

●●● Para entender o texto

1. O primeiro parágrafo apresenta para o leitor um problema relacionado ao meio ambiente que será tratado no texto.

   a) Que problema é esse?

   b) Por que esse problema continua atual?

2. Pelo título é possível saber qual ideia será definida pelo autor para uma melhoria desse problema?

ANOTE

O primeiro parágrafo de um artigo de opinião **contextualiza o tema** que será tratado no texto e antecipa a **posição do autor** sobre esse tema.

Ilustrações: Andréa Vilela/ID/BR

3. Releia o seguinte período:

   > "Sem dúvida, **a pegada ecológica humana** pode ter uma redução considerável se o lixo deixar de ser tratado na velha acepção da palavra lixo (restos, entulhos, sujeira, imundície, coisa sem valor), e sim for tratado como insumo de materiais reciclados e como fonte de energia."

   Nesse trecho, a palavra *pegada* não está com seu sentido literal. Explique o seu significado.

4. Identifique no texto o parágrafo que apresenta uma conclusão sobre o tema.

ANOTE

Em um artigo de opinião, a **conclusão** pode retomar as ideias apresentadas anteriormente e/ou apontar soluções para os problemas levantados no texto.

▮ Tipos de argumento: exemplos, dados numéricos, argumento de autoridade

1. Segundo o autor, por que o aumento da população causa impacto no meio ambiente?

2. Que explicação justifica a opinião do autor de que diminuir o consumo não é suficiente para resolver o problema?

ANOTE

Para convencer o leitor ou o ouvinte de uma dada opinião, é preciso apresentar motivos que sejam capazes de justificá-la. Os motivos usados em um texto com a intenção de convencer recebem o nome de **argumentos**.

3. O artigo apresenta diversos dados numéricos ao leitor.

a) Localize no texto esses dados e transcreva-os em seu caderno.

b) Qual a importância desses dados para o artigo?

Os **dados numéricos** podem ser usados como argumento em um texto. Geralmente, eles são obtidos pela leitura de pesquisas divulgadas em jornais, revistas e *sites* e, por serem baseados em fatos concretos, trazem objetividade à argumentação.

4. O artigo apresenta exemplos de experiências bem-sucedidas em relação ao tratamento do lixo. Identifique no texto:

a) Um exemplo utilizado para ilustrar um caso de tratamento adequado aos lixos concentrados em aterros.

b) Um exemplo interessante de serviço de coleta de lixo das residências.

5. Esses exemplos foram usados estrategicamente no texto para produzir determinado efeito no leitor. Que efeito é esse?

O **exemplo** é um tipo de argumento. Assim como os dados numéricos, os exemplos também são baseados em fatos concretos. Por isso, comprovam que a opinião defendida em um texto não é baseada apenas em impressões pessoais.

●●● O contexto de produção

1. Leia a seguir um trecho de uma reportagem que mostra como o lixo pode afetar os mares:

A maré não está para peixe

O que fazer para evitar que os mares fiquem poluídos?

Ao andar nas areias de uma praia ou fazer um passeio de barco, talvez você tenha observado como o mar está sujo. São restos que as pessoas deixam, como plásticos e latas. Ou, então, manchas escuras que invadem as águas azul-esverdeadas. Será que ninguém faz nada para que os mares não fiquem poluídos?

As cidades foram crescendo e, com isso, aumentou também o número de pessoas lavando louça e roupa, tomando banho, dando descarga na privada e fazendo outras atividades que usam água. As indústrias também jogam fora suas substâncias. Todo esse lixo líquido – o esgoto – é um dos principais fatores de dor de cabeça hoje. Afinal como se faz para sumir com ele?

Ricardo Coutinho. Disponível em: <http://chc.cienciahoje.uol.com.br>. Acesso em: 16 jul. 2014.

Esse texto, assim como o artigo "O aproveitamento e a reciclagem do lixo", trata dos problemas gerados pelo lixo no meio ambiente. Compare os dois textos.

a) Quais as diferenças entre o uso da linguagem em cada um?

b) Na sua opinião, os dois textos são dirigidos ao mesmo público? Justifique.

2. No final do artigo aparecem as seguintes referências sobre o autor:

> "José Eustáquio Diniz Alves, colunista do EcoDebate, é doutor em Demografia e professor titular do mestrado em Estudos Populacionais e Pesquisas Sociais da Escola Nacional de Ciências Estatísticas – ENCE/IBGE; expressa seus pontos de vista em caráter pessoal."

Em sua opinião, qual o efeito pretendido pelo *site* com a publicação das informações sobre o autor do artigo?

3. No capítulo quatro deste volume, você estudou as características de uma reportagem. Assim como ela, o artigo de opinião também é um gênero jornalístico. Quais diferenças você pôde perceber entre uma reportagem e um artigo de opinião?

Quando lemos um **artigo de opinião**, queremos conhecer uma possível **visão** ou **posição** acerca de determinado assunto. Em um artigo de opinião, mais importante do que apresentar os fatos é convencer o leitor a concordar com a sua opinião.

●●● A linguagem do texto

1. Releia o primeiro período do texto:

> "**Muitas pessoas** se preocupam com o impacto dos atuais quase 7 bilhões de habitantes do mundo."

O texto poderia ter sido escrito de outra forma. Compare a versão abaixo com a original:

> "**Eu** me preocupo com o impacto dos atuais quase 7 bilhões de habitantes do mundo."

a) Explique as diferenças entre esses períodos.

b) Qual a diferença de sentido entre os períodos?

c) Qual delas parece mais interessante para convencer o leitor da importância do tema do texto? Por quê?

2. Observe alguns advérbios que o autor utiliza para introduzir seus argumentos:

> "**Evidentemente** o elevado número de pessoas no planeta é um fator de pressão sobre o meio ambiente."
>
> "**Sem dúvida** precisamos reduzir o consumo supérfluo *per capita* da humanidade, em especial, daqueles e daquelas que têm alto padrão de consumo conspícuo."

a) Esses advérbios evidenciam um narrador hesitante ou seguro de suas afirmações?

b) Como o uso desses advérbios contribui para que o leitor se convença sobre a importância de se tratar o lixo produzido no planeta?

Em um artigo de opinião, o autor utiliza estratégias para convencer o leitor do seu ponto de vista. Mostrar que sua argumentação não é baseada apenas em impressões pessoais, mas sim em **evidências** compartilhadas por outros, é um dos recursos possíveis para ganhar a **credibilidade do leitor**. Além disso, em um artigo de opinião é esperado que seu ponto de vista seja apresentado com **convicção**.

3. Em alguns momentos do texto, o autor utiliza a primeira pessoa do plural, como no trecho abaixo:

> "Portanto, se todo o lixo produzido no país fosse transformado em energia, **poderíamos** economizar bilhões na queima de petróleo e carvão vegetal e mineral."

a) Qual o sujeito de *poderíamos* nesse trecho?

b) Os benefícios da transformação do lixo parecem algo próximo ou distante do leitor nesse trecho?

O uso da **primeira pessoa do plural** é uma estratégia que pode ser utilizada em determinados textos argumentativos para aproximar autor e leitor, sugerindo que eles partilham os mesmos problemas e as mesmas ideias a seu respeito.

4. Nos dois últimos períodos do primeiro parágrafo do texto, o autor lança uma questão para os leitores:

> "Mas o meio ambiente não pode esperar a 'inércia demográfica'. O que fazer então?"

a) A quem é dirigida a pergunta?

b) Qual é a função dessa pergunta no texto?

c) Que efeito essa estratégia causa no leitor?

Convivência e consumo

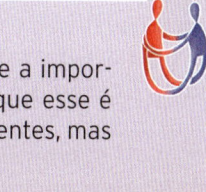

No artigo que você leu, o autor procura convencer o leitor sobre a importância de se aproveitar e reciclar o lixo. Você deve ter percebido que esse é um assunto bastante atual e envolve não apenas crianças e adolescentes, mas pessoas de qualquer faixa etária.

Discuta com seus colegas:

I. Observe a sua sala de aula e o pátio da escola. As pessoas da sua comunidade parecem se preocupar com o tratamento do lixo?

II. E na sua casa? Você e seus familiares se preocupam em tomar atitudes como poupar água e energia elétrica?

III. Você conhece alguma experiência realizada em sua cidade relacionada à proteção da natureza?

IV. Que medidas poderiam ser adotadas na sua escola para que as pessoas tenham atitudes mais conscientes em relação aos problemas que afetam a natureza, entre eles o tratamento do lixo?

Andrea Vilela/ID/BR

Artigo de opinião

Em um artigo de opinião, o autor expressa o que pensa a respeito de determinado tema polêmico. Para fundamentar sua opinião, é importante que use argumentos capazes de convencer os leitores.

- Depois de ler o texto a seguir, escreva uma frase que resuma o que você pensa sobre o assunto. Em seguida, escreva dois exemplos que fundamentem sua opinião.

Brasil já exportou mais de mil jogadores, só este ano

A indústria brasileira de exportação de jogadores de futebol é a mais movimentada do mundo. A habilidade e o talento invulgar dos brasileiros não são indiferentes aos muitos empresários e muitas das suas fintas [dribles] garantem o passaporte para outro continente. Os números da Confederação Brasileira de Futebol (CBF) atestam essa realidade. Só no ano de 2007, o número de jogadores brasileiros exportados ultrapassou, pela primeira vez, a barreira dos mil.

Disponível em: <http://www.forum-maximus.net>. Acesso em: 12 jul. 2011.

●●● Proposta

Você vai escrever um artigo de opinião sobre a proibição do uso de celulares nas escolas. Ao final do trabalho, seu artigo será exposto em um mural, que estará dividido em duas partes: uma com os textos que defendem a proibição do uso do celular nas escolas e a outra com os textos que são contra essa proibição.

Leia as informações a seguir. Elas serão importantes para a produção de seu texto.

Diferentes estados brasileiros já aprovaram leis que proíbem o uso do celular nas salas de aula. Escolas na Itália e na Inglaterra já tomaram a mesma atitude. Leia o trecho de uma notícia que comenta o uso do celular nas escolas antes de iniciar a produção de seu texto.

No meio da explicação do professor, o telefone toca e quebra a concentração de toda a turma. A cena ficou recorrente nas escolas com a disseminação dos aparelhos celulares – cada vez mais baratos, modernos e inseparáveis das mochilas dos estudantes. [...]

Para o supervisor pedagógico do Setor Oeste, Carlos da Costa, a questão não é só proibir o celular, mas garantir a todos os alunos o direito a uma aula tranquila – ou seja, sem interrupções. "Temos o horário de recreio para fazer as ligações. Em casos urgentes, a família pode ligar para a escola e entrar em contato com o aluno", ressaltou. Os pais têm papel importante no trabalho de conscientização. Vem deles boa parte das ligações que interrompem as aulas.

Usar celular em sala de aula é vetado no Distrito Federal desde maio do ano passado. A Lei Distrital nº 4.131 proíbe que os alunos liguem o aparelho em todos os colégios públicos e particulares. Também é contra a lei usar qualquer aparelho eletrônico capaz de armazenar e reproduzir arquivos de música, CDs e jogos, como MP3 *players* e *video games*. Os equipamentos estão liberados nos intervalos e no horário de recreio, desde que fora da sala. Quem desrespeitar a norma pode ser encaminhado à direção. A Secretaria de Educação do DF dá às escolas autonomia para resolver o problema com o estudante.

Elisa Tecles. Disponível em: <http://www.correioweb.com.br>. Acesso em: 17 set. 2011.

Estudantes na escola, usando telefone celular.

●●● Planejamento e elaboração do texto

1. Ao planejar seu texto, leve em conta os seguintes aspectos.

   a) Defina com clareza a posição que o texto vai assumir. Qual ponto de vista vai defender: a favor ou contra a proibição dos celulares em sala de aula?

   b) Lembre-se de que você pode usar uma situação do cotidiano (vivida ou observada por você) para justificar sua opinião.

   c) Lembre-se também de que você pode usar exemplos e dados numéricos para comprovar seus argumentos.

   d) Com base no esquema ao lado, planeje como você vai organizar os argumentos. Em que ordem eles vão aparecer?

   e) Qual será a conclusão de seu texto?

2. Ao elaborar a primeira versão de seu texto, observe as orientações abaixo.

   a) Seu artigo de opinião deve ter um título que apresente de forma indireta a sua opinião sobre o tema e, ao mesmo tempo, seja atraente para os leitores do mural: alunos de diferentes turmas, professores e funcionários.

   b) Você pode utilizar a primeira pessoa do singular ou a primeira pessoa do plural, conforme os efeitos de sentido que pretenda obter.

   c) Ao escolher os exemplos, tenha em mente os leitores do artigo e selecione argumentos que os aproximem do texto.

   d) Textos publicados em mural devem usar recursos para chamar a atenção de seu leitor. Fique atento ao tamanho da letra, aos títulos e subtítulos e à distribuição das imagens.

●●● Avaliação e reescrita do texto

1. Troque de texto com um colega e avalie a produção dele preenchendo, o quadro abaixo.

O artigo apresenta	Sim	Não
Um título adequado ao conteúdo do texto?		
Argumentos convincentes que justifiquem o ponto de vista defendido?		
Uma conclusão que retome a ideia central ou proponha uma solução?		
Recursos visuais que ajudam o leitor a ler o artigo?		
Linguagem adequada ao público leitor?		

2. Reescreva seu texto fazendo as modificações que julgar necessárias. Passe a limpo o texto ou digite-o.

Dicas de como organizar um mural

- Verifique quais espaços da escola serão utilizados. Forre as paredes com papel pardo ou cartolina, reservando um espaço para os artigos de opinião favoráveis à proibição dos celulares nas escolas e outro espaço para os contrários à proibição.

- Afixe título e subtítulos para que as pessoas possam identificar o tema do mural e a divisão das opiniões.

- A divulgação do mural pode ser feita oralmente ou por meio de cartazes afixados em lugares de grande circulação na escola.

Tipos de predicado

1. Leia um trecho de um artigo de divulgação científica.

> ### Aranha em árvores?!
>
> Não se trata de nenhum parente distante do macaco, mas o lugar preferido da *Phoneutria bahiensis* também é em cima das árvores. Essa espécie de aranha-armadeira é muito rara [...]. Sabe-se, no entanto, que, como as demais aranhas, **ela é carnívora**. Alimenta-se principalmente de insetos, de outras aranhas e, às vezes, de pequenos vertebrados, como rãs, lagartos e filhotes de rato. Essa espécie não faz teia para caçar; **ela ataca as presas** que passam perto injetando o seu veneno paralisante. [...]
>
> Disponível em: <http://chc.cienciahoje.uol.com.br>. Acesso em: 12 jul. 2011.

Andréa Vilela/ID/BR

Qual é o assunto principal do artigo?

2. Leia as duas frases destacadas do texto.
   a) Qual delas informa o que a aranha faz? Qual apresenta uma característica da aranha?
   b) Identifique os verbos de cada uma das frases.
   c) Identifique o sujeito e o predicado de cada uma das frases.

Em geral, o predicado das orações em língua portuguesa apresenta informações sobre o sujeito. Elas podem ser uma **ação** praticada ou sofrida pelo sujeito. Podem ser também um **estado** ou **qualidade** do sujeito. Dependendo do tipo de informação, o predicado poderá ser **verbal** ou **nominal**.

●●● Predicado verbal e predicado nominal

Leia a frase.

> A aranha **alimenta**-se de insetos.
> Predicado (núcleo: verbo)

ANOTE

O **predicado verbal** indica ação e tem como núcleo um **verbo**. Este recebe o nome de **verbo significativo**.

Leia as frases.

> Essa espécie de aranha-armadeira é muito **rara**.
> Predicado (núcleo: adjetivo)
>
> A aranha é um **aracnídeo**.
> Predicado (núcleo: substantivo)
>
> Esses animais são **nossos**.
> Predicado (núcleo: pronome)

ANOTE

O **predicado nominal** indica estado ou qualidade e tem como núcleo um **substantivo**, um **adjetivo**, um **pronome** ou uma **palavra de valor substantivo**.

1. Leia os textos a seguir, do humorista Max Nunes.

> Cliente: **Estou tão nervosa**, doutor!
> Dentista. Não há motivo, madame,
> Cliente: Esse é o primeiro dente que eu arranco!
> Dentista: E eu também.

> Careca: Me dá um vidro de loção para crescer cabelo.
> Caixeiro: Grande ou pequeno?
> Careca: Pequeno, que **eu não gosto de cabelo muito comprido**.

> Professora: Menino, você precisa aprender inglês.
> Aluno: Pra quê?
> Professora: **Porque metade do mundo fala essa língua!**
> Aluno: E não chega?

Max Nunes. Em: Ruy Castro (Org.). *Uma pulga na camisola*: o máximo de Max Nunes.
São Paulo: Companhia das Letras, 1996. p. 66; 75; 131-132.

a) As personagens que aparecem nos textos são figuras típicas do cotidiano, mas vivem situações engraçadas. O que causa o humor nesses textos?

b) Observe as frases em destaque. Indique em seu caderno o predicado de cada uma delas, seu núcleo e a classificação (verbal ou nominal).

2. Leia a tira.

Calvin e Haroldo, de Bill Watterson.

a) Nos dois primeiros quadrinhos, Calvin e sua mãe têm o mesmo ponto de vista sobre o assunto discutido? Explique.

b) Como o menino consegue fazê-la mudar de ideia?

c) O comentário do pai de Calvin poderia ser interpretado como uma reclamação por eles estarem comendo fora tantas vezes. E a fala da mãe, como pode ser interpretada?

3. Que tipo de predicado predomina na fala das personagens? Por que isso ocorre?

4. Copie da tira um exemplo de cada tipo de predicado.

5. Explique a diferença de sentido entre estas frases

> A comida daquele restaurante é ruim.
> A comida daquele restaurante está ruim.

O verbo significativo e as sequências de ações

1. Leia um trecho do livro *O menino no espelho*, de Fernando Sabino, que apresenta o cotidiano e as fantasias de um garoto do interior de Minas Gerais.

> Pois foi no quintal que eu vi a galinha, toda folgada, ciscando na caixa de areia. Havia sido comprada por minha mãe para o almoço de domingo: Dr. Junqueira ia almoçar em casa e ela resolveu fazer galinha ao molho pardo.
>
> Eu já tinha visto a Alzira matar galinha, uma coisa horrível. Agarrava a coitada pelo pescoço, agachava, apertava o corpo dela entre os joelhos, torcia com a mão esquerda a cabecinha assim para um lado, e com a direita, zapt! Passava o facão afiado, abrindo um talho no gogó. O sangue esguichava longe. Ela aparava logo o esguicho com uma bacia, deixando que escorresse ali dentro até acabar. E a bichinha ainda viva, estrebuchando nas mãos da malvada.
>
> Como se fosse a coisa mais natural desse mundo, a Alzira me contou o que ia acontecer com a nova galinha.
>
> Revoltado, resolvi salvá-la.
>
> Eu sabia que o Dr. Junqueira era importante, meu pai dependia dele para uns negócios. Pois, no que dependesse de mim, no domingo ele ia poder comer de tudo, menos galinha ao molho pardo.
>
> Era uma galinha branca e gorda, que não me deu muito trabalho para pegar. Foi só correr atrás dela um pouco, ficou logo cansada. Agachou-se no canto do muro, me olhou de lado como as galinhas olham e se deixou apanhar.
>
> Não sei se percebeu que eu não ia lhe fazer mal. Pelo contrário, eu pretendia salvar sua vida. O certo é que em poucos minutos ficou minha amiga, não fugiu mais de mim.

Fernando Sabino. *O menino no espelho*. 84. ed. Rio de Janeiro: Record, 2009. p. 20-23.

a) Que motivos levaram o menino a tentar salvar a galinha?

b) Que palavras e expressões o menino usa para se referir a Alzira?

2. No segundo parágrafo, o narrador conta passo a passo como Alzira faz para matar uma galinha. Copie e complete o quadro abaixo, sintetizando cada uma das etapas.

1ª etapa	2ª etapa	3ª etapa	4ª etapa	5ª etapa

3. O texto conta como um garoto fez para salvar uma galinha. Copie do texto as informações sobre os seguintes itens.

a) A aparência física do menino.

b) A galinha que chegou ao quintal comprada por sua mãe.

c) As características do quintal onde se passa a ação.

4. Qual é o objetivo do texto nesse trecho: descrever minuciosamente as personagens, o tempo e o lugar da história ou narrar uma sequência de ações?

ANOTE

Textos que apresentam **ações** para o leitor costumam utilizar mais **verbos significativos** e **predicados verbais**.

5. Nos dois últimos parágrafos, a *galinha* é sujeito de diversas orações. Observe.

Sujeito	Predicado
A galinha	**era** uma galinha branca e gorda.
	ficou logo cansada.
	ngou.hm ir nn i rudi n hi n nm t [...].
	me **olhou** de lado [...].
	se **deixou** apanhar.
	percebeu que eu não ia lhe fazer mal.
	ficou minha amiga [...].
	não **fugiu** mais de mim.

a) Quais dos verbos destacados são significativos?

b) Quais frases indicam características ou estados da galinha?

c) Quais frases indicam suas ações?

d) Classifique os predicados dessas orações.

6. Releia o último parágrafo do texto da página anterior.

a) Complete o quadro abaixo em seu caderno com os predicados cujo sujeito (escrito ou subentendido) é *eu*.

Sujeito	Predicado
Eu	

b) Quais verbos do quadro são significativos?

c) Classifique os predicados dessas orações.

7. Leia o poema "Pato-mergulhão".

– Olha!   – Olha!
– Onde?   – Onde?
– Ali!   – Ali!
– Não vi...   – Voou?
– Bobeou.   – Não...
– Ih... voou...   – Mergulhou!

Lalau e Laurabeatriz. *Bem brasileirinhos*: poesia para os bichos mais especiais da nossa fauna. São Paulo: Cosac Naify, 2004. p. 41.

Um pato-mergulhão.

a) Esse poema apresenta, por meio de um diálogo, o retrato de uma cena. Quantos seres estão envolvidos nessa cena?

b) Qual é, provavelmente, o espaço em que se desenrola esse diálogo?

c) Identifique os versos que se repetem e as rimas. Que efeito eles produzem na leitura?

8. Observe os versos que são constituídos por verbos.

a) Qual dos verbos indica uma ordem?

b) Quais dos verbos correspondem a ações do pato-mergulhão?

c) A quem podemos atribuir as ações indicadas pelos outros verbos?

Artigo de opinião

Usar água sim; desperdiçar nunca

O verão veio bravo. Ninguém aguenta o calor. É tempo de piscina, praia, refrescos, sorvetes e muito desperdício de água.

Esse mau hábito não é novo. Ao ler uma instrutiva reportagem publicada pelo "Estado" (6/2/2006), fiquei estarrecido ao saber que o consumo por pessoa em São Paulo é de 200 litros por dia, bem superior aos 120 litros recomendados pela ONU.

Em 2005, o consumo de água na região da Grande São Paulo aumentou 4% em relação a 2004. Só em dezembro foram consumidos 128 milhões de metros cúbicos de água – o maior consumo desde 1997.

É uma soma fantástica e sinalizadora de muito desperdício. Os repórteres responsáveis pela reportagem mencionada "flagraram" muitas pessoas lavando as calçadas com mangueira a jato em lugar de vassoura. Trata-se de um luxo injustificável. No consumo doméstico, cerca de 72% da água são gastos no banheiro e, neste, o chuveiro responde por 47%. Os banhos exageradamente demorados desperdiçam água e energia elétrica.

É verdade que o asseio é uma das virtudes dos brasileiros e devemos conservá-la. Mas não há necessidade de ficar meia hora debaixo do chuveiro para manter a boa higiene. Quando estudei nos Estados Unidos, há mais de 50 anos, a dona da república onde morava, uma senhora franzina e de cara muito fechada, me fez pagar uma sobretaxa de aluguel porque sabia que, como brasileiro, eu estava acostumado a tomar banho todos os dias e a "gastar" muita água. Na época, garoto novo, achei

Pessoa lavando a calçada com uma mangueira.

a mulherzinha um monstro de avareza. Hoje, vejo que todas as nações do mundo precisam economizar água.

O Brasil é um país abençoado por possuir cerca de 20% da água do mundo. Isso é um privilégio quando se considera que só 3% da água do planeta é aproveitável e que mesmo esses 3% não são imediatamente utilizáveis, porque uma grande parte está nas geleiras longínquas e em aquíferos profundos. Na verdade, a quantidade de água que pode ser usada para alimentar os seres vivos, gerar energia e viabilizar a agricultura é de aproximadamente 0,3%.

Desse ponto de vista, a água é um bem escasso. Não é porque temos 20% da água do mundo que podemos perdê-la irresponsavelmente. O uso da água precisa ser racionalizado, em especial nas grandes aglomerações urbanas, onde os mananciais não dão conta de atender a população.

O Brasil já possui uma lei das águas, promulgada em 1997, cujo objetivo central é o de "assegurar à atual e às futuras gerações a necessária disponibilidade de água". Recentemente, o Conselho Nacional de Recursos Hídricos aprovou o Plano Nacional de Recursos Hídricos, com vistas a induzir o uso racional da água.

Tais instrumentos são importantes. Mas o Brasil ganhará muito se as escolas e as famílias ensinarem as crianças a não repetirem os desperdícios praticados pelos adultos. Comece hoje a ensinar seus filhos e netos. E, sobretudo, dê o bom exemplo. Afinal, para mudar hábitos, os exemplos e a educação são peças-chave.

Antônio Ermírio de Moraes. *Folha de S.Paulo*, 12 fev. 2006.

GLOSSÁRIO

Aquífero: local que contém água.

Asseio: higiene, limpeza.

Avareza: qualidade de quem é obcecado por economizar e juntar dinheiro.

Escasso: disponível em pequena quantidade, pouco.

Estarrecido: espantado, chocado.

Franzino: magro.

Manancial: nascente, fonte.

Promulgar: publicar oficialmente.

Estudo do texto

●●● Para entender o texto

1. A que assunto o artigo de Antônio Ermírio de Moraes se refere?

2. Qual é a posição apresentada no título a respeito do assunto do artigo? Copie os trechos do texto em que essa posição é reafirmada.

3. Observe.

    I. Esse **mau** hábito não é novo. / Esse hábito não é novo.

    II. É uma soma **fantástica** e sinalizadora de **muito** desperdício. / É uma soma sinalizadora de desperdício.

    De que modo o sentido das frases se altera com a exclusão dos termos destacados?

4. Identifique a classe gramatical de cada uma das palavras destacadas.

mau hábito	soma **fantástica**	**muito** desperdício
luxo **injustificável**	perder **irresponsavelmente**	

    De que modo elas refletem os valores defendidos no artigo?

ANOTE

Há várias formas de expressar uma **opinião**. Os **adjetivos** e os **advérbios** são palavras que podem atribuir valores aos seres e às ideias.

5. Do ponto de vista do articulista, o que deve ser feito a respeito do desperdício de água?

6. Em que parágrafos essas ideias são expressas?

7. Observe.

    I. Mesmo já grande, o consumo de água tende a aumentar, e não a diminuir.

    II. A água vem sendo usada para atender a luxos, não a necessidades.

    III. Higiene não pode ser desculpa para desperdício de água.

    IV. Apenas uma pequena parcela da água disponível no planeta é utilizável.

    Lúcia Brandão/ID/BR

a) Em seu caderno, complete o esquema com os argumentos identificados.

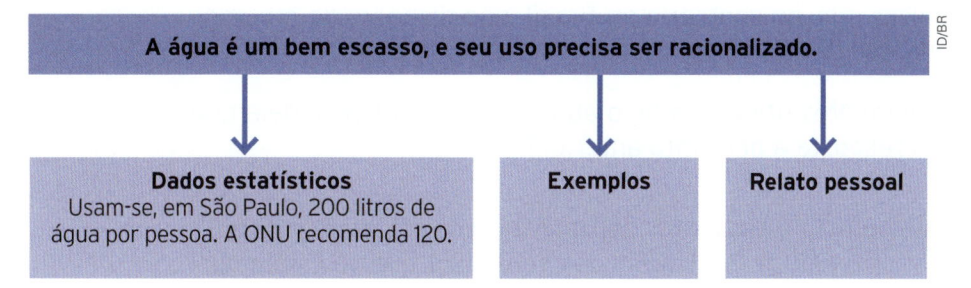

ID/BR

b) Qual tipo de argumento o autor usou mais em seu texto?

8. A conclusão do texto convoca o leitor a contribuir para que a água passe a ser usada de forma mais racional. Como essa ideia aparece no artigo?

●●● O texto e o leitor

1. O artigo "Usar água sim; desperdiçar nunca" foi publicado também no *site* do Instituto Akatu, uma organização não governamental que tem por objetivo mobilizar a sociedade para o consumo consciente.

   a) Em sua opinião, qual é o público leitor que o *site* pretende atingir?

   b) A linguagem utilizada é adequada a esse público?

   c) Qual seria provavelmente a posição dos leitores desse *site* a respeito do desperdício de água? Justifique sua resposta.

   d) Que relação pode ser feita entre o conteúdo do artigo e o objetivo do *site* do Instituto Akatu?

2. Releia.

   > "O verão veio bravo. Ninguém aguenta o calor. É tempo de piscina, praia, refrescos, sorvetes e muito desperdício de água."

   O autor inicia o texto enumerando coisas boas que as pessoas fazem no verão. Na sequência, acrescenta um comentário que quebra a expectativa no leitor.

   a) Qual é esse comentário?

   b) Qual é o efeito dessa quebra de expectativa sobre o leitor?

3. Observe.

   > "É verdade que o asseio é uma das virtudes dos brasileiros e devemos conservá-la. Mas não há necessidade de ficar meia hora debaixo do chuveiro para manter a boa higiene."

   a) Para convencer o leitor a respeito de sua opinião, o autor contrariou uma justificativa usada por muitos brasileiros para os banhos demorados. Identifique no trecho acima qual é essa justificativa.

   b) Qual argumento o autor utilizou para refutar essa justificativa?

4. A seguir, há duas opiniões diferentes a respeito do mesmo tema. Escreva no caderno qual opinião o autor defende em seu artigo e qual ele contesta.

   • Todos os países precisam economizar água, pois ela é um bem muito escasso.

   • Somente os países que, ao contrário do Brasil, não dispõem de recursos hídricos abundantes devem se preocupar em economizar água.

5. Quais são os argumentos utilizados pelo autor para defender a ideia que você apontou na resposta à pergunta anterior?

ANOTE

Em um artigo de opinião e em textos argumentativos em geral, o autor precisa refutar os argumentos contrários aos seus para que sua opinião prevaleça. O argumento usado para combater outro é chamado de **contra-argumento**.

Para elaborar contra-argumentos, é necessário que o autor saiba quais ideias contrárias às que defenderá são mais correntes entre seus leitores.

●●● Comparação entre os textos

Neste capítulo, você leu dois artigos de opinião: "O aproveitamento e a reciclagem do lixo" e "Usar água sim; desperdiçar nunca".

1. Os dois artigos tratam de temas relacionados ao meio ambiente. O primeiro texto foi escrito por um professor universitário; o segundo, por um empresário. Por que pessoas com profissões tão diferentes teriam interesse em escrever sobre esse tema?

2. Os dois textos apresentam experiências bem-sucedidas realizadas em outros países.

   a) Qual informação utilizada em "O aproveitamento e a reciclagem do lixo" cita uma experiência em outro país?

   b) No texto "Usar água sim; desperdiçar nunca" o autor faz uma comparação entre os hábitos brasileiros de consumo de água e os hábitos em outro país. Que comparação é essa?

   c) De que forma essas comparações contribuem para a argumentação dos autores nos textos?

   d) Em sua opinião, qual dos dois artigos faz uso de dados mais objetivos para apresentar essas experiências? Justifique sua resposta.

3. Os artigos lidos contêm informações muito precisas a respeito dos assuntos que exploram.

   a) Em que fontes os autores recolheram essas informações?

   b) De que modo o contato com informações atualizadas contribui para a construção de um texto argumentativo?

> **ANOTE**
>
> Artigos de opinião abordam temas polêmicos e atuais. Seus autores usam argumentos para convencer os leitores de suas posições. Quanto mais bem-informado é o articulista, mais facilidade ele tem em **levantar argumentos** e em **usar estratégias** para fundamentá-los.

●●● Sua opinião

1. Sua opinião a respeito da necessidade de se tratar o lixo e sobre o uso da água se modificou após a leitura desses artigos? Por quê?

2. Qual dos dois artigos usou mais estratégias para aproximar o leitor do texto? Justifique sua resposta.

O uso da água e o cotidiano

Leia uma dica a respeito da utilização de recursos materiais.

"Esquecer uma torneira pingando ou adiar o conserto de um pinga-pinga são atitudes comuns. No entanto, uma torneira pingando pouco mais de uma gota por segundo, em média, pode desperdiçar, em um dia, 46 litros de água. Em um ano, esse desperdício chega a 16 500 litros. Se 10 000 famílias evitassem deixar uma torneira da casa pingando, a água economizada em 1 ano poderia abastecer toda a população de São Luís, capital do Maranhão, durante 1 dia."

Não deixe uma torneira pingando. Disponível em: <http://www.akatu.org.br>. Acesso em: 7 ago. 2010.

Discuta com o professor e com seus colegas o uso da água em sua casa e na escola.

I. O que vocês têm feito para economizar esse bem imprescindível à vida de todas as pessoas? E o que mais podem fazer?

II. Pesquise em *sites* e revistas outras dicas de consumo consciente da água. Com o auxílio de um grupo composto de mais três colegas, você pode organizá-las e ilustrá-las compondo cartazes para serem afixados na escola.

Artigo de opinião

Leia o texto a seguir.

> Não há mais espaço para automóveis nas grandes capitais. A frota da capital paulista é de 5 milhões de automóveis [...]. Se todos saíssem ao mesmo tempo, aconteceria um colapso! (Nazareno Stanislau Affonso, coordenador do Movimento Nacional pelo Direito ao Transporte Público de Qualidade para Todos e diretor do Instituto Rua Viva.)

Disponível em: <http://www.memoriaativa.blog.br>. Acesso em: 12 jul. 2011.

Os moradores das grandes cidades brasileiras sabem que o trânsito está a cada dia pior e sentem os efeitos nocivos dessa realidade em sua vida. No entanto, continuam comprando mais e mais carros.

- Reflita sobre os argumentos usados com mais frequência para justificar essa atitude.

- Escreva no caderno os contra-argumentos que você poderia usar para mudar a opinião de quem pensa dessa forma.

Tráfego intenso.

Você vai escrever um artigo de opinião fazendo a defesa do Dia Mundial Sem Carro. Os artigos serão enviados à Câmara Municipal de sua cidade para que as pessoas responsáveis possam discutir o tema e propor soluções práticas para o problema do excesso de carros na cidade.

Leia os dados a seguir. Eles podem ajudá-lo na construção da argumentação de seu artigo de opinião.

- A cidade de São Paulo possui a segunda maior frota de veículos do mundo, com mais de 7 milhões de automóveis. Fica apenas atrás de Tóquio.

- Só em 2005, 35 753 pessoas morreram no Brasil em acidentes de trânsito.

- Os transportes são responsáveis por 40% das emissões de gás carbônico.

- A ideia de ficar um dia sem carro surgiu na França, em 1996. Aos poucos, cidades do mundo inteiro foram aderindo à proposta. Em 2007, cerca de 1.800 cidades prestigiaram a data.

- Segundo uma classificação realizada com 141 nações e publicada em 2007 pela revista *Reader's Digest*, Finlândia, Islândia e Noruega estão no topo da lista dos países mais "verdes" do planeta, como resultado da preocupação

Ciclista perto de um automóvel em Paris (França), 2007.

que têm com seu ambiente e com o bem-estar da população. O Brasil está em 40º lugar, atrás de países como a Albânia e a Bósnia-Herzegovina. Entre as 72 cidades avaliadas na pesquisa, Curitiba ficou em 54º lugar e São Paulo em 62º.

Fontes: <http://nossasaopaulo.org.br> e <http://www1.folha.uol.com.br>.
Acesso em: 12 jul. 2011.

●●● Planejamento e elaboração do texto

1. Ao planejar seu texto, considere os seguintes aspectos.

   a) Verifique o que os jornais têm divulgado a respeito de trânsito e de poluição. Explorar um dado atual na introdução pode contribuir para captar a atenção do leitor.

   b) Defina a ideia central. Por que você vai defender o Dia Mundial Sem Carro? Você pode falar sobre os aspectos ligados à poluição atmosférica, ao efeito estufa, à poluição sonora, ao sedentarismo, a acidentes. Escolha um ou dois desses tópicos para desenvolver no artigo.

   c) Selecione os argumentos que vai utilizar para defender sua ideia. Você pode usar dados estatísticos, exemplos colhidos do cotidiano, depoimentos pessoais, comparações.

   d) Pesquise em jornais, revistas e na internet informações que possam complementar sua argumentação.

2. Ao escrever a primeira versão do artigo, considere estes tópicos.

   a) O texto deve ter um título.

   b) A linguagem deve ser objetiva, com o uso da primeira pessoa.

   c) Complete o esquema a seguir em seu caderno, de modo que organize a ideia central do texto e os argumentos utilizados para defendê-la.

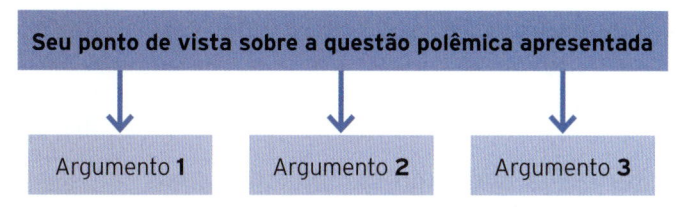

   d) A conclusão deve retomar a ideia inicial e/ou propor uma solução para o problema apresentado.

   e) A linguagem deve ser formal e os argumentos, capazes de convencer o público-alvo: vereadores e outros funcionários da Câmara Municipal.

●●● Avaliação e reescrita do texto

1. Depois de pronto, releia o seu artigo de opinião e avalie-o. Preencha a tabela abaixo.

O artigo de opinião	Sim	Não
Deixa clara sua opinião sobre o tema?		
Apresenta argumentos que podem provar aos leitores seu ponto de vista e uma conclusão?		
A linguagem do texto é adequada à formalidade da situação comunicativa?		

2. Reescreva o seu texto fazendo as modificações que julgar necessárias. Em seguida, entregue-o ao professor. Ele selecionará três textos para serem lidos para a classe.

3. Um aluno ficará responsável por localizar o endereço da Câmara Municipal e a pessoa a quem os três artigos serão encaminhados.

4. Outro aluno enviará à Câmara, pelo correio, os artigos selecionados.

Verbo de ligação e predicativo do sujeito

1. O texto a seguir foi retirado de um livro que trata de um viajante e de suas aventuras no polo Sul. Neste trecho o narrador descreve suas impressões sobre o lugar.

> Tivemos um dia maravilhoso. O quarto da manhã estava nublado, mas o tempo clareou aos poucos até o céu ficar de um azul brilhante, desmaiando no horizonte em tons de verde e rosa. Os blocos de gelo eram rosa, flutuando num mar azul-escuro, e todas as sombras eram lilases. Passamos bem embaixo de um *iceberg* monstruoso e avançamos durante todo o dia, lago após lago e canal após canal.
>
> [...]
>
> Fiquei no convés até meia-noite. O sol acabava de mergulhar no horizonte sul. A paisagem era incomparável. O céu ao norte estava magnificamente rosado e refletia-se no mar calmo entre o gelo, que variava de cobre polido a rosa salmão. Os *icebergs* e as banquisas ao norte apresentavam um tom claro esverdeado com sombras púrpuras escuras, o céu tinha matizes de açafrão e verde-claro. Contemplamos por longo tempo esses belos efeitos.
>
> Apley Cherry-Garrard. *A pior viagem do mundo*: a última viagem de Scott à Antártica. São Paulo: Companhia das Letras, 1999. p. 130.

Andréa Vilela/ID/BR

GLOSSÁRIO

Açafrão: erva com a qual se prepara um corante de cor amarela.

Banquisa: gelo marinho que se forma sobre o mar durante o inverno, sendo mais tarde carregado para o norte pelas nevascas do sul.

Matiz: tom suave de uma cor.

Púrpura: cor vermelho-escura, tendente para o roxo.

Quarto: uma das quatro partes em que um dia é dividido; 6 horas.

a) O trecho fala da Antártica. Que informações sobre esse lugar esse texto apresenta?

b) Que recurso foi usado na descrição da paisagem para destacar a beleza do lugar?

c) Copie em seu caderno a alternativa que expressa de modo mais adequado a função do texto.

Apresentar os hábitos e o cotidiano da tripulação na expedição para a Antártica.

Apresentar uma paisagem marcante que o viajante encontrou no polo Sul.

2. Observe as orações a seguir.

> "O quarto da manhã estava nublado [...]"

> "Os blocos de gelo eram rosa [...]"

> "A paisagem era incomparável."

a) Qual é o sujeito de cada oração?

b) Qual é o predicado de cada oração?

c) Qual é o núcleo de cada um desses predicados?

d) Classifique esses predicados em verbais ou nominais.

Nos predicados nominais, a informação principal é sempre uma característica, estado ou qualidade do sujeito.

Nesse tipo de predicado, predominam os verbos de ligação que, diferentemente dos verbos significativos, não exprimem ação.

●●● Predicativo do sujeito

Leia as frases.

A paisagem era incomparável.

Predicado nominal
Característica do sujeito: incomparável

O céu ficou azul brilhante.

Predicado nominal
Característica do sujeito: azul brilhante

O dia continuou iluminado.

Predicado nominal
Característica do sujeito: iluminado

> A palavra que informa uma característica, qualidade ou estado do sujeito da oração recebe o nome de **predicativo do sujeito**.

O predicativo do sujeito sempre concorda em número com o núcleo do sujeito. Observe os exemplos a seguir.

O céu estava lindo naquele dia.

Núcleo do sujeito: Predicativo do sujeito:
céu (singular)   *lindo* (singular)

Os blocos de gelo estão iluminados.

Núcleo do sujeito: Predicativo do sujeito:
blocos (plural)   *iluminados* (plural)

●●● Verbo de ligação

Leia as orações a seguir.

Eu **ando** irritada com os problemas da viagem.
Todos os dias eu **ando** pela área das geleiras.

Para determinar se um verbo é de ligação ou significativo, é necessário analisar o contexto em que está inserido.

Na primeira oração, *andar* é **verbo de ligação**, já que está apenas vinculando uma característica (*irritada*) a um sujeito (*eu*). Na segunda oração, o verbo *andar* é classificado como **verbo significativo**, pois expressa uma ação do sujeito.

> Os **verbos de ligação** servem para conectar o sujeito a seu predicativo. Ao contrário dos verbos significativos, esses verbos não acrescentam uma ideia nova ao sujeito nem expressam ação. Por isso são chamados também de **verbos de estado**. São verbos de ligação (ou de estado): *ser*, *estar*, *permanecer*, *ficar*, *tornar-se*, *parecer*, *continuar*, *andar* (no sentido de "estar").

A PIOR VIAGEM DO MUNDO

Apsley Cherry-Garrard. *A pior viagem do mundo*: a última expedição de Scott à Antártica. São Paulo: Companhia das Letras, 1999.

Entre 1910 e 1911, o capitão da Marinha inglesa Robert Falcon Scott realizou uma expedição para a Antártica. Ele e sua tripulação queriam ser os primeiros a alcançar o polo Sul. O relato espantoso dessa expedição foi publicado no livro *A pior viagem do mundo*.

1. O escritor carioca Millôr Fernandes fez uma série de pequenos textos sobre suas memórias dos tempos da escola. São retratos fictícios de antigos colegas. Leia o retrato de Hildinha.

> ### Hildinha – o coração de ouro
>
> Hildinha é a flor das flores. Seu vasto coração abriga todo o colégio, pura, terna e constante. Está sempre presente para tudo que se queira, correta, colega, amiga e companheira antes, hoje possivelmente esposa, amante e mãe exemplar. De gestos precisos e bem educados, ela é íntima da bissetriz, conhece como ninguém a hipotenusa, mora na raiz quadrada. [...] Não tem namorado, pois namora a todos, numa grande amizade coletiva com muito de Garrie Davis*. [...] Sua paixão é o livro, seu objetivo a virtude, sua crença a completação do curso. Mas nem por isso deixa de ser clara, expansiva, amiga dos pulos de corda da hora do recreio. Seu único defeito: esse irmão mal-encarado que ela traz pela mão o tempo todo.

> * Garrie Davis foi um "cidadão do mundo", para quem todos os países eram como pátrias. Daí a aproximação com a personagem Hildinha, de quem todos os meninos eram amigos e namorados.
>
> Maria Célia A. Paulillo (Org.). *Millôr Fernandes*. São Paulo: Abril Educação, 1980 (Col. Literatura Comentada). p. 12.

a) Que características de Hildinha o texto destaca?

b) O que significa dizer que "Hildinha é a flor das flores" e que "ela é íntima da bissetriz"?

c) Qual o defeito de Hildinha? Por que esse seria um defeito para o narrador?

2. Observe os verbos do texto.
a) Qual é o tipo de predicado predominante?
b) Que relação se pode fazer entre o tipo de predicado e a função que cumpre o texto?

3. Leia o título do texto. Ele não apresenta verbos. Modifique-o de modo que crie orações com predicado nominal e com predicado verbal.

4. Identifique nas orações abaixo os seguintes termos da oração: sujeito, predicado nominal, verbo de ligação, predicativo do sujeito.
a) Hildinha é a flor das flores.
b) Ela é íntima da bissetriz.
c) Garrie Davis foi um cidadão do mundo.

5. Releia.

> "Sua paixão é o livro, seu objetivo a virtude, sua crença a completação do curso."

a) Que verbo está omitido nas duas orações finais?

b) Por que ele foi omitido?

c) Quais são os núcleos dos sujeitos dessas frases?

d) Classifique o predicado dessas orações.

e) Qual o núcleo do predicado de cada oração?

f) Classifique os núcleos do predicado quanto à classe gramatical.

6. Leia a tira.

Bill Watterson. *O mundo é mágico*: as aventuras de Calvin e Haroldo. São Paulo: Conrad, 2007. p. 123.

a) Calvin e Susie têm versões bastante diferentes sobre a origem da coleção de folhas. Por que isso ocorre?

b) Por que Calvin resolve dizer a Susie que aconselhou os ETs a colocar as garotas em zoológicos?

c) Releia.

> "Nossa, você parece cansado."

Qual é o sujeito dessa oração?

d) Como se classifica o verbo *parecer*? Justifique.

e) Qual é a função, na oração, do adjetivo *cansado*?

7. Leia as orações.

> "Minhas folhas são de outro planeta!"

> "Os *aliens* agora são donos da terra [...]"

> "[...] eu tenho a melhor coleção de todas!"

a) Identifique o sujeito e o predicado de cada uma.

b) Classifique os predicados de cada uma.

c) Indique a função, nas orações, das expressões *de outro planeta*, *donos da terra* e *a melhor coleção de todas*.

8. Classifique os verbos destacados nas orações abaixo em significativos ou de ligação.

a) Caíque *anda* um pouco triste esses dias.

b) Pedro *anda* pela escola o dia inteiro!

c) Marcelo *virou* sua mochila de cabeça para baixo, mas não encontrou a caneta de Letícia.

d) Por incrível que pareça, a pequena tartaruga cresceu e *virou* um animal assustador!

e) O pássaro azul *estava* acima da montanha há dois minutos.

f) Breno *estava* mais bonito com seu cabelo comprido.

Predicado nominal na construção de descrições e definições

1. Leia o parágrafo inicial do conto "A sombra e o brilho", de Jack London (1876-1916). Ele narra a história de dois amigos perturbadoramente semelhantes que acabam desenvolvendo uma relação competitiva e perigosa.

> Ao **repensar** o assunto, eu **vejo** como **era** uma amizade estranha. De um lado, **havia** Lloyd Inwood, alto, magro, bem apessoado, nervoso e moreno. De outro, Paul Tchilorne, alto, magro, bem apessoado, nervoso e louro. Um **era** a cópia do outro em tudo, exceto nas cores. Os olhos de Lloyd **eram** negros, os de Paul, azuis. Quando o momento **era** de grande excitação, o sangue **tornava** as faces de Lloyd cor de azeitona, e as de Paul, cor de carmim. Mas, **tirando** essa questão de coloração, eles **eram** parecidos como duas ervilhas. Ambos **eram** irritadiços, com uma tendência para a tensão e a persistência, **estando** sempre com os nervos à flor da pele.
>
> Mas essa amizade tão peculiar **envolvia** um trio, e o terceiro elemento **era** baixo, atarracado, gordo e preguiçoso – e, **lamento dizer**, esse terceiro elemento **era** eu.

Jack London. A sombra e o brilho. Em: Jack London e outros.
O outro: três contos de sombra. Rio de Janeiro: Dantes, 2002. p. 11-12.

O narrador desse conto participa da história ou apenas a narra? Como você identificou isso?

2. Copie e complete o quadro abaixo, indicando quais são, de acordo com o texto, as características físicas e psicológicas de cada uma das personagens.

	Características físicas	Características psicológicas
Narrador		
Lloyd		
Paul		

3. Releia as orações que apresentam essas características.

   a) Qual é o verbo que elas utilizam com mais frequência? Exemplifique.

   b) Considere o uso desse verbo. Ele pode ser classificado como significativo ou como verbo de ligação?

4. O trecho que você leu é predominantemente descritivo ou narrativo? Justifique sua resposta.

ANOTE

Textos **descritivos** têm como objetivo apresentar para o leitor as características de um dado elemento (pessoa, lugar, objeto, passagem, etc.). Nesse tipo de texto prevalecem os **predicados nominais** e os **verbos de ligação**. Isso porque nesses predicados a informação principal é sempre uma característica do sujeito expressa por meio do predicativo.

5. Leia o poema abaixo, de autoria de Arnaldo Antunes.

> O girino é o peixinho do sapo. O silêncio é o começo do papo. O bigode é a antena do gato. O cavalo é o pasto do carrapato. O cabrito é o cordeiro da cabra. O pescoço é a barriga da cobra. O leitão é um porquinho mais novo. A galinha é um pouquinho do ovo. O desejo é o começo do corpo. Engordar é a tarefa do porco. A cegonha é a girafa do ganso. O cachorro é um lobo mais manso. O escuro é a metade da zebra. As raízes são as veias da seiva. O camelo é um cavalo sem sede. Tartaruga por dentro é parede. O potrinho é o bezerro da égua. A batalha é o começo da trégua. Papagaio é um dragão miniatura. Bactérias num meio é cultura.
>
> Arnaldo Antunes. *As coisas*. São Paulo: Iluminuras, 1993. p. 51.

No texto predomina a descrição ou a definição? Justifique sua resposta.

6. Releia as duas primeiras frases do texto.

> "O girino é o peixinho do sapo."

> "O silêncio é o começo do papo."

a) Identifique o núcleo do predicativo das duas frases.

b) Qual relação de sentido há entre o sujeito e o predicativo dessas frases?

c) Copie do texto outras frases que mantenham a mesma relação entre o sujeito e o predicativo.

7. Compare as duas definições de *papagaio* reproduzidas abaixo.

> "**Papagaio** é um dragão miniatura."

> **Papagaio** é a designação comum a diversas aves psitaciformes da família dos psitacídeos, espécies do gênero *Amazona*, que possuem plumagem de coloração verde, com variações de cores na cabeça, fronte e bochechas.

Quais são as diferenças entre esses dois textos?

ANOTE

Os verbos de ligação e, consequentemente, os predicados nominais são também importantes para a construção de **definições**, já que, ao definirmos, apresentamos uma informação que caracteriza o sujeito. Quando as definições estão contidas em **enciclopédias**, **artigos de divulgação científica** e **textos didáticos**, precisam ser exatas, específicas. Quando as definições estão contidas em **textos literários** (poemas, contos, romances, etc.), podem brincar livremente com a imaginação do leitor.

AS BACTÉRIAS E A CULTURA

Bactérias são microrganismos formados por uma única célula. Para estudá-las, os cientistas as **cultivam** em uma solução contendo nutrientes adequados e em condições propícias à sua sobrevivência. Chamam a isso "**cultura** de bactérias".

Fora do ambiente científico, no entanto, nós costumamos entender **cultura** como o conjunto de padrões de comportamento, crenças, conhecimentos, costumes, etc. que distinguem um grupo social.

Andre Vilela/ID/BR

Emprego de **sc**, **sç** e **xc**

1. Leia a letra de música.

> ### Desce
>
> desce do trono, rainha
> desce do seu pedestal
> de que te vale a riqueza sozinha,
> enquanto é Carnaval?
>
> desce do sono, princesa
> deixa o seu cetro rolar
> de que adianta haver tanta beleza
> se não se pode tocar?
>
> hoje você vai ser minha
> desce do cartão-postal
> não é o altar que te faz mais divina
> deus também desce do céu
>
> desce das suas alturas
> desce da nuvem, meu bem
> por que não deixa de tanta frescura
> e vem para a rua também?
>
> Arnaldo Antunes. Desce. Intérprete: Arnaldo Antunes. Em: *O silêncio*. BMG, 1996.

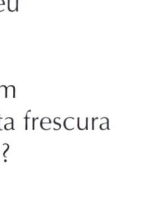

a) A quem o eu lírico se dirige?

b) Quais são as palavras que ele usa para se dirigir a essa pessoa?

c) Que verbo expressa a ideia de distância entre o eu lírico e sua interlocutora?

d) Como a interlocutora do eu lírico é caracterizada na letra?

2. Na palavra *desce*, as letras **sc** formam um dígrafo, pois representam um único som, que é igual ao som do **s** em *samba*.

a) Copie as outras palavras da letra da canção em que esse som aparece e circule as letras que o representam.

b) Em quais destas palavras as letras **sc** não formam dígrafo?

discípulo	escada	consciente
decresce	fresco	rascunho
casco	piscina	inscrição

3. Observe as palavras do quadro.

de**sç**a	na**sç**a	ví**sc**era	remane**sc**ente	sei**sc**entos
de**sc**ida	pi**sc**ina	cre**sc**imento	rejuvene**sç**o	de**sç**o

a) Que letras aparecem depois do **sc**? E do **sç**?

b) Conclua uma regra para o uso dos dígrafos **sc** e do **sç**.

4. Dê exemplos de palavras em que as letras **xc** têm o som de **sc** em *desce*.

5. As letras **xc** sempre têm esse som? Explique.

> **ANOTE**
>
> O som do **c** em *felicidade* e do **s** em *samba* pode ser representado também pelos dígrafos **sc**, **sç** e **xc**. Ex.: *suscetível*, *floresço*, *excêntrico*, etc.

6. Complete as frases com uma das palavras entre parênteses.

a) Os amigos podem ter muita ★ sobre os adolescentes. (acendência / asçendência / ascendência)

b) O humor dos adolescentes ★ bastante. (ocila / osçila / oscila)

c) Os alunos de uma escola formam o corpo ★, enquanto os professores são o corpo docente. (diconto / disconto / disconto)

d) Laura está ★: cega pela emoção. (obcecada / obsçecada / obscecada)

e) ★ é quem fica irado com facilidade. (iracível / irasçível / irascível)

f) A ferida tornou-se um ★. (abcesso / absçesso / abscesso)

7. Complete as palavras adequadamente com **sc**, **sç** ou **xc**.

a) adole★ente

b) na★imento

c) decre★o

d) de★endente

e) e★eção

f) fa★inante

g) flore★er

h) e★esso

8. Escreva pelo menos duas palavras da mesma família de cada uma das palavras da atividade anterior.

▟ Entreletras

Retrato falado

1. Você e seus colegas vão brincar de retrato falado. Para isso, a classe será dividida em dois grupos.

2. Cada grupo escolhe uma personalidade do esporte, da música, do cinema, da televisão ou outra pessoa que seja conhecida por todos, como alguém que trabalhe na escola.

3. Os grupos farão uma lista com informações sobre essa pessoa: o trabalho dela, fatos curiosos que tenham acontecido com ela, coisas engraçadas que tenha dito ou feito, como é fisicamente, como é seu estado de humor, entre outras características.

4. Depois que os dois grupos completarem a lista, vocês vão descrever a pessoa escolhida. Primeiro, fale das características dela, por exemplo: "Fulano é inteligente, alto, parece simpático, ficou magro, tornou-se distraído, etc.". Em seguida, descreva as ações que ela costuma realizar: "Fulano joga futebol, canta ópera, toca numa banda de MPB, trabalha na escola, cozinha num restaurante, etc.".

5. Cada grupo dá uma informação por vez, e os grupos vão se revezando. O objetivo da brincadeira é adivinhar de quem o grupo está falando.

6. Ganha quem adivinhar primeiro quem é a pessoa retratada.

7. Se a lista de informações acabar e ninguém acertar, um grupo pode fazer perguntas ao outro para tentar descobrir de quem se está falando.

[PARA SABER MAIS]

Livros

O tesouro de Ana, de Mirna Pinsky. Edições SM.

Ecologia da cidade, de Samuel Murgel Branco. Editora Moderna.

Água, de Sonia Salem. Editora Ática (Col. De Olho na Ciência).

1. Leia a história em quadrinhos.

Galvão. *Folha de S.Paulo*, 7 jul. 2007. p. 8.

a) Observe as expressões do garoto desde o primeiro quadrinho até o último. O que foi acontecendo com o menino?

b) Observe os desenhos do monstro no quarto e no quinto quadrinhos. O que está acontecendo com ele?

c) Como esse garoto consegue vencer o seu medo de nadar?

2. Releia a fala do monstro no quinto quadrinho.

> "Você vai ficar todo molhado... a água é fria... a piscina é funda, as pessoas vão rir de você..."

a) Quais orações apresentam características da piscina e da água?

b) Que tipo de predicado prevalece nessas orações?

c) Quais orações apresentam as consequências que o garoto poderá sofrer se entrar na piscina?

d) Essas orações são formadas por quais tipos de predicado?

3. Observe os quadrinhos atentamente. Crie orações de acordo com as situações propostas.

a) Descrição do menino no começo e no fim da história.

b) Descrição do monstro no começo e no fim da história.

4. Complete as orações abaixo com um destes verbos de ligação: *estar, ficar, permanecer, continuar, ser, virar.*

a) Depois que entrou aquela abelha na classe, a aula ★ uma bagunça.

b) Minha mãe insistiu para que eu contasse onde meu irmão estava, mas eu ★ calado.

c) Perdemos o último jogo do campeonato. Agora Matias ★ muito triste.

d) Arnold ★ o campeão paulista de *tae kwon do*.

e) Infelizmente, Luísa ★ internada no hospital.

f) Francisco ★ um aluno desatento e bagunceiro.

Artigo de opinião

- Gênero de texto em que o autor apresenta aos leitores sua opinião sobre uma questão polêmica e de relevância social e procura convencê-los da validade dessa opinião por meio de argumentos.
- **Argumento:** motivo apresentado pelo autor de um texto para defender sua opinião e convencer o leitor de que ela é verdadeira ou aceitável.
- **Tipos de argumento:**
  - **Exemplo:** argumento com base em fatos, e não apenas em impressões pessoais.
  - **Argumento de autoridade:** argumento que confirma uma opinião do autor por meio de referência direta (citação) ou indireta a declarações de uma autoridade no assunto.
  - **Dados numéricos:** sugerem ao leitor que a opinião do autor não está baseada apenas em sua avaliação subjetiva, mas em dados objetivos.
  - **Contra-argumento:** argumento usado pelo autor para combater outro argumento e fazer sua opinião prevalecer.

Predicado

- **Predicado verbal:** predicado cujo núcleo é um verbo. É mais utilizado em textos que apresentam ações.
- **Predicado nominal:** predicado cujo núcleo é um substantivo, um adjetivo, um pronome ou uma palavra de valor substantivo. Usado predominantemente em descrições.
- **Predicativo do sujeito:** palavras ou expressões que informam característica, qualidade ou estado do sujeito da oração.
- **Tipos de verbo**
- **Verbos de ligação:** não exprimem ação; servem para conectar o sujeito a seu predicativo. São chamados também de **verbos de estado**. Indicam características, estados ou qualidades.
- **Verbos significativos:** todos os verbos que acrescentam uma ideia nova ao sujeito. Indicam ações.

Autoavaliação ●●●

Para fazer a autoavaliação, releia o quadro *O que você aprendeu neste capítulo*.

- Você já estudou a argumentação em outros capítulos do livro. Que novas informações o estudo deste capítulo acrescentou ao que você já sabia sobre argumentação?
- Quais são suas dúvidas sobre o conteúdo de gramática apresentado neste capítulo?
- Como foi sua participação nas discussões sobre os temas dos boxes de valores?
- Comente sua participação no trabalho em dupla ou em trio para realizar a avaliação da produção de texto dos colegas.

Debate regrado

1. Leia a seguir um trecho de um debate entre quatro jovens de diferentes estados brasileiros. O debate originalmente aconteceu em um *chat* pela internet e posteriormente foi publicado na revista *Onda Jovem*.

> **O que você identifica como maior foco de conflito nos ambientes em que vive?**
>
> **Mara:** A causa mais geral é a falta de comunicação, compreensão e amor ao próximo. [...] Mas na minha realidade de vida, o maior foco de conflito é a desigualdade social [...].
>
> **Nego Joe:** O maior problema em qualquer ambiente é a falta de diálogo entre as pessoas, principalmente por parte dos jovens que, hoje em dia, não ouvem mais o que os pais e professores têm a dizer e agem de maneira irresponsável.
>
> **Marta:** O individualismo é o maior foco de conflito no meu dia a dia. Está cada vez mais difícil conviver em grupo e pensar nos interesses comuns. As pessoas estão inseguras, acuadas e mais impacientes com o próximo.
>
> **Jardel:** Na minha realidade, o maior foco de conflito é o tráfico de drogas. Facções criminosas rivais vivem numa intensa disputa, acarretando diversas mortes. Crianças e adolescentes vivem nesse ambiente violento, aliciados pelos traficantes com a promessa de dinheiro fácil.
>
> **O que costuma fazer para superar um conflito?**
>
> **Nego:** Procuro ser compreendido, expondo, e não impondo, meu ponto de vista.
>
> **Mara:** Gosto de me sentar e ter uma conversa olho no olho com as pessoas, tentar entender o sentimento e a posição do outro. [...]
>
> **Jardel:** O problema das drogas em minha comunidade tomou enorme dimensão. Nem as autoridades competentes têm conseguido resolver os conflitos.
>
> **Marta:** O mais importante é ficar calma e ouvir sempre o outro lado. [...]
>
> Contatos mediados. Revista *Onda Jovem*, ed. 9, nov. 2007.

a) Pelas perguntas e respostas lidas, qual pode ter sido o tema geral do debate?

b) Você recorda de alguma outra situação de debate na qual as pessoas trocavam ideias sobre um mesmo tema e precisavam defender seus pontos de vista? Relate essa situação.

Produção de texto: debate regrado

O que você vai fazer

Você e seus colegas vão realizar um debate regrado na classe.

> **Debate regrado**, ou simplesmente **debate**, é um gênero em que duas ou mais pessoas expressam seu ponto de vista sobre um tema, cada qual procurando convencer o interlocutor e a plateia da validade de sua posição por meio de **argumentos**.
>
> A interação entre os debatedores é organizada pelo **mediador**, que controla o momento da intervenção de cada um e a duração das falas, de acordo com **critérios predeterminados**.

Seleção do tema

2. Escolham por votação o tema que vai ser debatido. Leiam algumas sugestões:

a) Algumas escolas proíbem a venda de refrigerantes, balas e chicletes na cantina das escolas. Você é a favor dessa medida?

b) A forma como os alunos se vestem e a sua aparência geram algum tipo de discriminação entre os alunos da sala?

c) Existem brincadeiras, atividades e esportes que são exclusivos das meninas e outros que são só de meninos?

Marcos Guilherme/ID/BR

Funcionamento do debate

3. Para realizar o debate a classe deverá ser dividida em **grupos**. Cada grupo vai se responsabilizar por um aspecto diferente do debate.

- **Mediador** – o mediador deverá gerenciar o debate, garantindo que ele se realize de forma adequada. São tarefas dele: apresentar o tema do debate e os debatedores para a plateia, estipular o tempo de fala de cada participante e que ele seja cumprido, encerrar o debate fazendo um resumo das ideias levantadas.
- **Debatedores a favor** – grupo que apresentará oralmente argumentos favoráveis à questão proposta.
- **Grupo de apoio dos debatedores a favor** – esse grupo deverá acompanhar o debate, realizar anotações, preparar argumentos para os debatedores do seu grupo.
- **Debatedores contra** – grupo que apresentará oralmente argumentos contrários à questão proposta.
- **Grupo de apoio dos debatedores contra** – esse grupo deverá acompanhar o debate, realizar anotações, preparar argumentos para os debatedores do seu grupo.
- **Auditório** – a plateia deverá avaliar o desempenho dos debatedores, a elaboração dos argumentos e estratégias utilizadas e preparar questões para os grupos.

4. O debate poderá ser dividido em blocos. No primeiro, cada um dos grupos terá um tempo (entre três e seis minutos) para expor sua posição sobre o tema. No segundo, os grupos preparam perguntas para os outros; cada debatedor terá três minutos para resposta. No terceiro, a plateia pode fazer perguntas para os grupos. E, no último, os grupos podem fazer as considerações finais.

Preparação dos argumentos

5. Converse com o grupo para definir sua opinião sobre o tema. Pesquise com os colegas sobre o assunto para conseguir argumentos. Anote no caderno:
- exemplos que demonstram que sua opinião é válida;
- opiniões de profissionais (professores, diretores, psicólogos, etc.).

6. Coloque-se no lugar de um colega que pensa diferente de você. Suponha o que ele lhe diria e planeje como vai contestar as razões que serão apresentadas por ele.

7. Tenha em mãos uma ficha com seus argumentos para não se esquecer de nenhum dado. Você poderá contar também com as observações feitas pelo grupo de apoio.

Atitude

8. Respeite as opiniões diferentes da sua. Evite falar alto ou com agressividade e manifeste-se apenas quando o mediador lhe passar a palavra.

9. A plateia deverá manter-se atenta aos argumentos dos grupos para poder elaborar questões pertinentes e uma avaliação adequada dos participantes.

Marcos Guilherme/ID/BR

Avaliação

- Avalie o debate com os colegas e o professor.
- a) Quais foram os argumentos mais convincentes?
- b) O mediador conseguiu coordenar o debate de modo que cada participante falasse na sua vez e houvesse um clima de respeito entre os grupos?
- c) A plateia ficou atenta ao debate e fez perguntas pertinentes no final?

Revisão

CAPÍTULO 9

Andy Warhol. *Garrafas de Coca-Cola Verdes*, 1962. 6'10 × 8'9.

Andy Warhol Foundation/Corbis/Latinstock

CONVERSE COM OS COLEGAS

1. Na imagem ao lado, do artista Andy Warhol, há a repetição de um mesmo elemento.

a) Que elemento é esse?

b) O que essa repetição sugere ao leitor?

2. Que relação há entre a repetição desse elemento e o nosso cotidiano?

3. Faça uma lista de temas que podem ser discutidos com a leitura dessa imagem.

4. Se você fosse escrever um artigo de opinião com base nessa imagem, que ideia você defenderia no texto?

5. Que tipos de argumentos você poderia usar para apresentar as suas ideias?

6. Suponha que você tenha de escrever uma crônica sobre o mesmo tema.

a) Que ponto de vista você adotaria para narrar o fato?

b) Em que espaço aconteceriam os fatos narrados?

c) Quem seriam as personagens da crônica?

7. Tanto a crônica quanto o artigo de opinião são gêneros geralmente publicados em jornais e revistas. Quais são as principais diferenças entre esses gêneros?

Neste capítulo, você vai rever dois gêneros de textos que foram trabalhados durante o ano: a **crônica** e o **artigo de opinião**. Os dois apresentam uma visão particular do autor sobre um tema e se utilizam de recursos específicos.

Nos textos que você vai ler, estarão presentes cenas do cotidiano e alguns recursos de argumentação.

Crônica

O QUE VOCÊ VAI LER

O texto que você vai ler foi publicado no *Folhateen*, um suplemento do jornal *Folha de S.Paulo* destinado ao público jovem.

Nesta crônica, as autoras revelam a preocupação com o meio ambiente e, simultaneamente, com a qualidade de vida.

- Procure lembrar se você já pensou a respeito desses assuntos. Com relação aos hábitos alimentares, reflita se você se preocupa com o que consome.

Nossos netos não vão comer pastel!

Pode ser ignorância nossa, mas não sabíamos que o novo vilão do planeta é o óleo de cozinha! Sim, aquele usado pra fritar pastel, bife à milanesa e batata frita! Sabíamos que jogar óleo usado na pia podia causar um grande entupimento. E que uma das opções era jogá-lo na privada. Mas, como não somos cozinheiras de mão cheia e sabemos que frituras fazem a maior sujeira, nunca pensamos muito sobre o assunto óleo.

Até que agora começaram a pipocar notas sobre o "descarte do óleo". Ou seja: como jogar aquele óleo usado fora!? Segundo os cientistas, o óleo dos pastéis pode ser o responsável por enchentes, morte dos fitoplânctons e até pelo aquecimento global! E não pense que isso não tem a ver com você porque a única coisa que você cozinha é ovo na manteiga. Porque agora comer uma coxinha é quase um crime contra o planeta, se você pensar bem.

Deve ser por isso que algumas cozinheiras guardam o óleo velho e usado numa lata sinistra, geralmente embaixo da pia. Elas deixam lá até pensarem numa maneira melhor de jogar fora o tal óleo assassino de fitoplânctons. Devem ir acumulando latas e latas de óleo, em silêncio, por anos. E, depois, sem saber o que fazer, colocam tudo aquilo numa kombi,

desaparecem pelo mundo e passam a viver na clandestinidade, cheias de culpa.

Os ecologistas recomendam que você entregue o óleo para ONGs que fazem reciclagem ou faça sabão caseiro. Sim, um sabão caseiro com o óleo velho! Que nem naquele filme *Clube da luta*, em que os sabonetes das madames eram feitos com a gordura da lipoaspiração. Eca! Só de pensar nisso já desistimos de comer qualquer coisa frita para sempre! Ou de usar sabonete.

Uma coisa nos deixou tristes: o fato de que talvez nossos netos (se tivermos algum) nunca conhecerão o sabor de um delicioso bife à milanesa ou de um pastel de queijo. Pense nas feiras sem barraca do pastel. Certamente, ir à feira vai ficar mais triste.

Porque, se a gente tiver que levar latas de óleos velhos para a reciclagem ou usar sabão com odor de fritura, vamos adotar só alimentos cozidos. No vapor.

A vida fica cada dia mais triste no planeta Terra. E, por enquanto, vamos nos entupir de pastel para esquecer disso.

Momento de histeria

Estamos fritas!

Jô Hallack, Nina Lemos e Raq Affonso. Nossos netos não vão comer pastel! *Folhateen*, suplemento do jornal *Folha de S.Paulo*, 17 set. 2007.

João Lin/ID/BR

GLOSSÁRIO

Fitoplâncton: comunidade de microrganismos vegetais que constituem a base alimentar da vida nos oceanos e mares.

Lipoaspiração: procedimento para remover gordura do corpo, aspirada por um aparelho através de pequenos furos na pele.

Estudo do texto

●●● Para entender o texto

1. Relela o título da crônica. Que informações ele antecipa ao leitor?

2. Por que, segundo a crônica, "nossos netos não vão comer pastel"?

3. Que aspecto da vida cotidiana foi usado pelas autoras para comentar as mudanças inevitáveis de nossos hábitos?

4. Por que as autoras não haviam pensado ainda sobre o assunto?

5. Releia.

> "Até que agora começaram a pipocar notas sobre o 'descarte do óleo'."

a) Qual é o sentido do verbo *pipocar* nessa frase?

b) Substitua esse verbo por uma expressão sinônima.

6. Releia.

> "Segundo os cientistas, o óleo dos pastéis pode ser o responsável por enchentes, morte dos fitoplânctons e até pelo aquecimento global!"

a) É possível que algum cientista tenha feito essa afirmação?

b) Qual pode ter sido o objetivo das autoras ao dar essa informação?

c) Cite outros trechos em que se percebe o mesmo objetivo.

7. Como as autoras se sentem em relação à necessidade de adotar esse novo procedimento? Copie um trecho que confirme sua resposta.

8. A crônica termina com um jogo de palavras que reforça o que as autoras sentem sobre a questão.
a) Copie essas palavras.
b) Qual é o sentido dessas palavras no texto?

●●● O texto e o leitor

1. A crônica trata de um tema muito atual e de interesse de todos. Ela foi publicada no suplemento para jovens de um jornal. Que marcas indicam que esse é o público leitor do texto?

2. Em alguns momentos do texto, as autoras parecem falar diretamente ao leitor.
a) Copie um trecho em que ocorre esse diálogo.
b) Que efeito o uso desse recurso provoca no leitor?

3. Embora haja no texto explicações de cientistas para os fatos apresentados, ele não pode ser chamado de artigo de divulgação científica. O que há nele que o diferencia dos artigos de divulgação científica?

4. O texto é marcado por elementos que expressam a subjetividade das autoras.
a) Dê exemplos que comprovem essa afirmação.
b) O que a subjetividade expressa no texto revela ao leitor?

Artigo de opinião

João Lin/ID/BR

O QUE VOCÊ VAI LER

Acervo pessoal/ID/BR

Anna Veronica Mautner (1935-), psicanalista. Fotografia de cerca de 2000.

Anna Veronica Mautner escreve semanalmente para o suplemento *Equilíbrio*, do jornal *Folha de S.Paulo*. Seus artigos tratam de assuntos relacionados ao comportamento humano.

O tema do texto que você vai ler está muito presente no nosso cotidiano: o consumismo.

- Imagine quais sejam as motivações que nos levam a consumir mais do que precisamos. E pense sobre o que nos faz desejar algo.

GLOSSÁRIO

Acoplado: unido ou ligado.

Almejar: desejar, querer muito.

Aptidão: disposição inata ou adquirida para fazer algo.

Atrelado: unido por fortes vínculos.

Demandar: apresentar necessidade de.

Exacerbação: exagero.

Expelir: lançar fora, pôr para fora.

Maquinaria: conjunto de máquinas para realizar um trabalho.

Matriz: modelo.

Prover: abastecer do que é necessário.

Saciar: satisfazer.

Sistemático: que se organiza segundo um critério ou método.

Viabilizar: tornar viável, realizável.

Consumismo

A gente sabe que a capacidade de querer e de viabilizar o desejo tem tudo a ver com a sobrevivência da espécie. Não só dos aspectos instintivos como comer, beber e proteger-se do frio, mas também de outros impulsos, como os sociais. Para que alguém seja capaz de se prover de comida, água e teto, precisa querer com força suficiente para conseguir vencer as naturais dificuldades. Mesmo em termos mais simples e primitivos, prover-se demanda esforço, cansaço e, sobretudo, atividade sistemática.

Tornou-se fácil alcançar a comida: estende-se o braço até a prateleira, aponta-se para o balconista ou faz-se uma encomenda por telefone. Bem diferente da obtenção de alimento em sociedades de coletores, pescadores ou caçadores.

Durante os milhares de anos que nos separam deles, manteve-se viva a necessidade de querer. Agora, que nem dinheiro temos de carregar, o que fazer com essa matriz mental desejosa acoplada ao nosso viver?

Atualmente o que chamamos de consumismo é "ter para ser", já que o sobreviver mudou tanto. Para uma parcela razoável da humanidade, sobreviver tornou-se fácil demais. Mas continuamos querendo, almejando como dantes [...].

Inventamos novidades que só servem para termos ainda o que querer. [...] Há poucos meses, uma mulher muito rica, bonita e bem casada confessou que [...] só era feliz na Daslu. E o pior é que ela não mentia. A criação sem fim de grifes é igual a uma fome que não dá para saciar.

O que mantém viva a nossa vontade de viver é que, nem com todo o dinheiro do mundo, desaparece a nossa aptidão de desejar. Sem parar, criam-se produtos – tanto para saúde, beleza, culinária e para outros prazeres quanto remédios ou maquinaria –, tudo para economizar esforço e para gerar "conforto", desejo maior dos tempos modernos.

Poder adquirir tudo o que nos é oferecido é sinal de poder.

Só que esse poder é para quê?

O consumismo pode parecer um defeito mental, mas está atrelado ao impulso de sobrevivência. No estágio em que se encontra de exacerbação, pode vir a significar o fim do planeta.

Automóvel só não é sonho dourado de quem já o tem e pode continuar a poluir o ar que respiramos. Certos desejos são universais. Basta conhecer veículo motorizado para querê-lo, pois não há quem goste de suar carregando lata d'água na cabeça morro acima. Apenas para fabricar a torneira que traz água potável para dentro das casas, desejo geral desde a favela até a aldeia indígena, expele-se não sei quanto de CO_2. Moças (ricas ou pobres) que já têm água encanada passam a querer xampu "curly", que faz cachinhos, economizando o esforço de enrolar o cabelo. E assim vamos querendo pela vida afora.

Anna Veronica Mautner. Consumismo. *Equilíbrio*, suplemento do jornal *Folha de S.Paulo*, 7 jun. 2007.

Estudo do texto

●●● Para entender o texto

1. Quais eram as necessidades que moviam os homens na sociedade dos coletores, pescadores ou caçadores?

2. Explique por que o desejo é importante para a sobrevivência da espécie.

3. A autora faz uma comparação entre os grupos caçadores-coletores e a sociedade contemporânea.
   a) Qual é essa comparação?
   b) Cite uma situação que exemplifique essa comparação.

4. No texto, é citada uma consequência para a sociedade do consumo exagerado.
   a) Qual é essa consequência?
   b) Você concorda com a opinião expressa no texto? Justifique sua resposta.

5. Qual a importância dos exemplos da atualidade para a exposição do tema?

6. Com base no texto, explique por que hoje há um consumismo exagerado.

●●● O texto e o leitor

1. O artigo que você leu foi publicado em um suplemento de jornal cujas matérias falam de alternativas para uma vida mais equilibrada e saudável. Qual é a relação entre o assunto do artigo e a busca pelo equilíbrio?

2. Releia a primeira frase do artigo. Nela há duas expressões que são próprias da linguagem informal.
   a) Quais são elas?
   b) Qual pode ter sido a intenção da autora ao usar expressões informais no início de um artigo sobre um tema sério como o consumismo?

3. Releia.

   "**Inventamos** novidades que só servem para **termos** ainda o que querer."

   a) Em que pessoa os verbos destacados estão conjugados?
   b) Identifique outros trechos em que a autora usou a mesma pessoa verbal.
   c) Que efeito o emprego dessa pessoa verbal pode causar no leitor?

4. Ao longo do artigo, a autora faz duas perguntas. Quais efeitos, provavelmente, ela pretende criar com esse recurso?

●●● Comparação entre os textos

1. Releia o título dos dois textos do capítulo. Qual deles é mais formal? Por que isso ocorre?

2. O que os dois textos têm em comum quanto ao assunto?

3. Qual dos textos parece mais comprometido com a preservação do meio ambiente, ou seja, mais empenhado em buscar uma solução para essa questão? Por quê?

Revisão

1. Leia este texto publicado em um almanaque da companhia de abastecimento de água do estado de São Paulo.

PRESERVAR é preciso

Durante muitos séculos a humanidade aceitou, com tranquila indiferença, a dádiva dos mares, rios, ribeirões, lagos e cachoeiras, certa de que essa abundância nunca teria fim. Mas o sonho pode acabar. A água limpa está diminuindo cada vez mais, devido ao mau uso que fazemos dela. Temos de agir com urgência, para que se realize a esperança cantada por Luiz Gonzaga nos últimos versos em sua famosa "Asa Branca".

[...]

Quando o verde dos teus olhos
Se espalhar na plantação,
Eu te asseguro, não chore, não, viu
Eu voltarei, viu, meu coração.

Ghisleine Trigo Silveira e Mazda Ednir. *Almanaque da água.*
São Paulo: Sabesp, 2006. p. 31.

Cachoeira em Porto Rico, 2008.

a) A quem é dirigido o texto?

b) Qual é a importância desse texto para o público a que se destina?

c) Por que a palavra *preservar* do título aparece em destaque?

d) Copie do texto as palavras que indicam tempo e modo.

e) Releia.

"A água limpa **está diminuindo** cada vez mais [...]"

O que os verbos em destaque revelam sobre a ação atribuída ao sujeito?

2. Leia a tira.

Recruta Zero, de Greg e Mort Walker.

a) Observe a atitude do Recruta Zero ao ler a agenda dele. Por que ele acha bonita a folha em branco dessa agenda?

b) Faça uma lista com as coisas que o Recruta Zero supostamente deveria fazer.

c) O que indicam os verbos dessa lista?

d) Agora escreva uma lista com as ações que você deve executar no dia de hoje.

3. Leia o trecho da letra da canção a seguir.

> ### É uma partida de futebol!
>
> Bola na trave não altera o placar
> Bola na área sem ninguém pra cabecear
> Bola na rede pra fazer o gol
> Como jogador
> Quem não sonhou
> Em fazer um gol, e ser um jogador de futebol?
>
> A bandeira no estádio é um estandarte
> A flâmula pendurada na parede do quarto
> O distintivo na camisa do uniforme
> Que coisa linda
> É uma partida de futebol
>
> [...]
>
> A chuteira veste a meia que veste o pé descalço
> O tapete da realeza é verde é o gramado
> Olhando para a bola eu vejo o sol
> Está rolando agora
> É uma partida de futebol
>
> O meio-campo é o lugar dos craques
> Que vão levando o time todo pro ataque
> O centroavante, o mais importante
> Que emocionante
> É uma partida de futebol
>
> O meu goleiro é um homem de elástico
> Só os dois zagueiros têm a chave do cadeado
> Os laterais fecham a defesa
> Mas que beleza, com certeza
> É uma partida de futebol

Andréa Vilela/ID/BR

Samuel Rosa e Nando Reis. É uma partida de futebol!
Em: *O samba poconé*. Warner Chapell Edições Musicais Ltda., 1996.

a) A letra acima tem como tema uma partida de futebol. Copie dois objetos relacionados ao jogo e dois relacionados ao torcedor do time.

b) Explique com suas palavras os versos a seguir.
- "O tapete da realeza é verde [...]"
- "Olhando para a bola eu vejo o sol"
- "Só os dois zagueiros têm a chave do cadeado"

4. Copie do trecho da letra da canção o que se pede.
a) Uma oração com predicado verbal e outra com predicado nominal.
b) Uma oração com verbo transitivo direto e o objeto direto.
c) Um predicativo do sujeito.

5. Copie da primeira estrofe três locuções adverbiais. Que circunstância elas indicam?

6. Releia.

> "Que vão levando o time **todo** pro ataque"

a) Explique o sentido da palavra destacada no verso.
b) Classifique morfologicamente a palavra em destaque.

7. Copie em seu caderno a frase que apresenta a palavra *todo* com o mesmo sentido que foi expresso no verso do exercício anterior.

  I. Todo garoto quer ser jogador de futebol.

II. O grupo todo foi assistir ao jogo no estádio.

Explique a diferença de sentido que essa palavra apresenta em cada uma das frases acima.

8. Observe as imagens.

Tudo em família. Direção: de Thomas Bezucha. EUA, 2005.

Caroline Castle. *Para toda criança*. São Paulo: Ática, 2002.

a) Na primeira imagem, *Tudo em família* é o título de um filme e, na segunda, *Para toda criança*, de um livro. Explique o sentido das palavras *tudo* e *toda* nesses títulos.

b) As palavras *toda* e *tudo* são pronomes indefinidos e, nas frases, tornam as informações imprecisas, indeterminadas. Reescreva o título do filme e o do livro, substituindo as palavras *toda* e *tudo* de forma que as informações se tornem precisas, determinadas.

9. Leia o depoimento da escritora Heloísa Prieto.

> ### Mosqueteiros
> "Quando eu era menina, passava a maior parte do tempo na fazenda de meu avô, em Marília [SP]. Ao brincar com as amigas, fazíamos bonequinhas loiras de milho, com roupinhas. Também brincávamos de ciranda, pique, esconde-esconde, passa-anel. E a gente gostava de contar histórias de terror sobre os montes de grãos de café, depois do jantar, no terreirão. Quando brincava com meus primos, também na fazenda, pegávamos umas capas longas e saíamos galopando a cavalo para que elas voassem. Essa era a brincadeira de ser mosqueteiro."
>
> Heloísa Prieto. Mosqueteiros. *Folhinha*, suplemento infantil do jornal *Folha de S.Paulo*, 29 set. 2007. p. 3.

a) A que época se refere o depoimento da escritora?

b) Copie três palavras do texto que indiquem ações habituais ocorridas na fazenda do avô da escritora.

c) Copie do texto três locuções adverbiais de lugar e uma de tempo.

d) Que sentidos o uso das palavras no diminutivo *bonequinhas* e *roupinhas* acrescenta ao texto?

10. Leia as frases a seguir.

> "Ao brincar com as amigas, fazíamos bonequinhas loiras de milho, com roupinhas."

> Ao brincar com as amigas, fizemos bonequinhas loiras de milho, com roupinhas.

a) Explique a diferença entre as duas frases.

b) Qual é o tempo verbal usado em cada uma das frases?

11. Classifique o sujeito das frases a seguir.

a) "Também brincávamos de ciranda, pique, esconde-esconde, passa-anel."

b) "E a gente gostava de contar histórias de terror [...]."

12. Leia o trecho da letra da canção a seguir.

> ### Não vou me adaptar
>
> Eu não caibo mais nas roupas que eu cabia,
> eu não encho mais a casa de alegria.
> Os anos se passaram enquanto eu dormia,
> e quem eu queria bem me esquecia.
> Será que eu falei o que ninguém ouvia?
> Será que eu escutei o que ninguém dizia?
> Eu não vou me adaptar.
> Eu não tenho mais a cara que eu tinha,
> no espelho essa cara não é minha.
> Mas é que quando eu me toquei, achei tão estranho,
> a minha barba estava deste tamanho.
> [...]

Andréa Vilela/ID/BR

Arnaldo Antunes. Não vou me adaptar. Intérprete: Titãs. Em: *Televisão*. WEA, 1985.

a) O eu lírico fala de uma transformação. O que mudou?

b) Qual o motivo dessa mudança?

c) No texto há um jogo entre o tempo presente e o passado. Como isso é expresso linguisticamente?

d) Qual é a relação entre os tempos verbais e as ações do eu lírico?

13. Alguns versos da canção foram reescritos com alterações nos sujeitos. Complete-os com os verbos nos tempos adequados.

> Nós não ★ (caber) mais nas roupas em que nós ★ (caber).
>
> Nós não ★ (encher) mais a casa de alegria.
>
> Os anos se passaram enquanto nós ★ (dormir).
>
> E quem nós ★ (querer) bem nos esquecia.

14. Classifique os pronomes destacados nas frases abaixo.

a) Que falta que **essa** Terra **te** faz?

b) E **você**, com todo **esse** espaço na mão.

c) **Vossa Excelência** está muito ocupado com o **seu** novo desafio.

d) **Senhores** pais, desejamos boas-vindas aos **seus** filhos no retorno às aulas.

15. Leia a tira.

Mafalda, de Quino.

a) Por que Manolito parece estar revoltado?

b) Que equívoco ele comete ao considerar a relação entre aluno e escola?

c) A que se refere o pronome *isso* no segundo quadrinho?

d) A que se refere o pronome *isto* no último quadrinho?

e) Qual é a função desses pronomes no texto?

16. Leia a receita.

Salada de frutas picante

Ingredientes

1 xícara de açúcar
½ colher de sal
2 mamões
1 melão
5 pimentas-dedo-de-moça sem sementes e picadas

Preparo

1. Faça bolinhas com as frutas. Misture-as delicadamente e leve à geladeira.

2. Misture o açúcar com o sal e a pimenta. Polvilhe sobre as frutas na hora de servir.

a) O texto está dividido em duas partes. Qual é a função de cada uma delas?

b) Em qual das partes há a presença de verbos? Por que isso ocorre?

c) Identifique o modo dos verbos que aparecem na receita e justifique seu uso.

17. Leia a notícia abaixo. Identifique a qual nome os pronomes destacados se referem e, na sequência, classifique esses pronomes.

Teatro Bolshoi de Moscou reabre suas portas depois de 6 anos de reformas

O teatro mais famoso da Rússia, o Bolshoi, reabriu nesta sexta-feira (28/10) em Moscou com uma noite de gala transmitida ao vivo para 36 países, para marcar o fim das reformas do enorme prédio que resgatou **seu** brilho imperial.

[...] A reconstrução, **cujo** valor estimado oficialmente foi de quase 700 milhões de dólares, teve como objetivo fortalecer as estruturas do teatro, ameaçando entrar em colapso, e restaurar **sua** aparência majestosa do século XIX.

Disponível em: <http://www.correiobraziliense.com.br>. Acesso em: 29 out. 2011.

18. Classifique os predicados, os verbos e os complementos das frases a seguir.

a)
> Engenhão é a esperança.
>
> *Lance*, 6 out. 2007. p. 10.

b)
> Elite espera melhores ondas.
>
> *Lance*, 4 out. 2007. p. 34.

c)
> Rei confia na Libertadores.
>
> *Lance*, 4 out. 2007. p. 23.

d)
> Semana da Consciência Negra traz programação para a cidade.
>
> Diário de Canoas. Disponível em: <http://www.diariodecanoas.com.br>. Acesso em: 16 nov. 2011.

19. Leia.

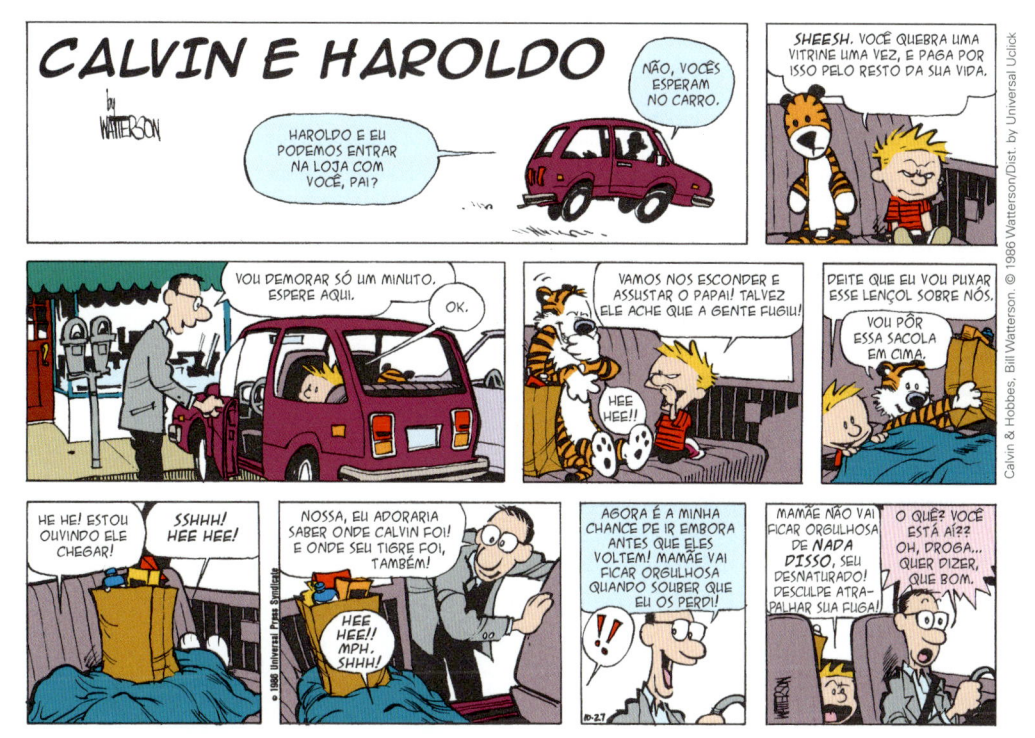

Calvin e Haroldo, de Bill Watterson.

a) Por que Calvin e Haroldo, apesar de estarem acompanhando o pai do menino até uma loja, precisam aguardar por ele no carro?

b) Calvin se esforça para recuperar a confiança do pai? Explique.

c) De que modo o pai retribui a nova travessura do filho?

d) Observe a fala de Calvin no segundo quadrinho: "Você quebra uma vitrine uma vez, e paga por *isso* pelo resto de sua vida". O pronome demonstrativo *isso* poderia ser substituído por *isto* no mesmo contexto?

e) Agora, examine o diálogo entre Calvin e Haroldo no quinto quadrinho. Os pronomes demonstrativos empregados nas expressões "*esse* lençol" e "*essa* sacola" são os mais apropriados?

Referências bibliográficas

ABREU, A. S. *Curso de redação*. 12. ed. São Paulo: Ática, 2004.

_____. *Gramática mínima*: para o domínio da língua padrão. 2. ed. Cotia: Ateliê Editorial, 2006.

ARAÚJO, J. C. (Org.). *Internet e ensino*: novos gêneros, outros desafios. Rio de Janeiro: Lucerna, 2007.

BAGNO, M. *Nada na língua é por acaso*: por uma pedagogia da variação linguística. São Paulo: Parábola, 2007.

BAKHTIN, M. Os gêneros do discurso. In: *Estética da criação verbal*. 6. ed. São Paulo: WMF Martins Fontes, 2011.

BARBOSA, J. P. (Coord.). *Trabalhando com os gêneros do discurso*: relatar – notícia. São Paulo: FTD, 2001. (Coleção Trabalhando com os Gêneros do Discurso).

BECHARA, E. *Moderna gramática portuguesa*. 37. ed. Rio de Janeiro: Nova Fronteira, 2009.

BRANDÃO, H. N. *Gêneros do discurso na escola*: mito, conto, cordel, discurso político, divulgação científica. 4. ed. São Paulo: Cortez, 2003. v. 5. (Coleção Aprender e Ensinar com Textos).

BRONCKART, J.-P. *Atividade de linguagem, textos e discursos*: por um interacionismo sociodiscursivo. Trad. Anna Rachel Machado e Péricles Cunha. 2. ed. São Paulo: Educ, 2008.

CITELLI, A. *O texto argumentativo*. São Paulo: Scipione, 1994. (Série Ponto de Apoio).

_____. *Outras linguagens na escola*: publicidade, cinema e TV, rádio, jogos, informática. 4. ed. São Paulo: Cortez, 2004. v. 6. (Coleção Aprender e Ensinar com Textos).

CUNHA, C. F.; CINTRA, L. F. L. *Nova gramática do português contemporâneo*. 5. ed. Rio de Janeiro: Lexicon, 2008.

DIONISIO, A. P.; MACHADO, A. M.; BEZERRA, M. A. (Orgs.). *Gêneros textuais e ensino*. São Paulo: Parábola, 2010.

GEBARA, A. E. L. *A poesia na escola*: leitura e análise de poesia para crianças. São Paulo: Cortez, 2002. v. 10. (Coleção Aprender e Ensinar com Textos).

ILARI, R. (Org.). *Gramática do português falado*: níveis de análise linguística. 4. ed. Campinas: Editora da Unicamp, 2002.

_____. *Introdução ao estudo do léxico*: brincando com as palavras. 4. ed. São Paulo: Contexto, 2006.

_____; BASSO, R. *O português da gente*: a língua que estudamos, a língua que falamos. São Paulo: Contexto, 2006.

KARWOSKI, A. M.; GAYDECZKA, B.; BRITO, K. S. (Orgs.). *Gêneros textuais*: reflexões e ensino. São Paulo: Parábola, 2011.

KOCH, I. V.; BENTES, A. C.; CAVALCANTE, M. M. *Intertextualidade*: diálogos possíveis. São Paulo: Cortez, 2007.

_____; ELIAS, V. M. *Ler e compreender*: os sentidos do texto. São Paulo: Contexto, 2006.

_____; TRAVAGLIA, L. C. *A coerência textual*. 17. ed. São Paulo: Contexto, 2006.

_____. *A coesão textual*. 21. ed. São Paulo: Contexto, 2007.

LEITE, L. C. M. *O foco narrativo*. 11. ed. São Paulo: Ática, 2007.

MARCUSCHI, L. A. *Da fala para a escrita*: atividades de retextualização. 10. ed. São Paulo: Cortez, 2010.

_____; XAVIER, A. C. (Orgs.). *Hipertexto e gêneros digitais*: novas formas de construção do sentido. 3. ed. São Paulo: Cortez, 2010.

NEVES, M. H. M. *Gramática de usos do português*. 2. ed. São Paulo: Editora da Unesp, 2010.

SCHNEUWLY, B. et al. *Gêneros orais e escritos na escola*. Trad. Roxane Rojo; org. Glaís Sales Cordeiro. 2. ed. Campinas: Mercado das Letras, 2010.

VILELA, M.; KOCH, I. V. *Gramática da língua portuguesa*: gramática da palavra, gramática da frase, gramática do texto/discurso. Coimbra: Almedina, 2001.

Cap. 1

Exposição traz figurino original de Harry Potter a São Paulo, p. 34
Disponível em: <http://www1.folha.uol.com.br/folha/1lustrada/ult90u3 10004.shtml>. Acesso em: 16 jul. 2014.

Miguelzinho é a minha história, p. 42
Disponível em: <http://www.itaucultural.org.br/index.cfm?cd_pagina =001&id=001500&titulo=Ana%20Maria%20Machado%20 %20 Miguelzinho%20%C3%89%20a%20Minha%20Hist%C3%B3ria&auto= undefined&literatura>. Acesso em: 2 dez. 2011.

Cap. 2

Pandora, p. 51
Disponível em: <http://pt.scribd.com/doc/2087573/Dicionario-de-Mitologia-Grega-e-Romana>. Acesso em: 16 jul. 2014.

Menino vestido de homem-aranha salva bebê de incêndio em SC, p. 52
Disponível em: <http://oglobo.globo.com/pais/mat/2007/11/09/327 102123.asp>. Acesso em: 12 jul. 2011.

O papel das lendas e mitos na cultura indígena, p. 64
Disponível em: <http://chc.cienciahoje.uol.com.br/noticias/astronomia-e-exploracao-espacial/o-olhar-do-indio-sob-o-ceu-brasileiro/as-fases-da-lua-e-sua-influencia-no-dia-a-dia/o-papel-das-lendas-e-mitos-na-cultura-indigena>. Acesso em: 12 jul. 2011.

Cap. 3

Paisagens, p. 92
Disponível em: <http://www.almacarioca.net/paisagens-heloisa-seixas/>. Acesso em: 12 jul. 2011.

Bancos fecham no dia 7 e só reabrem na Quarta-feira de Cinzas, p. 97
Disponível em: <http://www.opovo.com.br/app/economia/2011/03/ 01/noticiaeconomia,2108620/bancos-fecham-no-dia-7-e-so-reabrem-na-quarta-feira-de-cinzas.shtml>. Acesso em: 5 set. 2011.

PMA recolhe onça-parda atropelada na BR-262, p. 104
Disponível em: <http://www.correiodoestado.com.br/noticias/pma-reco lhe-onca-parda-atropelada-nabr-262_118201/>. Acesso em: 16 jul. 2014.

Onça é flagrada em rua de Campos do Jordão, p. 106
Disponível em: <http://g1.globo.com/sao-paulo/noticia/2011/08/onca-e-flagrada-em-rua-de-campos-do-jordao.html>. Acesso em: 16 jul. 2014.

Atriz de Grey's Anatomy fala sobre a terceira temporada, p. 111
Disponível em: <http://tv.globo.com/ENT/Tv/Seriados/GreysAnatomy/ 0,,AA1258210-7008,00.html>. Acesso em: 12 jul. 2011.

"O signo da cidade" tem sessão gratuita hoje, p. 114
Disponível em: <http://www1.folha.uol.com.br/fsp/ilustrad/fq280120 0817.htm>. Acesso em: 16 jul. 2014.

Cap. 4

Sutil e cruel agressão, p. 125
Disponível em: <http://revistaepoca.globo.com/Revista/Epoca/0,,EDG 64602-6014,00.html>. Acesso em: 12 jul. 2011.

Independência ou aaahhhhhh, p. 134
Disponível em: <http://atrevidinha.uol.com.br/atrevidinha/beleza-ido los/65/independencia-do-brasil-conheca-a-historia-do-dia-7-149867-1. asp>. Acesso em: 11 set. 2011.

Santos inaugura escola em Cuiabá, p. 134
Disponível em: <http://www.diariodecuiaba.com.br/detalhe.php?cod= 398245>. Acesso em: 16 jul. 2014.

Corda bamba só no picadeiro, p. 142
Disponível em: <http://www2.uol.com.br/JC/especial/opoderdacidada nia/area3.html#>. Acesso em: 11 set. 2011.

Maioria das crianças chinesas passa férias on-line, diz pesquisa, p. 142
Disponível em: <http://tecnologia.uol.com.br/ultnot/reuters/2007/09/ 04/ult3949u2310.jhtm>. Acesso em: 16 jul. 2014.

50 dicas para você ficar ainda mais bonita, p. 145
Disponível em: <http://claudia.abril.com.br/especiais/50-anos-de-claudia/especiais-50-anos/50-dicas-de-beleza/cabelos/>. Acesso em: 11 set. 2011.

Instruções para fazer um tambor, p. 146
Disponível em: <http://www.bugigangue.com.br/bugigangue/html/princ. htm>. Acesso em: 12 jul. 2011.

Entrevista: Mauricio de Souza Texto I, p. 152
Disponível em: <http://www.cultura.gov.br/site/2010/04>. Acesso em: 14 dez. 2011.

Entrevista: Mauricio de Souza Texto II, p. 152
Disponível em: <http://www.universohq.com/Quadrinhos/2003/entre vista_mauricio_sousa.cfm>. Acesso em: 12 jul. 2011.

Cap. 5

Bichos asquerosos? Para a ciência, nem tanto..., p. 156
Disponível em: <http://www.fapeam.am.gov.br/arquivos/imagens/ revistas/arq/20100119093802revista_fapeam_71.pdf>. Acesso em: 28 out. 2011.

Amazonas faz ciência, p. 160
Disponível em: <http://www.fapeam.am.gov.br/arquivos/download/ arqeditor/downloads/Catalogo%20FAPEAM%20-%20Corpo.pdf>. Acesso em: 25 out. 2011.

Trecho do catálogo da Fapeam, p. 160
Disponível em: <http://www.fapeam.am.gov.br/arquivos/download/ arqeditor/downloads/Catalogo%20FAPEAM%20-%20Corpo.pdf>. Acesso em: 25 out. 2011.

Proteja seu filho, p. 164
Disponível em: <http://www2.uol.com.br/topbaby/conteudo/secoes/ bebe/seguranca/1046.html>. Acesso em: 12 jul. 2011.

Habilidade musical, p. 165
Disponível em: <http://www.almanaquebrasil.com.br/index.php?option =com_content&view=article&id=10199:higiene&catid=13000:bom--humor&Itenid=226>. Acesso em: 16 jul. 2014.

Para o bem e para o mal, p. 167
Disponível em: <http://cienciahoje.uol.com.br/noticias/nanociencia/ para-o-bem-e-para-o-mal>. Acesso em: 12 jul. 2011.

Combate à criminalidade 2.0, p. 167
Disponível em: <http://cienciahoje.uol.com.br/noticias/ciencia-da-in formacao-e-comunicacao/Combate-a-criminalidade-2.0>. Acesso em: 12 jul. 2011.

O desabrochar para a morte, p. 167
Disponível em: <http://cienciahoje.uol.com.br/noticias/botanica/o-desa brochar-para-a-morte>. Acesso em: 12 jul. 2011.

A fundamental beleza da natureza, p. 167
Disponível em: <http://cienciahoje.uol.com.br/colunas/fisica-sem-mis terio/a-fundamental-beleza-da-natureza>. Acesso em: 12 jul. 2011.

Novos padrões de envelhecimento, p. 167
Disponível em: <http://cienciahoje.uol.com.br/noticias/geociencias/ novos-padroes-de-envelhecimento>. Acesso em: 16 jul. 2014.

Meninas da vela ampliam domínio brasileiro, p. 174
Disponível em: <http://www.cob.org.br/noticias/noticias_interna.asp? id=17697>. Acesso em: 5 jan. 2012.

Texto sobre baleias, p. 176
Disponível em: <http://ciencia.hsw.uol.com.br/baleias.htm>. Acesso em: 16 jul. 2014.

Agentes do FBI retornam a Brasília, p. 179
Disponível em: <http://jconline.ne10.uol.com.br/canal/economia/per nambuco/noticia/2011/10/21/agentes-do-fbi-retornam-a-bra silia-19715.php>. Acesso em: 3 nov. 2011.

Robinho: artilheiro e melhor jogador, p. 180
Disponível em: <http://globoesporte.globo.com/ESP/Noticia/Futebol/ Campeonatos/0,,MUL70567-3556,00.html>. Acesso em: 12 jul. 2011.

Cap. 6

Aspiração, p. 190
Disponível em: <http://www.revista.agulha.nom.br/ao01.html>. Acesso em: 16 jul. 2014.

Uma árvore, p. 192
Disponível em: <http://bibliotecariodebabel.com/tag/antonio-ferra/>. Acesso em: 16 jul. 2014.

Fontes da internet

Entrevista: José Paulo Paes, p. 196
Disponível em: <http://www.revista.agulha.nom.br/cfmo01.html>. Acesso em: 16 jul. 2014.

Grupo de roqueiros brasilienses lança o filme O cavaleiro do além, p. 197
Disponível em <http://www.correiobraziliense.com.br/app/noticia/diversao-e-arte/2011/08/23/interna_diversao_arte,266653/grupo-de-roqueiros-brasilienses-lanca-o-filme-o-cavaleiro-do-alem.shtml>. Acesso em: 5 jan. 2012.

Multidão celebra primeiro dia do mais novo país do mundo, o Sudão do Sul, p. 197
Disponível em: <http://www.correiodopovo.com.br/Noticias/?Noticia=313497>. Acesso em: 16 jul. 2014.

Eu, p. 198
Disponível em: <http://www.poemavisual.com.br/html/show_poeta.php?id=170>. Acesso em: 16 jul. 2014.

Texto sobre o curupira, p. 204
Disponível em: <http://www.ibge.gov.br/ibgeteen/datas/folclore/figuras.html>. Acesso em: 12 jul. 2011.

Neva em pelo menos nove cidades de Santa Catarina, p. 205
Disponível em: <http://www.correiobraziliense.com.br/app/noticia/brasil/2010/08/04/interna_brasil,206049/index.shtml>. Acesso em: 26 out. 2011.

Chove forte neste domingo em grande parte do país, p. 205
Disponível em: <http://www.correiodoestado.com.br/noticias/chove-forte-neste-domingo-em-grande-parte-do-pais_85326/>. Acesso em: 16 jul. 2014.

Cap. 7
Descarte correto de pilhas e baterias usadas, p. 220
Disponível em: <http://mundoeducacao.uol.com.br/quimica/descarte-correto-pilhas-baterias-usadas.htm>. Acesso em: 2 nov. 2011.

Capítulo III - Dos Direitos Básicos do Consumidor, p. 231
Disponível em: <http://www.planalto.gov.br/ccivil_03/Leis/L8078.htm>. Acesso em: 16 jul. 2014.

A mulher de preto, p. 235
Disponível em: <http://www.dominiopublico.gov.br/download/texto/bv000173.pdf>. Acesso em: 16 jul. 2014.

Técnico vê melhoras, mas cobra mais dedicação do Santa Cruz, p. 236
Disponível em: <http://esporte.uol.com.br/futebol/ultimas/2007/09/10/ult59u130280.jhtm>. Acesso em: 16 jul. 2014.

A fim de conter a inflação, China decide por novo aumento da taxa de juro, p. 236
Disponível em: <http://noticias.uol.com.br/economia/ultnotvrbr/2007/09/14/ul+1913u75883.jhtm>. Acesso em: 15 dez. 2011.

Sinopse do livro Ana e Pedro, p. 238
Disponível em: <http://www.editorasaraiva.com.br/obrasDetalhes.aspx?arg=445>. Acesso em: 16 jul. 2014.

Cap. 8
O aproveitamento e a reciclagem do lixo, p. 244
Disponível em: <http://www.ecodebate.com.br/2010/07/15/o-aproveitamento-e-a-reciclagem-do-lixo-artigo-de-jose-eustaquio-diniz-alves/>. Acesso em: 11 set. 2011.

A maré não está para peixe, p. 247
Disponível em: <http://chc.cienciahoje.uol.com.br/noticias/ecologia-e-meio-ambiente/a-mare-nao-esta-para-peixe>. Acesso em: 16 out. 2011.

Brasil já exportou mais de mil jogadores, só este ano, p. 250
Disponível em: <http://www.forum-maximus.net/viewatopic.php?t=158t=33971>. Acesso em: 12 jul. 2011.

No meio da explicação do professor..., p. 250
Disponível em: <http://www.correioweb.com.br/euestudante/noticias.php?id=2398>. Acesso em: 17 set. 2011.

Aranha em árvores?!, p. 252
Disponível em: <http://chc.cienciahoje.uol.com.br/revista/revista-chc-2004/151/chc-outubro-de-2004-aranha-em-arvores>. Acesso em: 12 jul. 2011.

O uso da água e o cotidiano, p. 259
Disponível em: <http://www.akatu.org.br>. Acesso em: 7 ago. 2010.

Texto sobre automóveis nas grandes capitais, p. 260
Disponível em: <http://memoriaativa.blog.br/blog/selecao.php?arq=2>. Acesso em: 12 jul. 2011.

Cap. 9
Teatro Bolshoi de Moscou reabre suas portas depois de 6 anos de reformas, p. 284
Disponível em: <http://www.correiobraziliense.com.br/app/noticia/diversao-e-arte/2011/10/28/interna_diversao_arte,276047/teatro-bolshoi-de-moscou-reabre-suas-portas-depois-de-6-anos-de-reformas.shtml>. Acesso em: 29 out. 2011.

Semana da Consciência Negra traz programação para a cidade, p. 285
Disponível em: <http://www.diariodecanoas.com.br/novo-hamburgo/356909/semana-da-consciencia-negra-traz-programacao-para-a-cidade-veja.html>. Acesso em: 16 nov. 2011.

TER

Indicativo			Subjuntivo		
Presente	**Futuro do presente**	**Futuro do pretérito**	**Presente**	**Pretérito imperfeito**	**Futuro**
tenho	terei	teria	tenha	tivesse	tiver
tens	terás	terias	tenhas	tivesses	tiveres
tem	terá	teria	tenha	tivesse	tiver
temos	teremos	teríamos	tenhamos	tivéssemos	tivermos
tendes	tereis	teríeis	tenhais	tivésseis	tiverdes
têm	terão	teriam	tenham	tivessem	tiverem

Pretérito imperfeito	**Pretérito perfeito**	**Pretérito mais-que-perfeito**	Imperativo	Formas impessoais	
			Afirmativo	**Infinitivo**	**Gerúndio**
tinha	tive	tivera	-	ter	tendo
tinhas	tiveste	tiveras	tem		
tinha	teve	tivera	tenha	**Particípio**	
tínhamos	tivemos	tivéramos	tenhamos	tido	
tínheis	tivestes	tivéreis	tende		
tinham	tiveram	tiveram	tenham		

- Os verbos **conter, deter, entreter, reter, suster** seguem o mesmo modelo de conjugação.

VIR

Indicativo			Subjuntivo		
Presente	**Futuro do presente**	**Futuro do pretérito**	**Presente**	**Pretérito imperfeito**	**Futuro**
venho	virei	viria	venha	viesse	vier
vens	virás	virias	venhas	viesses	vieres
vem	virá	viria	venha	viesse	vier
vimos	viremos	viríamos	venhamos	viéssemos	viermos
vindes	vireis	viríeis	venhais	viésseis	vierdes
vêm	virão	viriam	venham	viessem	vierem

Pretérito imperfeito	**Pretérito perfeito**	**Pretérito mais-que-perfeito**	Imperativo	Formas impessoais	
			Afirmativo	**Infinitivo**	**Gerúndio**
vinha	vim	viera	-	vir	vindo
vinhas	vieste	vieras	vem		
vinha	veio	viera	venha	**Particípio**	
vínhamos	viemos	viéramos	venhamos	vindo	
vínheis	viestes	viéreis	vinde		
vinham	vieram	vieram	venham		

- Os verbos **advir, avir(-se), convir, desavir, intervir, provir, sobrevir** seguem o mesmo modelo de conjugação.

Conjugação única de alguns dos verbos irregulares mais utilizados

DAR

Indicativo			Subjuntivo		
Presente	**Futuro do presente**	**Futuro do pretérito**	**Presente**	**Pretérito imperfeito**	**Futuro**
dou	darei	daria	dê	desse	der
dás	darás	darias	dês	desses	deres
dá	dará	daria	dê	desse	der
damos	daremos	daríamos	demos	déssemos	dermos
dais	dareis	daríeis	deis	désseis	derdes
dão	darão	dariam	deem	dessem	derem

Pretérito imperfeito	**Pretérito perfeito**	**Pretérito mais-que-perfeito**	Imperativo	Formas impessoais	
			Afirmativo	**Infinitivo**	**Gerúndio**
dava	dei	dera	-	dar	dando
davas	deste	deras	dá		
dava	deu	dera	dê	**Particípio**	
dávamos	demos	déramos	demos	dado	
dáveis	destes	déreis	dai		
davam	deram	deram	deem		

Conjugação única de alguns dos verbos irregulares mais utilizados (continuação)

ESTAR

Indicativo

Presente	Futuro do presente	Futuro do pretérito
estou	estarei	estaria
estás	estarás	estarias
está	estará	estaria
estamos	estaremos	estaríamos
estais	estareis	estaríeis
estão	estarão	estariam

Pretérito imperfeito	Pretérito perfeito	Pretérito mais-que-perfeito
estava	estive	estivera
estavas	estiveste	estiveras
estava	esteve	estivera
estávamos	estivemos	estivéramos
estáveis	estivestes	estivéreis
estavam	estiveram	estiveram

Subjuntivo

Presente	Pretérito imperfeito	Futuro
esteja	estivesse	estiver
estejas	estivesses	estiveres
esteja	estivesse	estiver
estejamos	estivéssemos	estivermos
estejais	estivésseis	estiverdes
estejam	estivessem	estiverem

Imperativo

Afirmativo
-
está
esteja
estejamos
estai
estejam

Formas impessoais

Infinitivo	Gerúndio
estar	estando

Particípio
estado

IR

Indicativo

Presente	Futuro do presente	Futuro do pretérito
vou	irei	iria
vais	irás	irias
vai	irá	iria
vamos	iremos	iríamos
ides	ireis	iríeis
vão	irão	iriam

Pretérito imperfeito	Pretérito perfeito	Pretérito mais-que-perfeito
ia	fui	fora
ias	foste	foras
ia	foi	fora
íamos	fomos	fôramos
íeis	fostes	fôreis
iam	foram	foram

Subjuntivo

Presente	Pretérito imperfeito	Futuro
vá	fosse	for
vás	fosses	fores
vá	fosse	for
vamos	fôssemos	formos
vades	fôsseis	fordes
vão	fossem	forem

Imperativo

Afirmativo
-
vai
vá
vamos
ide
vão

Formas impessoais

Infinitivo	Gerúndio
ir	indo

Particípio
ido

SER

Indicativo

Presente	Futuro do presente	Futuro do pretérito
sou	serei	seria
és	serás	serias
é	será	seria
somos	seremos	seríamos
sois	sereis	seríeis
são	serão	seriam

Pretérito imperfeito	Pretérito perfeito	Pretérito mais-que-perfeito
era	fui	fora
eras	foste	foras
era	foi	fora
éramos	fomos	fôramos
éreis	fostes	fôreis
eram	foram	foram

Subjuntivo

Presente	Pretérito imperfeito	Futuro
seja	fosse	for
sejas	fosses	fores
seja	fosse	for
sejamos	fôssemos	formos
sejais	fôsseis	fordes
sejam	fossem	forem

Imperativo

Afirmativo
-
sê
seja
sejamos
sede
sejam

Formas impessoais

Infinitivo	Gerúndio
ser	sendo

Particípio
sido

Modelos de conjugação para alguns dos verbos irregulares mais utilizados

FAZER

Indicativo			Subjuntivo		
Presente	**Futuro do presente**	**Futuro do pretérito**	**Presente**	**Pretérito imperfeito**	**Futuro**
faço	farei	faria	faça	fizesse	fizer
fazes	farás	farias	faças	fizesses	fizeres
faz	fará	faria	faça	fizesse	fizer
fazemos	faremos	faríamos	façamos	fizéssemos	fizermos
fazeis	fareis	faríeis	façais	fizésseis	fizerdes
fazem	farão	fariam	façam	fizessem	fizerem

Indicativo			Imperativo	Formas impessoais	
Pretérito imperfeito	**Pretérito perfeito**	**Pretérito mais-que-perfeito**	**Afirmativo**	**Infinitivo**	**Gerúndio**
fazia	fiz	fizera	-	fazer	fazendo
fazias	fizeste	fizeras	faz / faze		
fazia	fez	fizera	faça	**Particípio**	
fazíamos	fizemos	fizéramos	façamos	feito	
fazíeis	fizestes	fizéreis	fazei		
faziam	fizeram	fizeram	façam		

- Os verbos **afazer, contrafazer, desfazer, liquefazer, perfazer, rarefazer, refazer, satisfazer** seguem o mesmo modelo de conjugação.

HAVER

Indicativo			Subjuntivo		
Presente	**Futuro do presente**	**Futuro do pretérito**	**Presente**	**Pretérito imperfeito**	**Futuro**
hei	haverei	haveria	haja	houvesse	houver
hás	haverás	haverias	hajas	houvesses	houveres
há	haverá	haveria	haja	houvesse	houver
havemos	haveremos	haveríamos	hajamos	houvéssemos	houvermos
haveis	havereis	haveríeis	hajais	houvésseis	houverdes
hão	haverão	haveriam	hajam	houvessem	houverem

Indicativo			Imperativo	Formas impessoais	
Pretérito imperfeito	**Pretérito perfeito**	**Pretérito mais-que-perfeito**	**Afirmativo**	**Infinitivo**	**Gerúndio**
havia	houve	houvera	-	haver	havendo
havias	houveste	houveras	há		
havia	houve	houvera	haja	**Particípio**	
havíamos	houvemos	houvéramos	hajamos	havido	
havíeis	houvestes	houvéreis	havei		
haviam	houveram	houveram	hajam		

- O verbo **reaver**, nas formas em que é conjugado, segue o mesmo modelo de conjugação.

PEDIR

Indicativo			Subjuntivo		
Presente	**Futuro do presente**	**Futuro do pretérito**	**Presente**	**Pretérito imperfeito**	**Futuro**
peço	pedirei	pediria	peça	pedisse	pedir
pedes	pedirás	pedirias	peças	pedisses	pedires
pede	pedirá	pediria	peça	pedisse	pedir
pedimos	pediremos	pediríamos	peçamos	pedíssemos	pedirmos
pedis	pedireis	pediríeis	peçais	pedísseis	pedirdes
pedem	pedirão	pediriam	peçam	pedissem	pedirem

Indicativo			Imperativo	Formas impessoais	
Pretérito imperfeito	**Pretérito perfeito**	**Pretérito mais-que-perfeito**	**Afirmativo**	**Infinitivo**	**Gerúndio**
pedia	pedi	pedira	-	pedir	pedindo
pedias	pediste	pediras	pede		
pedia	pediu	pedira	peça	**Particípio**	
pedíamos	pedimos	pedíramos	peçamos	pedido	
pedíeis	pedistes	pedíreis	pedi		
pediam	pediram	pediram	peçam		

- Os verbos **desimpedir, despedir, expedir, impedir, medir, reexpedir** seguem o mesmo modelo de conjugação.

Para Viver Juntos

PORTUGUÊS

ENSINO FUNDAMENTAL **7º ANO**

7

Conjugação verbal

sm

Conjugação verbal

Modelos de conjugação para os verbos regulares

1ª conjugação

AMAR					
Indicativo			**Subjuntivo**		
Presente	**Futuro do presente**	**Futuro do pretérito**	**Presente**	**Pretérito imperfeito**	**Futuro**
amo	amarei	amaria	ame	amasse	amar
amas	amarás	amarias	ames	amasses	amares
ama	amará	amaria	ame	amasse	amar
amamos	amaremos	amaríamos	amemos	amássemos	amarmos
amais	amareis	amaríeis	ameis	amásseis	amardes
amam	amarão	amariam	amem	amassem	amarem
Pretérito imperfeito	**Pretérito perfeito**	**Pretérito mais-que-perfeito**	**Imperativo**	**Formas impessoais**	
amava	amei	amara	**Afirmativo**	**Infinitivo**	**Gerúndio**
amavas	amaste	amaras	-	amar	amando
amava	amou	amara	ama		
amávamos	amamos	amáramos	ame	**Particípio**	
amáveis	amastes	amáreis	amemos	amado	
amavam	amaram	amaram	amai		
			amem		

2ª conjugação

CORRER					
Indicativo			**Subjuntivo**		
Presente	**Futuro do presente**	**Futuro do pretérito**	**Presente**	**Pretérito imperfeito**	**Futuro**
corro	correrei	correria	corra	corresse	correr
corres	correrás	correrias	corras	corresses	correres
corre	correrá	correria	corra	corresse	correr
corremos	correremos	correríamos	corramos	corrêssemos	corrermos
correis	correreis	correríeis	corrais	corrêsseis	correrdes
correm	correrão	correriam	corram	corressem	correrem
Pretérito imperfeito	**Pretérito perfeito**	**Pretérito mais-que-perfeito**	**Imperativo**	**Formas impessoais**	
corria	corri	correra	**Afirmativo**	**Infinitivo**	**Gerúndio**
corrias	correste	correras	-	correr	correndo
corria	correu	correra	corre		
corríamos	corremos	corrêramos	corra	**Particípio**	
corríeis	correstes	corrêreis	corramos	corrido	
corriam	correram	correram	correi		
			corram		

3ª conjugação

PARTIR					
Indicativo			**Subjuntivo**		
Presente	**Futuro do presente**	**Futuro do pretérito**	**Presente**	**Pretérito imperfeito**	**Futuro**
parto	partirei	partiria	parta	partisse	partir
partes	partirás	partirias	partas	partisses	partires
parte	partirá	partiria	parta	partisse	partir
partimos	partiremos	partiríamos	partamos	partíssemos	partirmos
partis	partireis	partiríeis	partais	partísseis	partirdes
partem	partirão	partiriam	partam	partissem	partirem
Pretérito imperfeito	**Pretérito perfeito**	**Pretérito mais-que-perfeito**	**Imperativo**	**Formas impessoais**	
partia	parti	partira	**Afirmativo**	**Infinitivo**	**Gerúndio**
partias	partiste	partiras	-	partir	partindo
partia	partiu	partira	parte		
partíamos	partimos	partíramos	parta	**Particípio**	
partíeis	partistes	partíreis	partamos	partido	
partiam	partiram	partiram	parti		
			partam		

Para Viver Juntos

Cibele Lopresti Costa
Eliane Gouvêa Lousada
Greta Marchetti
Jairo J. Batista Soares
Manuela Prado

Conjugação verbal

PORTUGUÊS

ENSINO FUNDAMENTAL 7º ANO

7

SM